교육사회학

;유아교육현장 사례중심

Sociology of Education

조발그니

 박영story

머리말

「학교에서 배운 것」

인생의 일 할을 /나는 학교에서 배웠지 /아마 그랬을 거야 /매 맞고 침묵하는 법과
시기와 질투를 키우는 법 /그리고 타인과 나를 끊임없이 비교하는 법과 경멸하는
자를 /짐짓 존경하는 법 /그중에서도 내가 살아가는 데 /가장 도움을 준 것은 그런
많은 법들 앞에 내 상상력을 최대한 굴복시키는 법 (유하)

교육사회학 첫 시간에 들어가면 학교에서 제일 처음 배운 것이 무엇이냐고
묻습니다. 학생들은 웅성거리며 이것저것 떠오른 데로 말을 던집니다. 공부, 글
쓰기, 인사, 일찍 일어나는 것 등등 웅성거리며 말하지만, 자신은 없습니다. 그들
의 경험이 달라서 정답이라는 게 있을 수 없는데도 학생들은 그 질문에 정답이
있는 것처럼, 출제자의 의도가 무엇인지 파악하는 고등학생들처럼 제 눈을 바라
보며 답이 뭐냐 묻습니다. 그러면 저는 이렇게 답합니다. "다들 다르겠지만, 저도
교육사회학이라는 것을 공부하면서 깨닫게 되었는데 '앞으로 나란히'가 아닐까
요?" 제가 배웠던 건 줄을 맞추는 법, 튀지 말아야 하는 법이었던 것 같습니다. 학
교생활을 떠올리면 십자가를 발로 열 번을 긋고 스무 번을 그어도 끝나지 않았으
며 마지막으로라는 말을 다섯 번은 들어야 마무리되던 잔소리 같은 교장 선생님
의 애국 조회 말씀이 떠오르고, 애국해야 하고, 체력이 국력이고, 공부 열심히 해
야 훌륭한 사람이 되고, 석유 한 방울 안 나오는 나라이니 절약해야 한다는 뭐 그
런 뻔한 이야기가 생각납니다.

학교가 어떤 곳이었는지? 세상의 규칙을 배운 곳이었는지 아니면 세상의 어
두운 면을 깨닫게 한 곳인지 교육사회학을 중심으로 많은 학자들이 설왕설래합

니다. 시작하는 시가 좀 삐딱하게 들리지만, 그런 학교를 통해 제가 학자가 되었고, 지금도 강단에서 학생들을 가르치고 있으며 학교는 여전히 그러합니다. 그래서 이 시가 더 가슴에 와 닿아야 합니다. 적어도 교육사회학을 배우는 이들이라면 그래야 합니다. 왜냐하면 이런 학교를 탈피하기 위해서 나름의 감수성이 필요하기 때문입니다.

하지만 유아교육과에서 교육사회학을 가르쳐야 하는 저로서는 기존의 교육사회학 교재의 답답함을 매번 느껴야 했습니다. 학생들에게 교육사회학의 여러 이론과 현상을 설명하는데 그 예시들은 전부 고등학교, 중학교였습니다. 하기야 대부분의 교육사회학 저서들이 이른바 종합대학에서 가르치는 '대' 선생님들의 말이니 대꾸를 달기도 어렵지만 제가 만나는 학생들에게는 전혀 관심 밖의 일이었습니다. 그래서 저는 유아교육과 현장 사례를 중심으로 교육사회학 책을 쓰고 싶었습니다.

이런 시가 있습니다.

「이제 고작 열흘」

내일도 /학교 와야 해요? /모레도 학교 와야 되나요? /옷자락 붙잡고 /재잘재잘 /1학년 저 철부지들을 /무슨 수로 /이해시키나요 /10년도 넘게 /다녀야 할 학교를 /너희들은 /이제 고작 /열흘이라고(공재동)

집을 떠나 사람들과 생활하던 첫 경험이 예전에는 1학년이었다면 이제는 더 나이가 어려져서 유치원, 어린이집에서 아이들은 첫 학교를 경험합니다. 엄마 손을 잡고 소가 도살장에 끌려가듯 눈물을 흘리며 때로는 사정을 하고, 때로는 '머리 어깨 팔 무릎 팔'이 다 아프다며 꾀병을 부리는 유아들이 되었습니다. 그래서 그 아이들을 처음 맞이하는 '선생님'들에게 교육과 사회에 대한 감수성이 중요해졌습니다. 저는 제 학생들에게 그리고 미래의 그들의 어린 학생들에게 그래도 교육이 학교가 중요하고 필요하고 또한 어려움이 있음을 짐작하게 하고 싶었습니다.

이 책은 먼저 고등학교에서 들어봤음직한 '사회문화' 교과서에 나오는 내용에서 출발했습니다. 딱딱한 대학 교육이 엄마 치마 품에 숨어서 만나는 첫 세상보다는 낯익은 것이었으면 하는 바람입니다. '기능론, 갈등론 … 우와 수능이 끝났는데 다시?' 경악을 금치 못할 수 있지만 그 낯익음이 학력, 평등, 정책을 말하는 거름이 될 것입니다. 또한 교육 안에 사회적 관계인 교사—학생—학부모—지역사회의 관계를 들여다보고자 했습니다. 특히 지역사회에 초점을 둔 것은 유아교육기관이 광범위한 지역사회를 논하는 중고등교육과 달리 생태적 환경을 중시하기 때문입니다. 더구나 최근에는 유아교육을 중심으로 지역공동체가 형성되고 공동육아나 방과 후 활동을 통해 '마을교육공동체'가 이뤄지고 있는 점을 반영하고 싶었습니다. 저출산은 점점 가정의 문제가 아니라 사회의 문제로 지역의 문제로 쟁점화되고 있어서 지역공동체를 살펴보는 것은 더 의미가 있을 것입니다.

나아가 마을공동체로 확산된 교육은 모두가 대상이기 때문에 평생학습마을로 평생학습도시로 성장할 것입니다. 과거에는 정부주도였다면 최근에는 자생적 마을 교육공동체가 형성되고 그 중심에 유아교육이 있음을 주시할 필요가 있습니다.

매해 제가 있는 학교에서는 늦가을이 되면 '유아교육 재능기부'의 차원에서 유아교육과 학생들이 동극 혹은 인형극을 준비하고 지역 유아교육기관을 초청하여 공연을 합니다. 한번 공연에 500명씩 하루 1,000여 명의 유아들이 재잘재잘 선생님 손을 잡고 계단 하나하나를 큰 걸음으로 올라옵니다. 그리고 그 선생님들 중에 제가 가르쳤던 학생들을 만납니다. 그 선생님이 유아들에게 저를 소개합니다. "친구들 인사하세요. 선생님의 선생님입니다." 제가 그들의 좋은 선생님인지 모르겠습니다. 그런 쑥스러움과 얼굴을 들지 못할 민망함으로 이 책을 세상에 내어놓습니다.

첫 교육사회학 책이라 떨립니다. '첫'이라는 글자가 갖는 설렘입니다. 이 설렘에 앞서 감사의 말을 전할까 합니다. 가장 먼저 늘 따스하게 지켜주시는 부모님, 형, 누나에게 감사의 마음을 전합니다. 가족은 저에게 늘 안식이 되어주는 고향입니다. 내 영적 동반자 여정과 그 식구들은 항상 제가 옳다, 괜찮다 해주셔서 든든합니다. 스쳐 지나간 많은 학생들과 그리고 미래의 학생들. 이들이 제 학문의 자양분입니다. 지도를 해주시고 이끌어주신 김병욱 선생님과 먼 곳의 스승님들 늘 제게는 막막한 곳에서 길을 안내해주신 별이십니다. 책이 나오게 도와주시고 많은 이야기를 나눈 류정희 교수에게 빚진 마음 전합니다. 더불어 부족한 책을 흔쾌히 출발하게 허락하고 예쁘게 책을 만들어주신 박영사 이영조, 조보나님께도 좋은 인연에 감사드립니다. 책을 쓰는 동안 저와 함께하신 서산동 본당 교우 여러분 미안하고 감사합니다. 책의 마지막에 마을교육공동체의 사례를 흔쾌히 내어주신 문산마을교육공동체 꿈지기 김희련 선생님께도 꾸벅 인사를 전합니다. 부족하고 편협한 사고, 경박하고 서툰 글은 다 제 부족입니다.

"선생님 그 한마디가 좋아서 가진 것 다 주어도 아깝지 않습니다."(황팔수)

차 례

— 제1부 —
교육사회학이론

─ 제2부 ─

교육의 사회적 문제

제5장 **교육과 평등**

제6장 **학력, 학력상승, 교육열**

— 제1부 —

교육사회학이론

SOCIOLOGY OF EDUCATION

이야기 나누기

이름:

교육사회학이 멀까?

교육사회학 소개

01 | 교육과 사회의 관계

교육사회학은 다음 세 가지 명제를 기초로 성립한 학문인데, 첫째, 교육이 사회에 영향을 주고, 둘째, 사회가 교육에 영향을 미치고, 셋째, 교육 자체가 사회적 일이며, 교육과정이 사회적 과정이다(김영화, 2010).

교육과 사회는 서로 영향을 미친다. 우선 교육은 당시 사회적 요인으로부터 영향을 받는다. 1997년부터 영어 과목이 초등학교 3학년 정규과목으로 채택되면서 영어교육을 강화하는 정책들은 영어 사교육팽창과 더불어 취학 전 유아들까지 영어교육의 영향을 주었다. 그 결과 많은 유아교육기관에서 영어교육을 하고 있다. 예컨대 2003년에는 전국 사립유치원 474곳 중 76.3%인 361곳의 유치원에서 영어를 가르쳤는데(이명조·정선아·이정화, 2003). 2008년에는 전국 사립유치원 274곳 중 95.6%인 262곳의 유치원에서 영어교육을 실시하고 있는 것으로 나타났다(김소연, 2008). 한편 2009년 제7차 유아교육과정에서는 영어교육에 대한 언급이 없다. 그럼에도 유아영어교육이 조기영어 교육을 과열시켰고, 이것에 영향받은 학부모들이 유아기관에 영어교육을 요구했다.

반대로 교육이 사회에 영향을 주기도 한다. 유치원의 선택은 온전히 부모의 뭋이다. 어느 유치원을 선택하느냐에 따라서 부모들이 네트워크를 형성한다. 성미산마을은 1994년 공동육아를 위한 '우리 어린이집' 설립에서 시작하여 '나는 어린이집'(1995년), '참나무 어린이집'(2002년), '방과 후 교실 도토리'(1998년), '풀 잎새'(1999년), 이어 2004년 초등 16명, 중등 13명, 상근교사 4명, 강사 10명으로 대안학교 성미산 학교를 개교하였다(주창복, 2005). 그리고 10개의 마을기업이 아이들을 키우면서 생겼다. 즉 부모들의 '어떤 교육을 할까'하는 고민이 마을기업을 만든 것이다.

'16년 사교육비 총액은 약 18조 1천억 원으로 전년 17조 8천억 원에 비해 2천억 원(1.3%) 증가하였다. 학교 급별로는 초등학교 7조 7천억원(전년대비 2.9% 증가), 중등학교 4조 8천억 원(8.2% 하락), 고등학교 5조 5천억 원(8.7% 증가)이었다. 사회적으로 사교육비를 잡으려고 교육부가 낸 정책은 쉬운 수능이었다. 이 정책으로 2014년 대학수학능력시험에서 수험생 자살이 연쇄적으로 일어났다. 특히 2014년 수능은 난이도 조절에 실패하여 외국어(영어)영역은 만점자만 4% 정도 되었다. 수능이 쉬워지면 문제 하나 실수로 등급이 달라질 가능성이 그만큼 높아진다. 수능과 자살이 연동되면서 최근 정부는 수능 절대평가를 내세우고 있다. 즉 사회(사교육비)가 교육에 영향을 미치고(쉬운 수능) 다시 교육(쉬운 수능)이 사회(자살)에 영향을 미치고, 사회(자살)가 교육(절대평가)에 영향을 준다.

브론페부르너는 그림 1-1과 같이 인간 간의 상호작용과 자신이 처한 환경 등이 인격 형성에 큰 영향을 끼친다고 하였다. 그는 아동이 경험하는 기본배경을 가정, 학교, 또래집단으로 구분하고 각각의 미시체계 안에서 특정한 물리적 특성과 함께 아동이 경험하는 역할, 활동, 대인관계를 아동경험의 미시체계로 나타내고 있다. 아동 경험의 미시체계인 가정, 학교, 또래집단에서의 역할, 활동, 대인관계 등의 요소들을 어떻게 지각하고 해석하느냐가 어린이의 행동과 발달에 영향을 미친다고 피력하였다(최민수 외, 2016).

교육은 사회 속에서 일어나고, 사회의 여려 요인과 만나면서 나타난다. 교육과 사회는 독립적이지 않고 서로 상관관계이다. 즉 교육은 한국의 맥락에서 이해되어야 한다. 교육은 한국인의 가치관, 지금 현 상황의 문제, 의식 등을 포괄하는 한국 사회에서 만들어진 것이다. 교육은 시공간적 위치에 따른 사회적 영향을 받으면서 다양한 형태로 변모한다. 따라서 교육을 이해하기 위해서는 사회적 성격에 대한 이해가 선행되어야 한다.

　그런 의미에서 교육사회학은 사회 속의 교육을 교육 속의 사회를 이해하기 위한 학문이다(강창동, 2014).

그림 1-1　**유아가 처한 사회**

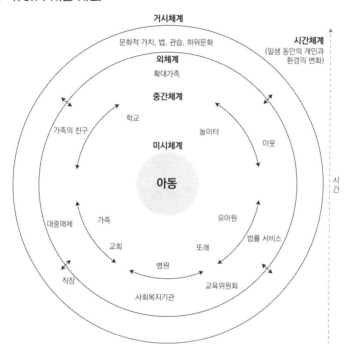

02 | **교육사회학의 성격**

　교육사회학은 교육의 사회적 제 관계를 대상으로 하며 그 대상은 매우 넓다. 교육과 관련된 모든 사회적 관계가 교육사회학의 학문적 범위에 포함된다. 예컨대, 유치원은 왜 필요한가? 유치원생에게 영어교육이 적절한가? 초등학교 하교 후 사교육을 받는 현상은 어떻게 설명할까? 대학서열화는 우리 사회에 어떠한 영향을 미치나? 유치원 교사는 유아들과 어떠한 사회적 관계를 맺고 있고 어떤 교육과정이 존재하는가? 조기유학은 한국의 사회현상으로서 어떤 역할을 하는가? 학생들의 문화가 사회적 문화를 어떻게 표현하는가? 교육사회학은 학교교육은 물론이고 우리 일상생활 곳곳에 숨어있는 교육의 사회적 인과관계를 밝히는 학문이다. 자연히 교육사회학의 학문적 대상은 광범위하며, 상상력의 정도에 따라 그 범위는 더 넓혀질 수 있다(강창동, 2014).

김영화(2010)는 표 1-1과 같이 교육사회학에서 연구하는 주제들을 미국 교육사회학분야와 한국 교육사회학에서 분석하였다. 평등 및 사회이동과 같은 주제는 한국과 미국에서 가장 많이 다뤄진 주제였고, 교육열과 교육경쟁은 한국에서 다룬 주제인 반면, 문화다원주의와 소수집단의 문제는 미국에서 중요시 여긴 주제였다.

표 1-1 한국과 미국의 교육사회학 연구주제(2010, 김영화)

한국		미국
교육사회학 저서	**교육사회학연구**	**교육사회학(편)저서**

• 교육사회학의 기초: 발달, 성격, 방법, 이론
• 교육과 평등
   - 사회계층과 교육
   - 여성주의교육
• 교육과 사회이동
• 교육과 사회화
• 사회체제로서의 학교
   - 학교문화
   - 교사기대
   - 집단역동성과 사회적 상호작용
   - 효과적 학교
   - 교사와 교직사회
• 학업성취 격차와 결정요인
• 교육과정사회학
• 교육선발과 시험
• 공교육제도의 발달과 교육팽창
	• 교육과 평등(사회적 지위 획득)
	• 학교사회와 학업성취
	• 교육정책과 제도
	• 공교육의 문제, 교육개혁, 교육학, 교육사회학의 성격, 발달, 이론
	• 교육열과 학력사회
	• 청소년 문제와 문화
	• 페미니스트(여성)
	• 교사교육, 교직사회
	• 진로교육
	• 정보화사회, 미래사회
	• 평생(사회)교육
	• 가족구조, 관계
	• 교육과정사회학
		• 교육사회학의 기초: 성격, 이론 방법론
		• 교육불평등
		   - 저소득층 학생과 보상교육
		   - 가정환경과 인지발달
		   - 사회집단 간 분리와 통합
		   - 문화다원주의와 소수집단 교육
		   - 계층, 성, 인종과 교육
		• 교육과 사회경제적 지위 성취, 사회이동
		• 교육과 직업세계: 학교에서 직업세계로의 이행
		• 학교체제의 조직과 구조
		   - 학교효과성
		   - 능력별 학습집단 편성
		   - 교육선발
		• 학교체제의 과정

• 학교의 사회적 문화적 환경
  – 문화와 교육
  – 가족사회와 교육
  – 대중매체와 교육
  – 학력사회, 교육열, 교육경쟁
• 사회변동과 교육
  – 정보화교육
  – 지식기반사회와 교육
  – 세계화와 교육
• 청소년문제
• 교육개혁
  – 신자유주의
  – 학교선택제와 책무성
  – 대안교육
  – 환경교육
• 평생(사회)교육
• 학부모운동
• 한국교육체제의 성격과 교육정책
• 외국의 교육정책
	• 민주시민교육
	• 문화, 환경교육
	• 통일교육
		– 신교육사회학, 잠재적교육과정
		– 교사: 정체성, 자율성, 수급
		– 학생: 학습참여, 중도탈락
		• 학교체제의 문화적, 제도적 환경:
		  가정, 종교, 재정지원, 정치적 법
		  적 기구, 지역사회
		• 교육제도의 발달과 팽창
		• 고등교육체제
		• 교육개혁과 정책
		  – 학교선택
		  – 책무성
		  – 학교개혁의 정치학
		  – 교육 거버넌스: 시장화와 민영화
		  – 교육운동
		• 국제적 교육

교육사회학의 성격에 대해 여러 가지 관점이 있을 수 있다. 교육＋사회＋학, 교육사회＋학, 교육＋사회학으로 나눌 수 있다. 첫째, 교육＋사회＋학은 교육과 사회의 관계를 연구하는 학문이라는 뜻이다. 둘째, 교육사회＋학은 교육하는 사회를 연구하는 학문이라는 뜻이다. 셋째, 교육＋사회학은 교육을 사회학적으로 연구한다는 뜻이다. 그런데 김병욱(2013)은 처음 두 가지가 교육사회학이 가야 할 방향으로 제시한다. 왜냐하면 교육＋사회＋학이나 교육＋사회학이 교육의 본질에 초점을 두고 있기 때문이다. 반면 교육＋사회학은 기존의 관점에서 즉 교육을 사회학적으로 연구하는 학문이라는 입장인데 이렇게 될 경우 교육사회학은 사회학의 하위 학문이며 학문 자체의 독창성을 설명하는데 부족한 면이 있다.

교육사회학은 교육 현장에서 교육현상, 진단과 해석, 그리고 당면한 교육문제 해결을 위한 실천적, 현실적 노력에 가장 많은 관심을 두어야 한다. 교육현상을 바라볼 때 사회학이론만으로 모두 설명할 수 없다. 그러기 위해서는 교육의 현상, 제도를 생산하는 개인, 사회, 국가, 세계에 대한 이론화는 물론 실천을 위해서 여러 다양한 사회과학의 도움이 필요하다. 따라서 교육사회학은 교육현상과 교육문제를 진단, 해석, 처방을 위해서 교육사회과학이 되어야 한다. 교육을 위한 사회과학은 여러 사회과학이론으로 설명, 이해, 진단, 해석이 가능하다. 이를 위해 사회학, 인류학, 심리학, 경제학, 경영학 등 사회과학의 도움을 받아 '교육을 위한 교육사회학'이 되어야 할 것이다.

03 | 교육사회학의 발달

김병욱(2013)은 교육사회학의 전개과정은 표 1−2와 같이 정리하였다.

표 1-2 한국과 외국의 교육사회학 전개과정(김병욱, 2013)

교육사회학의 전개 과정
<외국>
• 1883년 L. Ward의 *Dynamic sociology*(이 책 마지막 장에서 사회 변화를 위한 교육의 중요성 언급)
• 1899년 J. Dewey의 *School and society*
• 1902~1903년 E. Durkheim의 *Moral education*(불어본) 출간. 1922(1925)년 영역본 출간
• 1907 H. Suzzalo가 Columbia 대학교에서 Educational Sociology 강좌 처음 개설
• 1916년 교육사회학과 등장
• 1917년 W. R. Smith의 *An introduction to educational sociology* 출간
• 1920년 E. R. Clow의 *Principles of educational sociology* 출간
• 1920년대 초 미국교육사회학회(National Society for the Study of Educational Sociology) 창설
• 1922년 E. Durkheim의 *Education and sociology* 출간(영역본은 1956년)
• 1922년 D. Snedden의 *Education and sociology* 출간
• 1926년 교육학 학술지 *Journal of Educational Sociology* 창간
• 1928년 E. G. Payne의 *Principles of educational sociology* 출간
• 1920년대 말 200여 대학교에서 교육사회학 강의
• 1932년 Waller의 *Sociology of teaching*

- 1938년 Durkheim의 *The Evolution of educational thought* 출간(영역본은 1956년)
- 1940년대는 지역사회학교운동, 교육 현장 문제 해결 등을 위한 실천 지향적 교육사회학
- 1947년 Mannheim과 Stewart의 *An introduction to the sociology of education* 출간
- 1947년 F. J. Brown의 *Educational sociology* 출간
- 1955년 W. B. Brookover의 *A sociology of education* 출간
- 1958년 R. J. Havighurst와 B. L. Newgarten의 *Society and education* 출간
- 1963년 교육학 학술지 *Educational Sociology*가 미국사회학회의 교육사회학 분과학회지 *Sociology of Education* 개칭
- 1964년 A. H. Halsey, Karabel 등(편저)의 *Education, economy, and society* 출간
- 1980년 영국 교육사회학회지 *British Journal of the Sociology of Education* 창간

<한국>
- 1952년 서울대학교에 교육사회학 강좌 개설. 1954년 사범대학의 필수과목
- 1961년 **교육사회학개론** 번역서 1권(Ottaway[1953], 김종철 역), **교육사회학** 저서(김선호 · 황종건 · 서명원) 3권 출간
- 1962년 **교육사회학원론** 2권(진원중 · 이규환) 출간
- 1967년 한국교육사회학연구회 탄생

1) 초기의 교육사회학

교육사회학은 프랑스 사회학자가 뒤르껭(E, Durkheim)이 「교육과 사회학」을 강의하면서 등장하였다. 뒤르껭(2006)은 교육의 본질을 사회화라고 한다. 이때 사회화란 개인을 사회적 존재로 만드는 일이고, 교육은 사회의 존속, 유지를 위해 개인을 사회화 시키는 일이다. 뒤르껭은 교육에 관한 활동을 첫째, 교육에 관한 연구, 둘째, 교육의 실행을 위한 교수학, 셋째, 교육의 실천 활동으로 구분하였다. 여기서 첫째는 교육학의 분야이고 둘째는 교수학 즉 교수방법이다. 따라서 그는 교육학이 교육현상을 설명하는 이론적 교육학과 교육을 실행하는 구체적 매뉴얼을 제공하는 실천중심 교육학으로 구분하였다.

뒤르껭은 교육학의 연구영역을

- 교육에 관한 사회적 사실과 그것의 기능을 탐구하는 것
- 교육과 사회, 문화 간의 관계를 탐구하는 것
- 교육체계의 여러 모형을 다문화적 비교학적으로 탐구하는 것

– 활동하는 사회체계로서 학교와 학교를 탐구하는 것

으로 구분하였다. 그러나 그의 교육사회학은 더 이상 발전하지 못하였다.

2) 교육적 사회학(Educational Sociology)

1907년 수잘로(H. Suzzallo)가 미국 콜럼비아 대학에서 '교육적 사회학'이라는 강좌를 개설하였다. 또한 동대학에서 교육사회학과가 생기면서 학문이 전파되어 1923년 미국 교육사회학회가 발족하였다. 이 시기의 교육사회학은 사회학적 개념을 응용하여 교육의 기회 균등, 교육과정의 내용, 학교에서 생활과 활동, 교직의 특성, 학교 조직 등 주로 실천적·규범적·응용적 학문의 성격이 강하여 실천지향적 교육사회학이라 하였다(김병욱, 2013).

교육적 사회학은 학교의 여러 가지 문제를 해결하고 학습자를 지도하는데 필요한 사회문화적 지식을 모아 놓은 것으로 실천지향적이지만, 교육의 실천에 응용할 사회문화적 지식의 체계라는 공통점을 가지고 있을뿐 학문적 엄격성과 이론적 체계성은 매우 낮았다(김신일, 2010).

1940년부터 학자들의 관심이 떨어지는데 김신일(2010)은 그 이유가 지역사회 학교운동 또는 사회중심교육운동의 영향을 받았기 때문으로 파악하였다. 당시 미국 사회학의 지역사회연구는 지역사회의 구조와 성격을 분석하고 그 속에서의 학교의 기능을 밝히는 것인데 실천지향 교육학자들은 이에 관심이 없었다.

교육사회학의 연구동향이 지역사회와 학교를 분석하는 것으로 전환하자 실천지향 교육학자들은 관심이 줄어든 반면 사회학자들의 관심은 늘어났다.

교육적 사회학은 사회의 전반적인 문제에 관여함으로서 그 내용이 포괄적이고 학문적 수준은 낮았지만 교육사회학의 학문적 가치를 제고했다(강창동, 2014).

3) 교육의 사회학(Sociology of Education)

브루쿠버가 1955년 교육의 사회학(A Sociology of Education)을 발간한다. 또한 1963년 교육사회학 학술지 Educational Sociology가 미국사회학회의 교육사회학 분과학지 Sociology of Educaiton로 개칭하였다. 이제 교육사회학은 교육현상을 사회학적으로 탐구하는 학문으로 생각하는 학자들이 늘었다. 주로 가치중립성을 표방하면서 세련된 방법론과 거시적 차원에 관심을 두기 시작했다(김병욱, 2013).

교육의 사회학은 실증과학을 배경으로 교육의 사회적 현상에 주목하였으며, 교육의 사회적 현상에 대해 객관적이고 가치중립적인 접근을 하였다. 교육의 사회학은 교육의 사회적 기능에 초점을 두면서 정치, 경제, 사회, 문화와 관련시켜 연구하는 경향을 가졌다. 실증과학으로서 교육사회학은 학문적 배경을 뒷받침하여 더 체계적이며 이론적이 되었다(강창동, 2013).

영국에서는 1964년 런던대학교 교육대학에 교육사회학 석사과정이 설치되면서 연구가 시작되었고 1980년 "British Journal of Sociology of Education"이 창간되었다.

1970년대까지 소위 기능주의라 불리우는 연구가 이루어졌다. 2차대전 이후 학업성취에 영향을 미치는 가족, 이웃, 또래 등 사회심리학 연구들에 초점을 맞춰졌다. 기능주의 패러다임이 지배하는 시대의 교육사회학은 실증적 방법론, 과학적 객관성으로 연구주제가 한정되고 연구방법이 제한적이었다. 기능주의 관점에서 교육은 미성숙한 아동이 성인으로서 살아가는데 필요한 기술, 태도 규범을 내면화시키는 사회화 기능을 수행하고 공정한 기회를 통해 배치하는 선발기능을 함으로써 사회유지 존속을 하는데 도움을 준다고 보았다(김영화, 2010).

1960년대부터 기능주의 관점에 비판을 가하면서 갈등론이 대두되었다. 갈등론은 교육이 가치로운 문화전수보다는 편협한 주장과 왜곡된 지식을 주입시키고, 능력을 근거로 한 선발보다는 사회·경제적 배경에 의해 학업성취도가 달라지고 불평등을 재생산하고 있다고 주장하였다.

그러나 기능론과 갈등론 모두 교육을 도구적 기능으로 파악한다는 점에서 일치한다(김신일, 2010).

4) 교육 내용에 대한 교육사회학

갈등론이 미국에서 부각하는 동안, 영국에서는 교육에 대한 문제를 제기하는 신교육사회학이 등장하였다. 신교육학자들은 기존 교육사회학이 주로 사회구조가 교육기회분배와 계층구조 유지에 어떻게 작용하는가를 탐구하는 거시적 관점을 비판하면서 학교내부의 교육과정과 수업 진행과정 및 교사, 학생관계를 탐구하고자 하였다(김신일, 2010).

신교육사회학은 학교교육을 미시적 관점에서 분석하는 데에서 거시적 관점과 구별된다. 신교육사회학의 등장은 정교한 통계분석을 적용한 양적연구 방법뿐만 아니라 질적연구 방법을 사용하는 연구를 통해 방법론적 다양성을 확보할 수 있게 되었다(김영화, 2010).

신교육사회학은 교실 수업 장면에서 교과서의 지식 구성과 교사와 학생의 상호작용을 중요시한다. 그래서 신교육사회학자들은 교과서의 지식 선발과 구성에서 작용하는 지식 위계적 구조, 교사와 학생의 관계에서 드러나는 사회적 관계 및 갈등을 탐구하기 시작하였다. 이런 시류는 세계적으로 교육사회학에 대한 관심을 촉진하였고, 교육에 대한 새로운 사회과학적 방법론을 제시하였다(강창동, 2013).

5) 이후 교육사회학의 발달

기능론, 갈등론, 교육 내용에 대한 연구가 1970년대까지 활발하게 이루어졌다면 1980~1990년대에 A. H. 할지(Halsey)외는 교육과 경제생산에 관심을 갖게 되었다. 학력인플레이션과 사회적 갈등, 변화하는 노동시장에서 젠더와 숙련기술, 포스트모더니즘 다문화사회를 탐구하였다(A.H 할지 외, 2011). 1997년 이후는 세계화와 사회변화에서 교육을 중심으로 연구하였다. 이는 개인화, 세계화, 신자유주의와 시민교육을 다루고 있다.

현재 교육사회학은 복잡하면서 혼란스러운 모습을 보이고 있다. 교육사회학의 연구 영역, 연구 주제, 연구방법론 관점 등에 있어서 다양하고 복잡한 양상을 보이고 있으며 다양한 연구가 일어나고 있다.

내용정리

○ 　　　은 학교의 여러 가지 문제를 해결하고 학습자를 지도하는데 필요한 사회문화적 지식을 모아 놓은 것으로 실천지향적이지만 교육의 실천에 응용할 사회문화적 지식의 체계라는 공통점을 가지고 있을뿐 학문적 엄격성과 이론적 체계성은 매우 낮았다.

○ 교육의 사회학은 실증과학을 배경으로 교육의 　　　현상에 주목하였으며, 교육의 　　　현상에 대해 객관적이고 가치중립적인 접근을 하였다. 교육의 사회학은 교육의 　　　기능에 초점을 두면서 정치, 경제, 사회, 문화와 관련시켜 연구하는 경향을 가졌다. 실증과학으로서 교육사회학은 학문적 배경을 뒷받침하여 더 체계적이며 이론적이 되었다.

○ 1970년대까지 소위 　　　라 불리우는 연구가 이루어졌다. 2차대전 이후 학업성취에 영향을 미치는 가족, 이웃, 또래 등 사회심리학 연구들에 초점을 맞춰졌다.

○ 갈등론은 1960년대부터 기능주의 관점에 비판을 가하면서 대두되었다. 교육이 가치로운 문화전수보다는 편협한 주장과 왜곡된 지식을 주입시키고 능력을 근거로 한 선발보다는 　　　배경에 의해 학업성취도가 달라지고 　　　을 재생산하고 있다고 주장하였다.

○ 신교육학자들은 기존 교육사회학이 주로 사회구조가 교육기회분배와 계층구조 유지에 어떻게 작용하는가를 탐구하는 　　　관점을 비판하면서 학교내부의 　　　과 수업 진행 과정 및 교사, 학생 　　　를 탐구하고자 하였다.

○ 현재의 교육사회학은 　　　, 　　　, 　　　관점 등 다양하고 복잡한 면으로 보이며 다양한 연구가 일어나고 있다.

문제

1. 사회학의 지식과 성과를 교육실천에 응용한다라고 했을 때 교육사회학의 성격은?

   ① 사회학의 영역에 속하는 순수과학의 일원이다.
   ② 사회적 문제를 강조하는 교육의 사회학이다.
   ③ 1950년대 이후 융성하는 학문지향적 성격의 교육사회학이다.
   ④ 교육학의 영역에 속하는 실천지향적 성격의 응용과학이다.
   ⑤ 학교사회를 연구하여 사회학적 이론의 정립을 추구한다.

2. 교육사회학의 변천에 대한 설명 중 잘못 기술된 것은?

   ① 기능주의는 콩트와 스펜서의 사회 유기체제절에 그 이론적 기초를 둔다.
   ② 기능주의는 사회의 각 조직들이 사회 공동의 목적달성을 위해 상호작용하고 있
      다는 입장이다.
   ③ 갈등론은 1970년대 등장했으며 마르크스와 베버의 갈등론적 시각에서 이론적
      기초를 구한다.
   ④ 신교육사회학은 1970년대 등장했고 지시사회학과 관련이 크다.
   ⑤ 기능주의는 교육실천에 사회학적 이론의 응용을 시도했고 갈등론은 교육현상에
      사회학적 접근을 시도했다.

——— 정답은 본 서 뒷 페이지에 수록되어 있습니다.

국민교육헌장 패러디

우리는 명문대 입학의 역사적 사명을 띠고 이 학교에 들어왔다. 선배의 빛난 입시성적을 오늘에 되살려 안으로는 이기주의적 자세를 확립하고 밖으로는 친구 타도에 이바지 할 때다. 이에 우리의 나아갈 바를 밝혀 입시의 지표로 삼는다.

영악한 마음과 빈약한 몸으로 입시의 기술을 배우고 익히며, 타고난 저마다의 소질을 무시하고 우리의 성적만을 행복의 기준으로 삼아 찍기의 힘과 눈치의 정신을 기른다. 시기심과 배타성을 앞세우며 능률적 찍기 기술을 숭상하고 경애와 신의에 뿌리박은 상부상조의 전통을 완전히 타파하여 메마르고 살벌한 경쟁 정신을 북돋는다. 나의 눈치와 이기주의를 바탕으로 성적이 향상하며 남의 성공이 나의 파멸의 근본임을 깨달아 견제와 시샘에 따르는 책임과 의무를 다하며 스스로 남의 실패를 도와주고, 봉사하는 척하는 학생 정신을 드높인다.

이기 정신에 투철한 이기 전략이 우리의 삶의 길이며 명문대 입학의 이상을 실현하는 기반이다. 길이 후배에게 물려줄 영광된 명문대 입학의 앞날을 내다보며 신념과 긍지를 지닌 눈치 빠른 학생으로서 남의 실패를 모아 줄기찬 배타주의로 명문대에 입학하자.

(문학연구회, 1989)

이야기 나누기

이름:

유치원은 필요한가?

제2장

기능론적 교육관

01 │ 기능론의 사회관

　기능론은 사회의 한 부분을 이루고 있는 교육이 사회전체의 유지와 발전을 위해 어떤 기능을 하느냐에 초점을 두고 있다. 기능론은 사회를 유기체로 본다. 즉 사회는 몸의 각 구조와 같고, 몸의 각 구조가 맡은 역할을 수행할 때 건강한 것으로 본다(조발그니·류정희, 2013).

　어느 나라 왕에게 아픈 공주가 있었다. 공주를 살리면 공주와 결혼시켜 궁궐에 살게 해줄 것이라는 것을 사람들에게 알렸다. 그 나라에 살던 청년이 이 소식을 듣고 공주를 살리기로 하고 길을 떠났다. 공주를 살리는 약초는 용이 지키는 성을 넘어 비탈길에 있었다. 천신만고 끝에 용을 무찌르고 약초를 캐왔다. 그런데 돌아오는 길에 청년의 몸 기관들이 싸움이 났다. 귀가 "내가 안 들었으면 약초를 캘 마음을 갖지 않았다", 다리는 "내가 안 걸었으면 가지도 못했을 것이다"라고 하고, 눈은 "내가 안 보았으면 약초를 보지도 못했을 것이다"라고 하고, 손은 "내가 안 캤으면 약초를 가져오지 못했을 것이다"라고 하고, 마음 속 용기가 "내가 아니면 용을 어떻게 헤치우고 약초를 캐왔겠냐" 한다. 만약 약초를 캐는 데 아무런 역할을 하지 않은 입이 왕에게 가서 이것을 먹으면 죽는다 하면 어떻게 될

까? 이처럼 몸의 각 기관은 상호의존적이고 몸의 기관 일부가 맡은 기능을 수행하지 못하는 것이 병이다.

즉 사회의 기관이 사회의 유지와 성장 발전을 수행한다는 입장이 기능론이다. 기능론의 관점에서 사회는 각각 다른 질적 우열의 차이가 없는 기능을 수행하는 수많은 개인 및 집단의 통합체로서 안전과 질서 유지라는 합의된 목표 아래 상호의존하여 살아가는 인간집합체이다(김신일, 2010).

결국 기능론의 입장에서 교육이 하는 일은 사회의 규칙을 준수하고, 역할을 수행할 수 있도록 미성숙한 아동을 사회적 존재로 만드는 것이며, 사회의 필요한 인력을 선발, 배치, 훈련, 양성하는 것이다.

02 | 기능론 대표학자들

1) 뒤르껭

(1) 뒤르껭의 교육

뒤르껭은 교육을 다음과 같이 정의한다. "교육이란 성인세대가 사회생활에 아직 덜 성숙한 어린 세대에 대한 영향력 행사이다. 교육은 어린이가 보편적으로 속한 정치사회와 특별하게 짊어진 특별사회에서 어린이에게 요구되는 물리적, 지적, 도덕적 상태를 기르고 개발하는 데 목적이 있다"(Durkheim, 2006).

(2) 사회화

뒤르껭에게 교육은 사회적 성격을 지니고 있고, 교육의 본질은 사회화이다. 사람은 태어날 때부터 사회적 존재가 아니다. 따라서 교육이 하는 일은 어린 아동을 사회적 존재로 만드는 것 즉 사회화이다. 이때 사회화란 개인을 사회적 존재로 만드는 일이고, 교육은 사회 존속, 유지를 위해 개인을 사회화시키는 일이다. 그는 사회화를 그림 2-1과 같이 두 개로 구분하여 말한다.

특수사회화란 개인이 특정 직업적 기능이나 관련 소양을 갖추게 하여 사회구성원으로서 역할을 수행할 수 있도록 함으로써 사회의 유지와 발전에 기여하게 하는 과정이다. 예컨대, 간호사, 유아교사, 사회복지사와 같이 사회의 필요와 요구에 따라 사회 구성원의 직업교육을 시키는 과정을 말한다.

보편사회화란 개인이 사회적 존재로 살아가는데 필요한 지식과 기능, 즉 사회적 규범을 갖추게 하는 것이다. 예컨대, 빨간불이 켜 있는 동안 건너지 말아야 한다, 우측통행을 해야한다와 같이 사회 구성원이라면 누구나 갖춰야 할 공통적 품성을 지니게 하는 것이다.

그림 2-1 **보편사회화와 특수사회화**

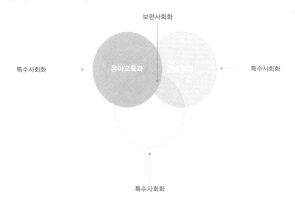

그림 2-2 **사회화 논쟁**

출처: 천재학습백과 사회화, http://koc.chunjae.co.kr/Dic/dicDetail.do?idx=26133에서 차용

(3) 도덕교육

뒤르껭은 학교교육에서 도덕교육을 강조한다. 도덕교육은 사회구성원들의 합의를 통해서 구성되고 개인이 속한 사회에 참여할 수 있게 도와준다. 뒤르껭에게 교육은 결국 사회가 합의한 규범을 체화해서 한 인간으로서 독립할 수 있도록 하는 것이다.

그러나 뒤르껭은 어떤 사회를 구성하는 서로 다른 집단 간의 불일치를 무시하였고 모든 사회가 각각 언제나 합의된 규범과 질서를 지향하는 것으로 생각한다는데서 한계가 있고, 교육에 있어 여러 집단의 갈등의 가능성을 배제하고 있어 교육현상을 제대로 설명하지 못했다(김신일, 2010).

2) 파슨스

(1) 사회체로서의 학급

파슨스(Parsons)는 산업사회에서 학교가 개개인의 능력과 소질을 정확히 파악하여 적절하게 배치하는 기능을 한다고 본다(김신일, 2010). 교육에 관련된 그의 생각은 「사회체제로서의 학급(The School Class as a Social System)」(1959)이라는 논문에 잘 나타나 있다. 그는 학급 또는 학교라는 사회구조가 학생들로 하여금 성공적으로 성인의 역할을 할 수 있도록 어떤 일을 하는지를 밝히려 하였다. 이 논문의 주장은 세가지다. 첫째, 또래집단은 성인이 된 후에도 중요할 뿐 아니라 학교와 학습 사회의 질서를 유지하는데도 공헌한다. 둘째, 학력격차로 생기는 사회적 지위나 수입의 격차는 당연하다. 셋째, 학교는 성적과 품행을 중시한다(김병욱, 2013).

(2) 선발

파슨스는 교육의 선발기능을 강조한다. 그에게 있어서 선발의 기능은 다음과 같다. 첫째, 학습자에 대한 진단기능이다. 선발은 학생들의 능력의 종류와 수준에 따라 분류함으로써 학습자에 대한 진단 기능을 한다. 둘째, 직업세계에 대한 분류기능이다. 학교는 선발을 통해 학생들의 능력에 따라 다른 교육적 경험을 부여하고 이를 토대로 사회진출을 가능하게 함으로써 직업세계가 필요로 하는 사람들을 분류하는 여과기능을 한다. 셋째, 선발은 능력과 성취에 따라 사회적 지위와 소득을 배분함으로써 개인적으로는 능력을 극대화할 수 있는 기회를 부여하며, 이를 통해 사회의 평등에 기여한다. 넷째, 인력활용의 극대화이다. 선발은 사회적 성취에 따라 사회경제적 지위를 배분함으로써 사회적으로는 인력활용을 극대화할 수 있게 해준다.

파슨스는 업적에 대한 선발의 정당성을 주장한다. 즉 그에 의하면 사회와 학교는 성취지향성을 중시함으로 업적을 기준으로 선발한다. 따라서 교육기회에의 접근이 공정하면, 성취수준에 따라 학력수준이 달라지고, 학력수준에 따라 사회적 지위의 수준이 달라지므로 교육 선발은 공정하다.

학교는 기회균등과 성취에 따라 보상이 이뤄지는 차등적 보상이 주어진다는 가치를 가르치는 곳이다(김병욱, 2013). 따라서 파슨스는 부모가 어떤 사회계층이든 능력만 있으면 좋은 학교교육을 받을 수 있도록 기회평등을 제공하기 때문에 학교교육의 선발 배치 기능이 사회적 평등을 실현한다고 주장한다. 또한 학교는 개인의 능력과 적성을 정확히 파악하여 그에 맞는 교육을 받도록 하기 때문에 개인의 소질에 맞는 직업을 갖게 하여 개인적 능력을 극대화하고 효율적 인력활용에 기여한다(조발그니 · 류정희, 2013).

(3) 한계

파슨스의 이론은 위와 같은 이유로 시사하는 바가 크지만 다음과 같은 한계도 있다. 첫째, 학교교육을 통한 사회통합과 유지를 강조하지만 교육갈등은 무시하였다. 둘째, 학교교육 평가체계가 공정하리라 전적으로 확신하였다. 셋째, 학교 평가체계를 통한 선발과 배치가 정당하다고 본다. 넷째, 성적이 우수한 학생이 인지적 능력과 도덕적 능력 모두 뛰어날 것이라고 생각하였다(강창동, 2014).

3) 드리븐

드리븐(Dreeben)은 산업사회에서 필요한 규범 중 가정에서 가르치지 못하는 규범을 교육과정 중 잠재적 교육과정을 통해서 학교가 전수한다고 주장한다. 특히 미국의 학교는 교사에 의해 네 가지 중요한 규범을 전수한다고 본다.

첫째, 독립성은 학문적 학습활동에 적용되는 규범으로 학교에서 과제를 스스로 처리해야 하고 자신의 행동에 대한 책임을 지게 함으로써 습득된다. 또한 아이들이 자신의 행위에 대한 책임을 지고, 다른 아이들도 마찬가지로 자신들의 행위에 대한 책임을 져야 한다는 사실을 알게 될 때 습득된다. 예를 들면, 아이들이 거짓말을 하거나 부정행위를 할 때, 그러한 행위는 반드시 제재를 받게 된다. 이는 좌석을 분리시키고 부정행위를 할 수 없도록 감시하는 가운데 치뤄지는 공식적 시험을 통해 습득된다.

둘째, 성취성은 학생들이 할 수 있는 한 최선을 다해 과제를 수행해야 한다는 전제를 받아들이고 그 전제에 따라 행동할 때 습득된다. 이 규범은 교수-학습-평가라는 체제 속에서 형성되는데, 공동으로 수행하는 활동에도 적용된다는 점에서 독립성과 구별된다. 또한 아이들에게 자신에 대한 평가는 자신들의 좋은 의도나 노력에 의해서만 평가되는 것이 아니라, 성취결과에 의해서 평가된다는 사실을 습득하게 되면서 체득한다. 아이들은 자신들이 다른 아이들과 경쟁을 하는 과정에서 과제에 대한 성공과 실패를 경험하게 되며, 이러한 과정에서 드러나는 우열의 결과를 인정함으로써 성취의 중요성을 자각하게 된다.

셋째, 보편성은 학교에서의 동질성 확보를 위한 것으로 아이들 모두가 동등하게 취급되고, 정해진 학교의 규칙에 따르도록 하는 과정에서 예외가 인정되지 않는 것을 경험함으로써 배우게 된다. 또한 아이들이 학교생활을 하는 과정에서, 각 개인들은 학급을 구성하는 성원으로서 똑같이 취급된다는 사실을 알게 됨으로써 습득되며, 주로 동일연령의 학생들이 같은 학습내용과 과제를 공유함으로써 형성된다.

넷째, 특수성은 모든 학생들은 보편성에 따라 동일하게 대우받아야 하나, 특수한 경우에는 예외를 인정한다. 키가 작거나 눈이 나쁜 아이가 앞자리에 앉는 것을 받아들이거나, 장애가 있는 학생을 학교가 특별하게 취급하는 것을 받아들인다. 따라서 일반적으로 인정될 수 있는 개인의 특수한 사정에 따라 예외가 인정되는 것을 의미한다. 이러한 특수성도 교사들의 자의적인 판단에 근거한 것이 아니라, 합리적인 근거를 가질 때에만 허용된다는 것을 배운다(조발그니·류정희, 2013).

4) 슐츠(Schultz)

(1) 인간자본론

제2차 세계대전 이후 교육은 급속도로 확대되었다. 미국에서 전후 교육의 확대는 문자 그대로 고등교육을 시작할 수 있게 되었다. 교육의 확대는 교육 비용을 요구하였고, 정도의 차이는 대부분의 국가가 비용을 부담하였다. 이 지출이 효율성에 의문을 제기하였다.

슐츠(Schultz)는 1960년 "인적자본에의 투자"라는 연설을 미국경제협의회에서 발표하였다. 그의 메시지는 단순한데, 교육을 통해 기술과 지식을 얻는 과정은 소비의 한 형태가 아닌 생산적 투자로 보아야 한다는 것이었다(할지, 2011). 이를 인간자본론이라고 한다.

(2) 인간자본론의 가정

인간자본론은 다음과 같은 가정에서 출발한다. 첫째, 좋은 교육을 받은 이가 좋은 직업을 갖는다. 둘째, 미래의 높은 소득을 위해 현재 교육비용을 지출한다. 그래서 인간자본에 보다 많은 투자를 한 사람은 고도의 지식과 기술을 얻게 되고, 그 지식과 기술이 많은 수입을 보장한다(김병성, 2017). 인간자본론은 교육을 많이 받을수록 경제적 생산력이 증대되고 생산량이 늘어나면 사회가 풍성해질뿐 아니라 개인이 받는 소득이 향상될 것이고, 이를 통해 삶의 수준도 향상된다고 주장한다.

(3) 인간자본론의 한계

인간자본론은 다음과 같은 한계가 있다. 첫째, 교육 수준과 생산 수준이 일치하리라는 합리적 근거가 적당하지 않다. 둘째, 학력 인플레이션이 일어날 수 있다. 셋째, 고용주가 노동자 선발에 학력에 의존할 수 있다. 넷째, 교육 수준과 임금 수준의 차이는 이중노동시장을 만든다(강창동, 2014).

03 | 기능론적 관점에서 유아교육

1) 유치원과 유아교육시설의 기능변화

이윤진(2008)은 우리나라에서 유치원과 유아교육시설이 역사적으로 다음과 같은 기능변화를 거쳤다고 보고하였다. 유치원은 1900년 초 무렵 개신교 복음사업의 일환으로 시작했는데, 해방이후에는 하나의 학교로 규정되었다. 1990년대까지 반일제 운영이 취업모 지원을 목적으로 종일제가 도입되면서 유아교육시설과 기능면에서 비슷해졌다. 유아교육시설은 1920년 후반 무렵 가난한 기혼여성의 자녀보호 차원에서 설립되어, 해방이후에는 아동복리법에 의해 아동복리시설의 하나로 규정되었다. 2004년 유아교육법이 전면 개정을 통해 유치원과 기능면에서 비슷해졌다.

2) 유아교육의 기능

기능론적 관점에서 유아교육의 기능은 다음과 같다. 첫째, 유아기 경험이 이후의 학교 생활과 삶에 중요한 영향을 미친다. 따라서 교육적인 기능이 더 강조되고 있다(나정, 2001). 교육선진국은 유아교육을 공교육화하여 교육기회 균등 권리와 더불어 유아기에 유아답게 보호받을 권리, 각종 유해 환경이나 상품으로부터 안전하게 보호받을 권리 등을 제공하고 있다(우수경 외, 2016).

표 2-1 각국의 유아교육기관 명칭과 운영체계(우수영 외, 2016)

국가	명칭	유아연령	정부소관부처
미국	Kindergarden	5세	교육성
영국	Nursery School	3~4세	교육고용부
프랑스	Ecole Maternelle	2~6세	교육부
독일	Schule Kindergarden	3~6세	교육부
스웨덴	förskola(Preschool)	0~6세	교육부
일본	유치원	3~6세	문부성
한국	유치원	3~5세	교육부

표 2-1처럼 대부분의 국가에서 유아교육을 공교육화 하면서 국가교육으로 서 자리매김하고 있다.

둘째, 민주시민으로서의 소양을 기르고 국가의 인적자원을 길러낼 수 있다는 점에서 유아교육의 중요성을 찾아 볼 수 있다. 유아기에 민주시민으로서 갖추어 야 할 소양을 익히고 유아기의 잠재능력을 다양하게 길러낸다면 다양한 분야에 서 창의적으로 일할 국가의 인적자원을 육성하는 기초가 된다(황해익 외, 2016).

셋째, 교육과정은 연속성, 반복성, 일관성, 통합성의 원리에 의해 선정되고 개 발된다. 초등교육과 유아교육의 연계는 국가수준 교육에서 구체화·체계화 된다. 따라서 유아교육의 적절한 개입은 초등교육을 수월하게 수행할 수 있도록 도와 준다(황해익 외, 2016). 초등학교 저학년일수록 교육수준에서 격차를 보이고 교육 적 문제가 야기되는 것이 현실이다. 따라서 생애 초기 가족환경과 소득격차에 따 른 기본 학습능력의 격차가 이후 누적적으로 교육격차를 발생시킨다. 이러한 격차 를 줄이기 위해서 유치원이 기능을 할 수 있다(권미량·조채영·좌승화·최진원, 2015).

넷째, 교육복지사업은 조기교육을 요구하는데 이는 어려운 생활환경 하에 있 는 유아 및 아동들이 성장과정에서 나타날 수 있는 학습 및 정서적 결손을 예방 하고 계층 간 사회적 통합의 목적을 지닌다. 예컨대, 교육복지우선사업은 사회적 취약계층, 유아 및 아동의 교육기회 불평등을 개선하고 이들의 교육 및 정서적 성장을 교육, 문화, 정서, 심리, 복지 등의 통합체계의 조기개입을 통해 도모하는 것이다(김현진·김혜래, 2011).

다섯째, 여성의 평균 출산율 감소와 핵가족화로 가족의 기능을 유치원이 한다. 유아교육기관이 가족의 기능을 강화시키는 역할을 한다. 또한 핵가족에서 부족하기 쉬운 사회적 경험의 기회, 기본생활습관 등이 가정보다는 유아교육기관에서 더 효과적이라는 인식에서 유아교육에 대한 사회적 요구가 더 높아졌다(권미량 외, 2015).

여섯째, 그림 2-3과 같이 여성의 사회참여가 높아지면서 여성의 경제활동 참여 욕구와 남성의 맞벌이 욕구가 높다는 사실은 여성의 경제활동 참여를 지원해 줄 수 있는 다양한 유아교육 및 유아교육 서비스가 요구된다. 또한 여성의 사회참여가 결혼 연령 상승과 출산을 연기하거나 기피하는 현상을 완화하고 사회진출과 경제활동을 지원하는 역할을 유치원이 수행한다(권미량 외, 2015).

위에서처럼 현대사회로 올수록 유아교육의 범위가 확대되고 그 역할의 중요성이 증가하였다. 하지만 부모나 가족의 역할을 유아교육기관이 완전히 대체할 수는 없다. 따라서 유아교육기관과 가정의 동반자적 관계 유지가 바람직하며 궁극적으로 국가, 사회, 개인이 유아교육 발전을 위해 함께 노력을 기울여야 한다(우수경 외, 2016).

04 | 기능론적 교육관과 그 한계

1) 기능론적 교육관

기능론적 교육관은 첫째, 교육은 개인의 능력을 증진시킨다. 사회를 유지하는데 필요한 지식과 규범을 습득하게 한다. 둘째, 교육은 사회통합을 위한 기능을 수행한다. 국민이 사회질서를 유지하도록 가르치고 사회통합에 이바지하도록 질서, 공중도덕, 법 준수를 강조한다. 셋째, 교육은 인재를 선발, 훈련, 배치, 충원하는 기능을 한다. 이를 통해 개인의 능력과 인력활용의 효율성을 극대화 한다. 넷째, 교육은 사회이동을 촉진하는 기능을 한다. 교육은 학업성취에 따라 사회적 지위와 소득을 부여하여, 교육을 통한 사회적 계층이동이 가능하게 한다(조발그니 · 류정희, 2013).

2) 기능론적 교육관의 한계

그럼에도 기능론적 교육관은 다음과 같은 한계가 있다. 첫째, 수동적 아동관이다. 학생들은 학교에서 가르치는 것을 무비판적으로 수용하거나 여과 없이 받아들이는 것이 아니다.

둘째, 기능론적 교육관은 불평등한 출발, 과정, 결과에 따라 나타나는 불평등한 사회이동을 간과한다.

그림 2-3 여성의 결혼 후 경력 단절

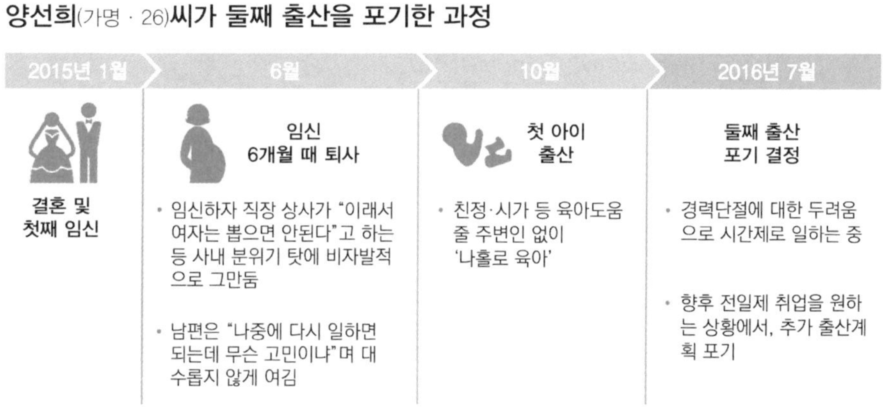

양선희(가명 · 26)**씨가 둘째 출산을 포기한 과정**

2015년 1월	6월	10월	2016년 7월
결혼 및 첫째 임신	**임신 6개월 때 퇴사**	**첫 아이 출산**	**둘째 출산 포기 결정**
	• 임신하자 직장 상사가 "이래서 여자는 뽑으면 안된다"고 하는 등 사내 분위기 탓에 비자발적으로 그만둠	• 친정·시가 등 육아도움 줄 주변인 없이 '나홀로 육아'	• 경력단절에 대한 두려움으로 시간제로 일하는 중
	• 남편은 "나중에 다시 일하면 되는데 무슨 고민이냐"며 대수롭지 않게 여김		• 향후 전일제 취업을 원하는 상황에서, 추가 출산계획 포기

2015 주요 국가 성격차지수와 합계출산율

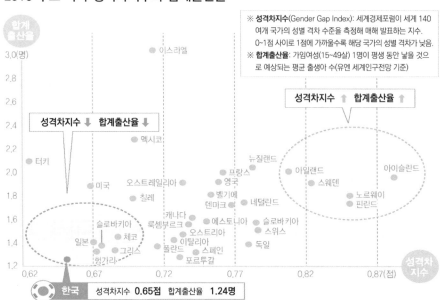

출처: 한겨레신문 http://m.hani.co.kr/arti/society/society_general/768235.html?_adtbrdg=e#_adtLayerClose
에서 인출〉 이미 출산전부터 출발선이 다르다. 그런데 어떻게 공정하다고 평등하다 할 수 있을까?

셋째, 사회화는 일정한 기간 동안만 일어나는 것은 아니다. 사회화는 학교교
육을 마친 성인기에도 이뤄지기 때문이다.

넷째, 기능론적 교육관은 능력주의와 경쟁적 · 사회적 이동을 중시하여 과잉
교육현상을 초래한다.

 **내용정리**

◎ 기능론의 입장에서 교육이 하는 일은 사회의 규칙을 준수하고, 역할을 수행할 수 있도록 미성숙한 아동을 사회적 존재로 만드는 것이며, 사회의 필요한 인력을   ,   ,   ,   하는 것이다.

◎   란 개인이 특정 직업적 기능이나 관련 소양을 갖추게 하여 사회구성원으로서 역할을 수행할 수 있도록 함으로써 사회의 유지와 발전에 기여하게 하는 과정이다.

◎   란 개인이 사회적 존재로 살아가는데 필요한 지식과 기능, 즉 사회적 규범을 갖추게 하는 것이다.

◎ 뒤르껨은 학교교육에서   을 강조한다.

◎ 파슨스는 교육의 선발기능을 강조하는데 첫째,   기능이다. 둘째,   기능이다. 셋째, 선발은 개인적으로   을 극대화할 수 있는   를 부여한다. 넷째,   의 극대화이다.

◎ 드리븐은 학교교육을 통해 네가지 중요한 규범을 전수한다. 그것은   ,   ,   ,   이다.

◎   은 교육을 통해 기술과 지식을 얻는 과정은 소비의 한 형태가 아닌 생산적 투자로 본다.

기출문제

1. 기능론적으로 관점에서 학교교육을 설명한 것으로 가장 적절한 것은? (중 06)

   ① 학교는 이데올로기적 국가기구이다.
   ② 학교 시험은 지배적 문화와 가치관을 주입시키는 도구이다.
   ③ 학교는 자본주의 사회의 생산관계를 재생하는데 기여한다.
   ④ 학교는 사회생활에 필요한 보편적 가치를 어린 세대에게 가르친다.

2. 다음 대화에서 학교교육에 관한 기능론적 관점에 가까운 얘기를 한 교사들은? (초 09)

> 김교사: 요즘 교과서에 대해 말이 많죠? 역시 교과서 내용은 특정 집단의 입장이 반영된
> 것이라는 생각을 하게 돼요.
> 최교사: 글쎄요, 교과서는 모든 국민들이 합의하고 있는 내용을 담은 것이라고 생각해요.
> 박교사: 그나저나 요즘은 집안형편이 어려운 학생들이 점점 대학에 진학하기 어려운 것
> 같아요.
> 정교사: 좋은 성적을 받아서 명문대학에 가려면 부유한 집에 태어나는 게 유리하죠.
> 민교사: 그래도 학교는, 가난하지만 노력하는 학생들에게 기회를 주는 곳이라고 봐요.

   ① 김교사, 최교사   ② 김교사, 민교사   ③ 박교사, 정교사
   ④ 최교사, 정교사   ⑤ 최교사, 민교사

3. 뒤르껭의 교육사회학적 입장에 대한 설명으로 옳은 것은? (초 08)

   ① 사회구조가 변화하더라도 교육해야 할 도덕이념을 동일하다.
   ② 세대가 바뀌어도 집합의식이 유지될 수 있도록 기성세대의 영향을 최소화해야
      한다.
   ③ 산업사회에서 분업화가 진행될수록 보편사회화 보다는 특수사회화가 더 중요해
      진다.
   ④ 이기적인 어린 세대에게 규율의 정신을 가르치는 것은 필요하다. 체벌을 허용해
      서는 안된다.

4. 드리븐의 학교사회화 내용 중 다음의 (   )에 해당하는 것은? (중 07)

> (   )은 학년이 높아짐에 따라 흥미와 적성에 맞는 분야의 교육에 집중함으로써 학생들이 학습하게 되는 것이다.

① 독립성   ② 특정성   ③ 보편성   ④ 성취성

5. 슐츠의 인간자본론에 대한 설명으로 가장 적절한 것은? (초 07)

① 교육은 생산성 향상을 위한 투자이다.
② 아동의 가정 배경이 사회적 지위 획득에 영향을 미친다.
③ 부모와 친밀한 관계를 맺고 있는 아동은 학업성취가 높다.
④ 신뢰할 수 있는 인간관계의 망은 고용주와 소득증가에 유리하게 적용한다.

5. 다음은 A 고등학교 초임 교사들은 대상으로 진행한 학교장의 특강 내용 중 일부를 발췌한 부분이다. 발췌한 특강 부분은 학교에 대한 이해 차원에서 1) 학교교육의 기능과 2) 학교 조직의 특징, 수업에 대한 이해 차원에서 3) 수업 설계와 4) 학생 평가에 대한 내용이다. 이를 바탕으로 1)~4)의 요소를 활용하여 '다양한 요구에 직면한 학교 교육에서의 교사의 과제' 라는 주제로 서론, 본론, 결론의 형식을 갖춰 논하시오.

　　여러분들도 잘 아시겠지만 최근 우리 사회는 학교가 다양한 역할을 수행하도록 요구하고 있습니다. 이에 따라 선생님들께서는 학교 수업에 한 기본인 이해가 필요하다고 생각합니다.
　　먼저 교사로서 우리는 학교교육의 기능을 이해해야 합니다. 지금까지 학교는 학생들이 사회 구성원으로서 올바르게 성장할 수 있는 보편 가치와 규범을 가르쳐 왔습니다. 그러나 최근 사회는 학교교육에 다양한 요구를 하게 되면서 학교가 세분화된 직업 집단의 교육 요구를 충족시켜 주기를 원하고 있고, 학교교육의 선발·배치 기능에 다시 주목하고 있습니다. 그러므로 여러분은 학교교육의 선발·배치 기능을 이해하는 한편, 이것이 어떤 한계를 갖는지도 생각해야 할 것입니다.
　　이와 함께 학교가 한 사회의 요구에 효율적으로 응하기 위해서 학교장을 포함한 모든 학교 구성원들은 서로의 행동 특성을 이해해야 합니다. 우선 학교 조직의 특징을 먼저 파악해야 합니다. 학교라는 조직을 합리성의 측면에서 파악하면 분업과 전문성, 권위의 위계, 규정과 규

칙, 몰인정성 경력 지향성의 특징을 갖는 일반 관료제의 틀로 설명할 수 있습니다. 그러나 교사들의 전문성이 강조되는 교수·학습의 측면에서 보면 학교 조직은 질서 정연하게 구조화되거나 기능으로 분명하게 연결되어 있지 않은 이완결합체제(loosely coupled system)의 특징을 지닙니다. 따라서 우리는 관료제적 관점과 이완결합체제의 관점으로 학교 조직의 특징을 이해할 필요가 있습니다.

한편, 사회가 학생들에게 새로운 역량을 요구하고 있고, 이러한 요구에 맞춘 역량을 키우기 위해 교사는 다양한 수업을 설계할 수 있어야 합니다. 제가 경험했던 많은 교사들은 다양한 수업을 시도해 보고자 하는 열정은 높았지만 새로운 수업 방법이나 모형을 활용하여 수업을 설계하거나 수업 상황에 맞게 기존의 교수·학습지도안을 적용하는 데 어려움을 느꼈습니다. 다양한 교수체제설계 이론과 모형이 있지만 분석, 설계, 개발, 실행, 평가의 과정은 일반적이라고 생각합니다. 이 분석과 설계는 다른 과정의 기초가 되기 때문에 필요합니다. 수업 요소들이 서로 어떻게 관련되어 있는지 파악하여 여러분의 수업에 적용해 보시기 바랍니다.

수업 설계를 잘 하는 것 못지않게 수업 결과를 평가하는 것 또한 중요합니다. 여러분이 어떤 평가 기준을 활용하느냐에 따라 평가 유형이 달라질 수 있습니다. 자칫하면 평가로 인해 학생들 사이에 서열주의적 사고가 팽배하여 서로 경쟁만 하는 문제가 발생할 수 있습니다. 이를 보완할 수 있는 평가 유형에 대해 고민해 볼 필요가 있습니다. (15 중 추가)

—— 정답은 본 서 뒷 페이지에 수록되어 있습니다.

수험생활 노래

원작자 미상

형님온다 형님온다 보고저븐 형님온다
형님마중 누가갈까 형님동생 내가가지
형님형님 사촌형님 수험생활 어떱데까
이애이애 그말마라 수험생활 개집살이
아침에는 단어외고 자기전에 단어외고
영어단어 많다해도 수능공부 더많더라
헷갈리는 언어영역 찍기조차 어렵더라
도리도리 수리영역 주관식도 나오더라
메가인강 들어봤다 이투스도 들어봤다
유명인강 듣고나니 이비에스 나온다네
외나무다리 어렵대야 외국어보다 어려우랴
낙엽이 노래봐야 내얼굴보다 더 노라랴
아버지는 호랑새요 어머니는 꾸중새요

동생하나 할림새요 친구하나 뾰족새요
옆자리짝 1등이요 단짝친구 수시합격
선생님은 잔소리새 나하나만 썩는샐세
내신공부 삼년이요 수행평가 삼년이요
스트레스 삼년이요 석삼년을 살고나니
배꽃같던 요내얼굴 호박꽃이 다되었네
삼단같던 요내머리 비사리춤이 다되었네
백옥같던 요내손길 오리발이 다되었네
새것같던 교복치마 눈물씻다 다젖었네
멋있었던 교복마이 콧물받기 다젖었네
울었던가 말았던가 책 사이에 소이졌네
그것도 소이라고 볼펜한쌍 샤프한쌍
쌍쌍이때 들어오네

▌ 이해와 감상

이 작품은 고된 수험생활을 학교 선후배 간의 대화 형태로 노래하고 있다. 어떻게 교육제도가 바뀌더라도 개선되지 않는 입시현실 속에서 수험생이 겪어야 하는 고뇌가 사실적으로 잘 표현되어 있다. 단어 외우기, 영어공부, 정부의 EBS라는 공부 외에 가족과 친구까지 모두 원망의 대상이 되고 있다. 수험생이 겪어야 하는 불행에 대한 푸념과 항거가 실제 경험한 생활 감정을 바탕으로 거리낌 없이 드러나 호소력을 발휘하고 있다. 그러나 그러한 수험살이의 고단함과 불행에 대해 항거하는 자세가 다소 소극적이며, 결말부에서는 체념적인 태도가 엿보이는 것은, 수능점수에 대학이 결정되는 현실에 감히 대항할 수 없는 약자로서의 수험생의 위치를 다시금 확인시켜 주는 것이 된다.

(학교대사전, 2005)

이야기 나누기

이름:

부모의 사회경제적 지위에 따라 유아교육이 달라져야 하는가?

_____

_____

_____

_____

_____

_____

_____

_____

_____

_____

_____

_____

_____

_____

_____

_____

_____

_____

_____

제3장

갈등론적 교육관

01 | 갈등론의 사회관

갈등론은 사회를 개인 간, 집단 간의 끊임없는 경쟁과 갈등의 연속으로 본다 (김신일, 2010). 즉 사회는 안정된 상태가 아니라 이해집단 간의 갈등과 대립으로 끊임없이 변화한다고 본다. 인간이 소유한 자원은 제한되어 있지만 인간의 욕심은 무한하여 소유물을 쟁취하기 위한 갈등과 대립은 필연적이다. 또한 갈등론자들에 따르면 사회는 공정하거나 평등한 장소가 아니라 불평등을 합리화하고 정당화하는 곳이다. 따라서 기능론에서 사회화는 사회 유지의 기능을 수행하는 것인 반면 갈등론에서 바라보는 사회는 안정적일 수 없다.

한편 기득권자들은 자신들의 기득권을 합리화하기 위하여 제도를 이용한다. 지배집단은 피지배집단을 자신의 지배에 종속시키기 위해 힘의 행사를 통해 자신에게 복종하게 하고, 다른 한편 지배집단의 가치와 규범을 피지배집단에게 주입시켜 지배집단의 가치와 규범을 보편적인 것으로 받아들이게 한다(김천기, 2016). 반면 피지배집단은 이런 불편부당을 해소하기 위해 대항세력이 된다. 각 집단은 자신의 입장에서 이해관계를 반영하는 갈등의 정당성을 주장한다.

갈등론은 세 가지 입장을 취한다. 첫째, 사회는 질서와 균형 보다는 갈등과 경쟁과 투쟁의 장이다. 둘째, 기득권을 지니고 있는 구성원들이 그렇지 못한 구성원들에 대해 교화하거나 물리력을 행사하는 것으로 사회 통합과 유지를 강요한다. 셋째, 사회 구성 요소들이 사회의 변화와 붕괴를 유발하고 촉진한다(김영화, 2010).

표 3-1 **기능론과 갈등론 비교**(김영화, 2010)

기능론	갈등론
㉠ 사회의 각 요소는 안정과 균형을 지향	㉠ 각 사회는 변화의 과정
㉡ 사회 각 요소 상호의존적	㉡ 각 집단은 경쟁적, 대립적 관계
㉢ 사회갈등은 일시적 일탈현상	㉢ 사회 갈등, 대립은 그 사회의 본질적 현상
㉣ 사회 각 요소 그 사회 유지 존속을 위해 역할 수행	㉣ 사회 모든 요소는 그 사회의 해체와 변화에 기여
㉤ 사회는 구성원들의 합의에 기초	㉤ 사회는 지배집단의 강요에 기초

02 | 갈등론의 대표학자들

1) 보울스와 긴티스

(1) 경제재생산론

보울스와 긴티스(Bowls & Gintis)는 1976년 미국의 메사추세츠 공업 지역의 학교교육을 역사적으로 분석한 『미국 자본주의 사회와 학교교육』을 발표하면서 경제재생산론이라는 새로운 이론을 발표했다. 그들에 의하면 학교교육은 파슨스가 주장한 것과 같이 가치 보편적 교육내용도, 공정하게 선발하는 기능을 하는 것이 아니라 자본주의 생산에 유리한 가치관을 주입하고 지금의 불평등한 체계가 당연하다고 가르치며 이를 유지하는 것이라고 주장하였다(김신일, 2010). 자본가는 생산을 극대화 시킬 능력을 지닌 노동자를 필요로 한다. 따라서 노동자에게 필요한 것은 상류사회에 어울릴 수 있는 지식이나 교양, 인성보다는 생산력을 높일 수 있는 지식이다. 이를 위해 학교교육은 학생의 신분에 따라 차별적으로 사회유지에 필요한 가치관, 성격 등을 주입한다. 이 교육을 통해 신분질서가 정해지고 불평등이 재생산된다는 관점이 경제재생산론이다.

파슨스가 말하는 대로 학교교육은 능력주의에 바탕을 두는데 이는 객관화된 검사인 지능, 성적, 적성 등 과학적 신뢰에 기인하여 정당성을 얻게 되고 검사 결과는 의심 없이 타당한 것으로 여긴다. 따라서 검사결과는 과학적 신뢰에 기인하기에 검사결과에 따른 계급 구분은 분명히 정당한 것으로 생각한다. 그런데 학교교육의 객관화된 검사는 지배계급의 아동에게 유리하게 편성되어, 피지배계급 아동에게 낮은 점수결과를 받는 것이 뻔하다. 피지배계급 아동은 처음부터 실패를 당연하게 여기고 당연히 자본주의의 불평등한 체제에 대해 복종과 순종을 학교교육을 통해 내면화 하게 된다. 그래서 지배계급은 객관화된 검사에서 유리한 학업성취를 보여 더욱 높은 계급을 갖는 것은 당연하게 여길 것이고, 미래사회에 지배계급으로 낮은 학업성취를 보인 피지배계급은 여전히 피지배계급의 사회 경제적 지위로 반복되어 재생산된다.

학교는 노동의 위계적 분화에 따라, 초등교육은 하위노동직에게 필요한 복종, 시간, 규칙 엄수 등을, 중등교육은 중간관리자에게 필요한 일반사무와 관리 능력 등을, 고등교육은 최고관리자에게 필요한 리더십, 창의력, 독립심 등을 강조하게 된다(강창동, 2014). 실제로 초등교육에서 강조하는 것은 규칙과 규범이다. 공부보다는 개근을, 수업시간에는 돌아다니지 말아야하고, 화장실은 쉬는 시간에 가야한다. 선생님의 말을 듣지 않으면 생활기록부에 기록된다. 산업혁명 직후 학교에서는 '읽기와 쓰기'를 가르쳤지만 '셈하기'는 가르치지 않았다. 셈하기를 배우면 육체노동을 싫어하고 회계사나 경리사원이 될 것으로 보았기 때문이다(고려대학교 교육문제연구소 편, 2010).

(2) 상응이론

학교는 미래의 하위 노동자들이 순종하고 복종하는 것을 강조하면서 자본주의적 가치와 품성을 재생산해 낸다는 것이다(김병욱, 2013). 또한 보울스와 긴티스는 작업장에서의 인간관계를 지배하는 사회적 관계와 학교교육에서의 사회적 관계가 형식에 있어서 일치하기 때문에 구조적인 상응이 일어난다고 주장한다.

상응(相應)이란 한 사회의 경제구조가 학교에 반영되어 있는 상태를 말한다. 즉 학교와 공장은 상응한다. 이 상응이론을 구체적으로 살펴보면 다음과 같다.

첫째, 노동자가 자신의 작업내용을 선택할 수 없듯이 학생들은 자신이 배워야 할 교육내용을 결정할 수 없다. 둘째, 노동이 돈을 벌기 위한 수단인 것처럼, 교육은 학업성취를 통해 교육의 기회 혹은 안정된 직업을 얻는 수단이다. 셋째, 생산현장에서 분업에 의해 작업이 이뤄지는 것처럼 학교교육과정은 교과목이 나뉘져 있고, 계열화되어 있다. 넷째, 작업장에서 인간관계가 직급에 의한 지배─복종의 관계인 것처럼 학교도 학년에 따라 나뉘져 있고, 교사와 학생의 관계는 지배─복종의 관계이다.

그러나 보울스와 긴티스의 경제재생산론은 교육과 사회의 관계를 경제구조에만 제한하여 밝히는 것으로, 상응원리를 설명하기 위해서 학교와 공장을 기계적으로 대치하여 두 체제가 상관관계가 있는 것처럼 과장하여 설명한 부분에서 모순된다.

그림 3-1 연봉에 따른 당신의 계급은?

출처: 이글루 http://egloos.zum.com/gerckm/v/5816148에서 차용

2) 부르디외

(1) 문화재생산론

부르디외(Bourdieu)는 자본의 개념을 네 가지로 분류하였다. 첫째, 경제자본은 금전, 토지, 임금 등 우리가 흔히 말하는 자본으로, 이는 시장에서 화폐요소이다. 둘째, 사회자본은 학연, 지연, 혈연과 같은 인적 연결망을 의미한다. 셋째, 문화자본은 지식인, 교수, 예술가와 같이 고급문화와 예술적 능력 또는 높은 교양과 지식을 겸비한 사람들이 보유하는 자본을 지칭한다. 이러한 문화자본을 획득하기 위해서는 대체로 두 경로가 있는데, 하나는 출신 배경(상류층 출신)이고, 다른 하나는 학교와 공인기관의 졸업장 또는 자격증이다. 넷째, 상징자본은 경제자본, 문화자본, 사회자본을 보유한 사람이나 집단의 지배를 자연스러운 것으로 전환시켜주는, 즉 지배를 자발적으로 승인하게 하는 기능을 수행하는 것이다(하상복, 2006).

경제자본처럼 교환되며 화폐처럼 사용될 수 있는 문화자본은 세가지 형태인데, 첫째, 아바투스적 자본이다. 아비투스란 몸과 마음에 지속적으로 인지, 감지와 판단의 형태로 내면화 된 것을 말한다. 흔히 야구선수가 오랜 연습을 통해 동물적인 감각으로 수비를 한다거나 빛과 같은 속도로 배트를 때려 홈런을 시킬 때의 그것을 말한다. 둘째, 그림, 책, 사전 같은 객관화된 자본을 말한다. 무슨 음악을 듣느냐와 같이 객관적으로 밖으로 드러나는 자본을 의미하다. 셋째, 제도화된 자본이다. 학위, 졸업장이 이에 속한다. 부르디외에 따르면 오랜 취향에 의해 객관화된 자본은 결국 제도자본을 획득하게 도와준다는 것이다. 개인이 가지고 있는 자본이 다를 때 문화자본은 계급을 구별짓게 하는 기제로 작용한다. 경제, 문화자본을 모두 소유한 이는 미셸린이 추천하는 유기농 전문 식당에서 식사하고, 문화자본이 있으나 경제자본이 없는 이는 집에서 직접 요리하고, 경제자본은 있으나 문화자본이 없는 이는 스테이크 하우스에서 식사하며, 문화자본과 경제자본이 모두 없는 이는 패스트푸드에서 식사를 즐긴다. 이런 문화적 차이가 계층을 나누는 기준이 되고 특정문화 자본이 권력에 의해 사회적으로 정당하고 합법적인 것으로 인정받게 된다(Cabin, 2008).

그림 3-2 **문화자본과 경제자본에 따른 직업(부르디외, 2005)**

자본의 소유 분포도

(2) 문화재생산론과 학교

문화재생산론은 문화도 자본의 성격을 지니고 있으며 학교의 교육과정은 상류계층에 부합하는 교육내용으로 구성되어 상류계층의 문화자본을 재생산한다는 관점이다. 따라서 상류계층에 속하지 않는 자녀는 학업성취에서 불리하고, 이는 사회적 지위 획득에도 영향을 미쳐 결국 사회적 불평등을 재생산한다고 주장한다.

부르디외(Bourdieu)에 의하면 사회계층에 따라 향유하는 문화가 다르다. 각 계층에 따라 대화하는 방식, 가치관, 태도, 취향이 다르다. 그런데 지배계층은 자신들의 문화를 중심으로 문화적 가치를 위계화하고 이를 중심으로 교육내용을 구성한다. 따라서 어렸을 때부터 이 문화를 향유한 상류계층은 학업성취에서 높은 점수를 획득할 수 있다. 즉 어떠한 문화를 향유하느냐가 학업성취에 영향을 미친다. 예컨대, 순이는 어렸을 때 노래를 잘하는 아이였다. 공사현장에서 일하셨던 순이 아버지는 순이를 최고의 가수로 생각했지만 학교에 간 순이는 피아노도 칠 줄 모르고, 난생 처음 들어본 작곡가들의 이름 때문에 음악 수업이 힘들었다. 반면 영희는 어렸을 때부터 해외에서 지낸 부모님 덕에 영어를 구사할 뿐 아니라 음악회에 참여할 기회도 많았고, 일찍이 피아노를 접했을 뿐 아니라 음악학원을 다녀, 작곡가는 물론 음표에도 익숙하여 음악 시험에 높은 점수를 획득할수 있었다. 이처럼 교육내용이 상류계층에 속한 문화를 포함하기 때문에 아동이지닌 능력과는 달리 상류계층에 속하지 않는 아동에게 불리하게 작용하여 학업성취에서도 불평등을 일으키게 된다고 부르드외는 생각했다.

학교교육에서의 문화재생산은 계층 간의 불평등을 인식하지 못하게 하며 정당한 것으로 받아들이게 하는 기능을 수행한다. 학교에서 좋은 학생, 나쁜 학생을 판단하는 기준 또한 지배계층의 문화가 기준이 된다.

문화재생산이론은 경제재생산이론에 비해 교육의 상대적인 자율성을 인정한다. 경제적 성공과 학문적 성공이 반드시 일치하는 것은 아니다. 잘 사는 집 학생이라고 해도 학교에서 실패할 수는 있다. 교육체제는 그 자체의 논리에 따라 성취를 가늠한다. 이런 면이 있기 때문에 능력에 따라 성공할 수 있다는 신화는 더욱 정당화된다. 그러나 학업 성취가 100% 경제적 성공으로 이어지는 것은 아니다. 그럼에도 지배계층의 자녀는 동일한 졸업장의 가치를 극대화할 수 있는 배경을 가지고 있다(조발그니·류정희, 2013).

3) 알튀세르

(1) 교육과 이데올로기

마르크스 이론을 따른 알튀세르(Althusser)는 사회구성체에 따라 사회요소를 설명한다. 사회는 토대와 상부구조로 구성되어 있고 상부구조에는 법적, 정치적 요소가 있으며 토대는 생산력, 생산양식이다. 특히 알튀세르는 국가가 억압적 국가기구와 이데올로기적 국가기구로 구성된다고 주장하였다.

여기서 억압적 국가기구는 물리적 힘을 가해 국민을 통제하는 경찰, 군, 감옥, 군대, 교도관등이 해당하고 이데올로기적 국가기구들은 교회, 학교, 법률, 기관, 가족, 커뮤케이션, 정당 등이 해당한다.

이때 교육이 국가기구로 역할을 하는 것이 이데올로기이다. 이데올로기는 사람들의 살아가는 방식과 분리될 수 없다. 모든 사람은 이데올로기 안에서 실존한다. 누구도 이데올로기를 피할 수 없다(정태석, 2003).

이데올로기 기구로 하나의 예를 들자면 언론을 들 수 있다. 베를린 올림픽은 히틀러 통치시절 32개의 국가에 처음으로 방송을 송출하였다. 그리고 방송을 통해 전 세계에 나치의 사상을 알렸다. 진실 1개에 묻힌 99개의 거짓말이 더 효율적이다. 괴벨스는 "대중들은 처음엔 거짓말을 부정하고 그 다음에는 의심하지만 되풀이하면 믿게 된다." 고 했다(Ebs, 지식 채널<괴벨스의 입> 참조).

(2) 이데올로기 기구로서 교육

전후 미국을 비롯한 이데올로기 기구로서 교육은 다음의 역할을 한다. 첫째, 교육은 읽기, 쓰기, 셈하기를 통해 자본주의 사회 발전에 기여한다. 둘째, 교육은 자본주의 사회의 가치, 규범, 태도를 학생에게 전수한다. 미래 노동자인 학생은 노동의 위계적 분업에 맞는 규칙을 체화하여 자본주의 사회의 불평등한 위계질서에 순응한다(강창남, 2014).

새마을운동의 관 주도성, 강압성, 전시행정, 성과주의 등은 박정희 사후에 내무부조차 공식적으로 인정한 새마을운동의 대표적인 문제점이었다. 이데올로기 기구로서 새마을운동을 들여다 볼 필요가 있다.

03 | 갈등론적 관점에서 유아교육

오욱환(2017)은 생애초기부터 부모의 사회경제적 배경에 따라 교육기회가 다르다고 하였다. 그의 표현에 따르면 대학등록금에 맞먹는 영어 유치원을 다니는 아이들, 부동산 가격이 고가인 지역에 최신 시설과 높은 학력을 지닌 교사들이 운영하는 유치원에 다니는 아이들, 대도시에 비해 떨어지지 않으려고 힘겹게 시설과 교구를 갖추려 노력하고 발버둥치는 유치원과 어린이집의 아이들, 유치원이나 어린이집은 다니지 않더라도 어머니나 할머니의 보살핌을 받는 아이들, 그리고 전혀 보살핌을 받지 못하는 아이들이 복지, 행복, 누리, 사랑 등의 수사가 넘쳐나는 대한민국에 오늘 살고 있다. 오욱환은 유아교육기관을 '교육의 묘판'이라고 하였다. 갈등론의 입장에서 현 유아교육기관을 살펴보면 다음과 같다.

첫째, 사회경제적 지위에 따라 유아교육기관의 선택이 차이가 있다. 2004년도 전국 유아교육 이용 및 욕구 실태자료를 활용한 서문희(2007)의 연구에 따르면 소득계층이 높을수록 고 비용의 유아기관 이용률이 높고 부담하는 비용도 많았다. 사교육과 개인양육지원서비스 이용은 모두 소득분위가 높을수록 이용률도 높았다. 유아지원서비스 비용에 가장 큰 영향을 미치는 요인은 소득으로 설명력은 15%정도였다. 도시거주, 학력변수가 개인 단위에서 유의미한 영향을 주는 변수였고, 가구단위로 보면 유아수와 모 취업이 비용 수준에 영향을 주는 주요 변수였다. 한국복지패널데이터 7차년도(2012)를 활용한 이진화·조하나(2014)연구도 비슷한 결과였다. 취업모의 배우자가 정규직일수록, 배우자의 사업자 규모가 클수록, 가구소득이 높을수록, 사교육비가 차지하는 비율이 높을수록 취업모의 자녀가 유치원을 다니는 비율은 높게, 어린이집을 다니는 비율은 낮게 나타났다. 나아가 사회경제적 배경에 따라 유아의 문해기술도 달랐다. 저소득 계층의 유아보다 중상류 계층의 유아들이 상위 수준의 문해기술을 사용하여 단어읽기를 하는 것으로 나타났다(최은영·이지현, 2010).

둘째, 교육이 국가주의를 합리화할 수 있다. 예컨대 초등학교 국사의 역사인식이 국민형성 교육을 넘어, 권위주의 독재를 합리화하는 국가주의적 인식으로 넘어간 때는 제3차 교육과정 시기였다. 이때 형성된 민족-국가 서사는 제4차, 제5차 교육과정을 거쳐 국정교과서의 형식을 빌려 공적 권위를 지닌 국사의 체계가 되었다. 더구나 사회 교과는 더 직접적으로 국가주의적 가치를 전달하고 내면화하도록 했다. 결정 주체인 국가와 이에 순종하는 국민, 기본권 앞에서는 국민의 책임과 의무가 그 내용이다. 국가주의 교육의 본질은 국가와 국민의 관계를 지배-복종의 규범으로 정의하고 이를 전파하는데 있다(방지원, 2016). 또한 실제 교육을 하는 교사의 국가관과 보훈관이 수업내용에도 영향을 미칠 것이다. 한 연구에 따르면 유아교육교사의 연령, 결혼여부, 학력이 보훈관과 국가관에 영향을 주는 것으로 나타났다. 즉 나이가 많을수록, 기혼일수록, 학력이 높을수록 누리과정에서 국가주의 교육을 할 경향이 있었다(유은정·정희정, 2013). 초등학교의 교과서는 국정교과서이다. 그런데 지난 몇 년간 정부는 역사교과서의 국정화를 시도하였다. 이는 국가주의적 역사인식을 강화하려는 것이었다. 이데올로기적 기구로서 교육은 기능을 한다. 이에 따라서 우리가 단순한 지식의 전달이 아닌 역사적 사고력이나 비판의식 함양으로 역사교육의 방향이 재고되어야 한다는 점을 각성해야 한다. 또한 교과서 국정화 관련된 여러 논쟁들이 한국 중심의 국가주의적 패러다임 속에서 진행되었다. 국가주의적 교육과정에서 세계주의적 교육과정으로 역사교육의 방향이 전환되어야 한다(임병철, 2016).

04 | 갈등론적 교육관과 그 한계

1) 갈등론적 교육관

갈등론적 교육관은 교육의 불평등과 불공정성을 파헤치고 사회적 불평등이 현행 학교교육을 통하여 어떻게 강화되고 유지되는가를 밝히는 데 관심을 둔다. 학교는 지배집단의 가치나 이데올로기를 통해 지배집단에 유리한 기존질서를 유지하는데 기여한다(김병욱, 2013). 이렇게 함으로써 학교는 사회의 불평등 구조를 유지하고 심화시키는 역할을 한다. 이와 같이 계급불평등 구조를 사회적으로 재생산하여 현 지배체제를 영속화하는 것을 재생산이라 한다(김천기, 2016). 또한 기능론자들은 개인의 능력과 성취를 선발의 기준으로 삼는 능력주의가 사회평등을 실현한다고 생각한다. 반면 갈등론자들에 따르면 이 능력과 성취에 크게 영향을 미치는 것은 학습자의 사회 경제적 배경이다. 결국 어떠한 사회적 지위를 획득하느냐에 본인의 능력이나 노력보다는 가정배경이 더 영향을 미친다는 점을 강조한다. 따라서 갈등론자들은 능력과 성취에 따른 선발이라는 능력주의는 지배계급의 사회 지배를 정당화하는 허구일 뿐이라고 비판한다(조발그니·류정희, 2013).

─── <용어정리> 이데올로기

'이데올로기(ideology)'는 희랍어의 이념(idea)과 논리(logie)의 합성어로 간단하게는 관념 체계, 의식 체계, 사상 체계, 그리고 허위의식 등의 의미로 사용되고 있다.

사람들이 자기가 끼고 있는 관념의 안경을 의식하지 못하고 보이는 것만을 믿는 것이다. 그 러므로 모든 인간은 나름대로 이데올로기의 굴레를 벗어날 수 없도록 규정되어져 있다고 할 수 있는데, 이러한 관념의 안경을 통해 사람들은 지식을 획득하고 주변을 해석하게 된다. 나아 가 신념과 태도를 형성하며 논리적·사회적·심리적으로 고도로 통합된 신념 체계를 형성한 다. 이러한 일관성 있고 지속적인 신념들의 통합된 집합을 '이데올로기'라 한다.

<네이버 백과사전>

갈등론적 교육관은 첫째, 학교는 지배계급의 이익을 보존, 재생산하기 위한 제도이다.

둘째, 학교교육에서 이뤄지는 사회화는 기존의 질서와 상류계급의 지배를 정 당화 시킨다.

셋째, 학교의 교육내용은 지배문화의 이익을 대변하거나 상류계급에 유리하 게 구성되어 있다.

넷째, 학교는 불평등을 심화시킨다. 학교는 이미 계층화된 계급구조를 유지 존속하기 위한 도구이며, 이를 재생산하는 제도이다. 따라서 학교는 학생의 능력 이나 성적보다 어떤 계급 출신인가로 학생들을 분류하여 사회계급의 차이를 증 폭시킨다(김병욱, 2013).

2) 갈등론적 교육관의 한계

그럼에도 갈등론적 교육관은 첫째, 교육을 불평등의 재생산 도구로 취급한다.

둘째, 개인의 실패의 원인을 자신의 노력이나 능력 부족으로 보기 보다는 잘 못된 사회구조 탓으로 돌리는 경향이 있다.

셋째, 업적주의적 사회이동을 가능하게 한 학교교육의 공헌, 교육이 사회적 결속 및 공동체 의식의 고양에 기여하는 부분을 간과하고 있다.

넷째, 인간의 의지와 주체성을 인정하지 않고, 인간을 불평등한 사회질서에 맞추어 사회화되는 수동적 존재로 간주한다(조발그니·류정희, 2013).

표 3-2 기능론과 갈등론 관점에서 사회와 교육의 비교(김영화, 2010)

구분	기능론	갈등론
사회화 내용	① 학교는 보편적 사회화를 통하여 공동체 의식을 함양하며 사회적 결속력을 높인다. ② 학교는 개인의 능력과 적성에 따라 적합한 지식과 기술 및 태도를 함양하여 직업세계에서 잘 적응할 수 있도록 하며, 사회에서 필요로 하는 인력을 양성한다. ③ 학교에서 다루는 교육내용은 사회 구성원 모두에게 가치가 있는 내용이다.	① 학교는 개인의 가정배경과 개인이 미래에 차지할 지위에 맞춰 차별적 사회화를 시행함으로써 불평등 구조의 재생산에 기여한다. ② 학교는 직업세계의 사회적 관계와 상응하는 가치관과 태도의 사회화를 통하여 자본주의의 확대재생산에 기여한다. ③ 학교에서 다루는 교육내용은 기득권을 지니고 있는 사회집단의 문화로서 기득권 집단의 이익을 반영하고 있으며, 기존의 불평등한 사회구조를 정당화하는데 기여한다.
교육의 사회적 선발 배치	① 학교교육은 출신배경을 대신하여 개인의 사회경제적 지위를 결정함으로써 사회이동을 촉진시키고 능력주의 사회평등 실현에 기여한다. ② 학교교육은 인력을 양성하여 능력과 적성에 따라 적재적소에 배치함으로써 사회적 효율성의 극대화에 기여한다.	① 학교교육은 개인의 사회경제적 지위 결정 과정에서 출신배경의 영향을 매개함으로써 사회적 불평등의 재생산에 기여한다. ② 학교교육과 직업세계 사이에는 기능적 관계가 없으며, 졸업장은 상징적인 도구로서 특정 직업지위 집단의 입지 조건을 제한하여 집단이 지배권을 유지하는데 기여한다.

 **내용정리**

○ 갈등론은 사회를 개인 간, 집단 간의 끊임없는　　　과　　　의 연속으로 본다.

○ 갈등론은 세 가지 입장을 취한다. 첫째, 사회는 질서와 균형 보다는　　　과　　　의 장이
다. 둘째, 기득권을 지니고 있는 구성원들이 그렇지 못한 구성원들에게　　　하거나　　　을
행사하는 것으로 사회 통합과 유지를 강요한다. 셋째, 사회 구성 요소들이 사회의　　　와
　　　를 유발하고 촉진한다.

○ 갈등론적 교육관은 교육의　　　과　　　을 파헤치고 사회적 불평등이 현행 학교교육
을 통하여 어떻게　　　유지되는가를 밝히는 데 관심을 둔다. 학교는 지배집단의
나　　　를 통해 지배집단에 유리한 기존질서를 유지하는데 기여한다.

○ 갈등론자들은 능력과 성취에 따른 선발이라는　　　는 지배계급의 사회 지배를 정당
화하는 허구일 뿐이라고 비판한다.

○ 학교교육은 학생의 신분에 따라 차별적으로 사회유지에 필요한 가치관, 성격 등을 주입
한다. 이 교육을 통해 신분질서가 정해지고 불평등이 재생산된다는 관점이　　　이다.

○ 　　　이란 한 사회의 경제구조가 학교에 반영되어 있는 상태를 말한다. 즉 학교와 공장
은　　　한다.

○ 　　　은 지식인, 교수, 예술가와 같이 고급문화와 예술적 능력 또는 높은 교양과 지식
을 겸비한 사람들이 보유하는 자본을 지칭한다.

○ 학교교육에서의 문화재생산은 계층 간의 불평등을 인식하지 못하게 하며 정당한 것으로
받아들이게 하는 기능을 수행한다. 학교에서 좋은 학생, 나쁜 학생을 판단하는 기준 또
한 지배계층의　　　가 기준이 된다.

○ 알튀세르에 의하면 국가는　　　국가기구와　　　기구로 구성되었다.

 기출문제

1. 갈등이론과 관련된 진술로 옳은 것은? (중 05)

① 학교교육이 기존의 계급구조를 재생산한다고 본다.
② 아동에 대한 교육적 관심이나 유대감을 문화적 자본이라고 한다.
③ 학교에서 체벌을 사용하여 지식을 가르치는 것을 상징적 폭력이라고 한다.
④ 보울스와 긴티스는 학교와 공장에서 다루는 지식의 내용이 동일하다고 본다.

2. 보울스와 긴티스 상응이론에서 바라본 교육과 노동의 사회적 관계에 대한 설명으로 옳지 않은 것은? (중 08)

① 학생과 노동자는 각각 학습과 노동으로부터 소외되어 있다.
② 학교에서 성적 등급은 작업장에서 보상 체제와 일치한다.
③ 작업장에서의 사회적 관계는 학교에서의 사회적 관계에 그대로 반영되어 있다.
④ 지식의 단편화와 분업을 통해서 학생과 노동자의 임무가 효율적으로 확장된다.

3. 부르디외의 문화자본론에 관한 옳은 내용을 모두 고른 것은? (초 09)

㉠ 아비투스는 제도화된 문화자본을 의미한다.
㉡ 학교는 인류의 보편적 가치가 담긴 문화를 가르친다.
㉢ 문화자본은 인류의 핵심가치를 담은 문화적 자산이다.
㉣ 학교교육은 지배계급의 의미체계를 주입하는 상징폭력이다.
㉤ 학교는 자의적 문화상징물에 대해 가치와 정통성을 부여한다.

① ㉠㉡   ② ㉡㉢   ③ ㉣㉤   ④ ㉠㉣㉤   ⑤ ㉡㉢㉤

4. 다음의 ㉠과 ㉡에 들어갈 가장 적합한 용어는?

알뛰세르는 학교가 이데올로기적 국가기구로서 사회적 기능을 수행한다고 보았다.
이데올로기적 국가기구로서 학교가 억압적 국가기구와 달리 가족이나 언론매체와 유사한 기능을 수행하는 것은, (㉠)보다는 (㉡)을 통해 그 구성원들에게 영향력을 행사한다는 것을 의미한다.

	㉠	㉡
①	교화	학습
②	공권력	관리
③	강제력	동의
④	이념	설득
⑤	강제력	학습

〈문제〉

올해 서울 주요 대학에 합격한 서울 지역 일반계 고교생의 41%가 강남, 서초, 송파 등 강남 3구 출신인 것으로 분석됐다. S입시전문기관이 서울 주요 대학 합격자 출신 고교를 분석해 공개한 자료에 따르면 서울지역 일반고(외고 등 특목고 제외)출신 합격은 총 713명이다. 이중 합격자 배출 상위 자치구1~3위는 강남(145명, 20.3%), 서초(77명, 10.8%), 송파(70명, 9.8%)등으로 서울 지역 전체 합격자의 41%를 차지해 작년(41.3%)과 비슷한 수준을 유지했다. 특히, 송파구는 서울 주요 대학 합격자가 전년도 58명에서 70명으로 12명이 증가했다. 강남 3구 출신의 합격자 비중은 이 지역 전체 고3 학생 수(서울 전체의 20.6%)를 고려해도 2배 가까이 높은 수준이다. (행시 13)

〈기준〉

1. 위의 현상을 경제자본, 문화자본, 사회적 자본의 세 이론을 중심을 논의하시오.

2. 위 인용문에서 제시된 교육격차 현상을 사회적 자본의 관점에서 해결하기 위한 정책적 방안을 제시하시오.

— 정답은 본 서 뒷 페이지에 수록되어 있습니다.

서 시

원작자: 윤동주, 개작자: Dr. M

수능 날까지 성적을 우러러
한 점 부끄럼이 없기를
식후에 이는 졸음에도
나는 괴로워했다.
무사 진학을 노래하는 마음으로
모든 출제되는 것들을 사랑해야지
그리고 나한테 주어진 시험을
치러가야겠다
오늘 밤에도 재수가 꿈에 스치운다

▌ 이해와 감상

　서시는 가혹한 현실에도 불구하고 자신에게 주어진 길을 걸어가겠다는 서정적 자아
의 결단을 토로한 작품이다. 이때 자신에게 주어진 길이란 모든 출제되는 것을 향한 무
한한 공부로 가득 찬, 그리고 식후에 이는 졸음에도 괴로워하지만 무사히 진학하는 것까
지의 수행에 가까운 길이라 할 수 있다. 그러나 아무리 노력하더라도, 혼자만 노력하는
것이 아니기 때문에 수험생은 고뇌할 수밖에 없다. 그것이 마지막 연에 잘 드러나 있다.

(학교대사전, 2005)

이야기 나누기

이름:

누리과정은 보편적인 내용을 다루며 공정한가?

제4장

해석적 접근

01 | 미시적 접근

　　대부분의 교육사회학 책들은 거시적 관점과 미시적 관점을 구분하여 거시적 관점에 기능론과 갈등론을 넣고 지금까지의 연구방법론과 달리 시작한 교육사회학을 해석적 접근으로 설명한다. 그런데 해석적 접근 안에도 기능론적 관점과 갈등론적 관점이 있다. 여기서는 먼저 기능론과 갈등론이라는 고전적 이론을 설명하고 해석적 접근을 시도하려고 한다. 해석적 관점에는 해석학, 상징적 상호작용론, 교환이론, 현상학적 사회학, 지식사회학, 민생방법론(ethnomethodology) 등 다양한 하위이론이 있다. 이것들은 서로 시작한 철학적 입장이 다르고 세부적 연구방법론도 다르지만 기본적으로 공통적인 특징이 있기 때문에 이를 묶어서 살펴보려고 한다.

　　기능론과 갈등론은 첫째, 거시적 관점으로 사회를 봐서 사회 또는 경제구조라는 거대한 실체가 그 속에 살고 있는 인간을 지배한다고 보았다. 따라서 개인은 거기에 사회화된 산물일 뿐이다. 둘째, 이들이 사회를 거시적으로 바라보기 때문에 인간 일상생활 세계, 각 사회집단의 내부에 관하여 등한시 하였다. 셋째, 두 이론은 모두 자연과학적 방법으로 교육현상을 연구하였다. 교육현상도 자연

현상과 같이 의식도 의지도 없이 자연법칙에 따라 움직인다고 보고, 그 법칙을 발견하는 것을 최대의 목표로 두었다. 그러나 자연은 만들어진 것이 아니고 스스로 의지에 따라 변화하지 못하나, 사회는 인간이 만든 것이므로, 사회와 개인 간에는 상호작용이 이루어진다(김신일, 2010). 기능론 및 갈등론과 해석적 관점의 사회에 대한 것은 다음 표와 같다.

표 4-1 **기능론 및 갈등론과 해석적 관점의 비교(김영화, 2010)**

구분	기능론 · 갈등론	해석적 관점
관점	거시적, 결정론적	미시적, 이해론적
연구관심	사회구조	일상적 생활 세계, 구성원의 행위, 구성원이 행위에 부여하는 의미, 구성원 간 상호작용
인간의 본질	수동성, 사회화의 산물, 자유의지와 주체성 결여	주체성, 능동성, 상징성, 자유의지 강조
사회과학의 목적	인간의 행위와 사회연상을 설명할 수 있는 과학적 법칙 탐구	사회적 행위의 해석적 이해를 통하여 행위자의 행위에 부여하는 의미 규명
연구방법	실증주의적 연구방법, 과학적 조사 연구	해석적 이해, 관찰과 행위자와의 대화를 위한 질적연구

02 | 신교육사회학과 교육과정사회학

해석적 관점에서 대표적으로 설명될 수 있는 것이 신교육사회학과 교육과정사회학이다.

신교육사회학자들은 기존의 교육사회학이 학교에서 가르치는 교육내용, 곧 학교 지식의 본질에 대해서는 관심을 갖지 않음을 지적한다. 이들은 두 가지 분야에 관심을 가졌다.

첫째, 교육내용의 문제이다. 이들은 누가, 왜, 어떠한 방식으로 교육내용을 배울만한 가치 있는 지식으로 선정했으며, 왜 그것이 다른 것보다 더 중요한 것이고 덜 중요한 것인지, 즉 어떻게 지식의 서열화가 발생하였고 어떠한 결과를 초래했는지 의심을 품는다. 신교육사회학자들은 기존의 교육과정과 교육내용을 당연하게 받아들이지 않고 그 자체를 의심하고 분석하여 그것이 가지고 있는 사회적 의미를 이해하고 해석하고자 한다.

둘째, 학교에서 일어나고 있는 교사와 학생 간, 학생과 학생 간 상호작용과 이들이 어떻게 자신을 의미 규정하는지를 탐구한다. 예컨대, 교사가 학생에게 취하는 전략은 어떠한지(Hargreaves, 1975). 노동자 계층의 아이들은 어떻게 반(反)학교 문화를 형성하는지(Willis, 김찬호 역, 2004)를 탐구하였다.

교육과정사회학은 학교에서 다루어지는 교육과정이 사회적 산물이며, 지배계급의 이데올로기를 담고 있다고 보고, 교육과정을 사회학적인 입장에서 분석한다. 교육과정사회학은 교육내용인 학교지식의 절대성에 의문을 제기하고 학교에서 가르치는 지식, 가치관, 세계관 등이 절대적인 것이 아닌 상대적인 것이라 본다. 이러한 면에서 교육과정사회학은 신교육사회학과 유사해 보인다. 그러나 교육과정사회학은 교육내용의 선정과 지식을 의심하는 것을 뛰어넘어 특정한 권력의 의도와 특정집단의 이해관계가 교육과정에 영향을 미친다고 주장한다.

03 | 대표학자들

1) 영

영(Young)은 종래의 교육사회학이 사회계층과 교육기회의 분배문제에만 집착한 나머지 학교 내부의 현상에 주목하지 않았으나, 이제부터는 교육기관에서 가르치고 있는 지식의 사회성에 눈을 돌려야 하며, 종국에는 교육사회학과 지식사회학이 한 학문임을 인식하게 될 날이 올 것이라고 역설하였다(김신일, 2010).

그에 의하면 기존 교육사회학은 학교내부의 복잡한 사회적 역학관계를 도외시하여 학교 내부를 '검은 상자'로 취급하였다(강창동, 2014).

영은 기존 학자들이 교육과정을 지식의 선별과 구성을 규율하는 원칙의 표현으로 보도를 촉구하는 가운데, 전통적 교육사회학에서 무시했던 중요한 주제를 강조하고 지식의 계층화와 사회에서의 가치 및 보상의 분배 간의 관계에 대해 많은 시사점을 제공하였다(할지 외, 2011). 영은 기존의 교육이 특정교과목과 그 교육 내용을 무의식적으로 가르쳐 왔을 뿐이라고 보았다. 특정의 학교지식을 선정하고 조직하는 일을 주의 깊게 들여다보면서, 이러한 지식들은 누군가가 조직적으로 선정한 것이라고 본 것이다. 따라서 영은 교육 내용과 교육과정이 선정하는 배경 원리를 파악하고, 학교와 학급 안에 이루어지는 제도적 조치와 구성원 간 상호작용의 본질을 구명하는 일이 교육사회학의 중심과제라고 보았다.

그림 4-1 **과목서열화**

2009 개정 교육과정은 학기당 이수과목을 최대 5과목 줄이고 교과 집중이수제를 도입해 예·체능 등의 과목을 특정 학기에 몰아서 수업하며 학교 자율에 따라 교육과정을 20% 범위 내에서 증감 운영할 수 있게 했다. 또한, 예·체능을 등급으로 표기하기 않고 우수/보통/미흡의 3단계로 기록한다. 국민 공통적 성격이 강한 10학년 사회, 도덕 과목을 폐지하여 심화과목에 편입하거나 중3과정으로 편입하기로 했다. 학년군·교과군을 고려하여 전체 교과 내용을 약 20% 감축했다. 교과별로 특성화된 교실을 마련해 수업하는 '교과교실제', 쪼개진 시간을 블록(block)으로 모아 집중해 가르치는 '집중이수제' 등도 활성화될 전망이다.

출처: 참교육이야기

2) 번스타인

번스타인(Bernstein)은 하류계층의 어법과 중류계층의 세련된 어법은 가정에서 습득되는데 이러한 의사소통의 형태가 사회계층의 재생산과 밀접한 관련이 있다는 것을 주장한다. 실제로 교사들은 대체적으로 중류층의 언어습관을 기반으로 하는 정교화된 어법을 따른다. 따라서 하류계층의 아동은 교사의 언어를 쉽게 이해할 수 없고 결국 학업성취에 영향을 미친다(조발그니·류정희, 2013).

── **<참고자료> 영국사회 대중어와 공식어의 특징(김영화, 2010)**

※ 대중어의 특징

- 어설픈 구문형식으로 이루어진 짧고, 문법적으로 단순하며, 흔히 미완결 상태의 문장들을 사용함
- 접속사(so, then, and, because)를 단순하게, 그리고 반복적으로 사용함
- 언급되는 주제를 명백히 한정하는데 필요한 종속절을 거의 사용하지 않음
- 일련의 언어 표현에서 구문형식상의 주어(it)를 일관성 있게 사용하지 못하여 정보 내용의 분산 탈락을 조장함
- 형용사 및 부사를 융통성 없이 제한적으로 사용함
- 조건절 또는 글의 주어로 비인칭대명사(one)를 사용하는 빈도가 낮음
- 단정적 발언에서 이유와 결론이 뒤섞인 문장을 빈번하게 사용함
- 앞의 말에 동의하도록 요구하는 표현 어구들–예) '안그래', '아시겠죠?', '생각 좀 해 보세요!'–을 많이 사용함. 이러한 표현을 '공감적 순환어'라 부름
- 일련의 관용적 표현들 중에서 자기식(自己式)으로 선택하여 사용하는 일이 자주 일어남
- 개인 감정의 표현이 문장조직에 명백히 드러나지 않고 애매하게 스며있음

※ 공식어의 특징

- 정확한 문법적 어순과 구문으로 내용이 명백히 전달됨
- 복합문, 특히 다양한 접속사와 종속절을 사용함으로써 논리적 관련과 강조가 명백히 드러남
- 시간적, 공간적 근접성을 나타내는 전치사뿐만 아니라 논리적 관계를 나타내는 전치사도 빈번하게 사용함
- 비인칭대명사(it, one)를 빈번하게 사용함
- 많은 형용사와 부사들을 신중하게 선택하여 사용함
- 개인 감정의 표현이 문장의 내적 구조나 문장 사이의 관계에 명백히 드러나 있음
- 상징적 표현에서 각각의 언어가 가지고 있는 미묘한 어의가 세밀하게 변별됨
- 언어가 복잡한 인지위계를 표현함으로써 경험을 조직하는 수단이 됨

번스타인은 어법을 발생시키는 사회적 조건을 연구하는 가운데 사회체제의 거시 제도적 특징과 의사소통의 유형들을 연결시키려고 시도했다. 사회구조는 기본적으로 계급불평등의 체계이며, 이것이 언어적으로 전달되는데 중요한 매커니즘은 가족이다. 가족의 계급적 지위는 어법의 기본적인 결정요인이 된다. 노동계급과 중간계급 가정의 성원임을 특징적으로 드러내주는 것은 제한된 어법과 정교한 어법이다. 노동계급의 가족 및 공동체 생활에서 사회적 관계는 공유된 동일시, 기대, 전제 등을 따르는데, 이러한 노동계급 성원들은 제한된 어법을 만들어내는 경향이 있다. 왜냐하면 노동계급 사회에서는 듣는 사람이 말하는 사람의 의도를 당연하게 받아들인다고 확신하기 때문에, 말하는 사람은 의미를 정교하게 하여 분명하고도 구체적으로 나타내야 할 필요를 느끼지 못한다. 이와 대조적으로 중간계급 문화에서는 우리보다 나를 우선시하는 경향이 있고, 또 듣는 이가 의미를 이해하지 못할 수 있다는 불확실성으로 인해 말하는 사람이 적합한 구문을 고민하고 어휘를 구별해서 사용한다(강창동, 2014).

3) 윌리스

윌리스(Wilis)는 『학교와 계급 재생산』이라는 책을 통해 자신의 이론을 전개한다. 이 책은 하나의 중심사례와 5개의 비교연구가 있다. 중심사례연구는 해머타운(Hammertown)이라는 도시출신으로 가칭 해머타운 보이스에 다니는 12명의 공부에 관심 없는 노동자계급 자녀 그룹이 대상이다. 비교사례연구도 같은 기간에 이뤄졌다. 5개 대상 그룹은 첫째, 해머타운 보이스에 다니는 같은 학교의 순응적인 아이들의 그룹, 둘째, 비공식적으로는 더 험악한 학교로 알려진 해머타운 근처의 남녀공학 중등학교에 다니는 노동자 자녀들 중 순응적인 아이들 그룹, 셋째, 해머타운 남자 중등학교에 다니는 노동자계급 자녀들 중 비순응적인 아이들 그룹, 넷째, 해머타운이 속해 있는 대도시권 한가운데 있는 수준 높은 중등학교 학생들의 비슷한 그룹, 다섯째, 같은 대도시권의 주택가에 있는 수준 높은 중등학교의 남녀 혼성반에 있는 비순응적인 남자아이들 그룹이다. 윌리스의 연구방법은 그 안에 들어가서 그들의 행동을 관찰하고 면접을 하는 민생지를 사용하였다.

윌리스에 의하면 노동계층 남학생들은 자신들을 '싸나이(lad)'들로 지칭하고 학교의 권위와 학업활동에 저항하며 대항문화인 반(反)학교문화를 형성해 가는 가운데 자신들의 거칠고 가부장적인 노동계급 문화를 고수하려 한다(김영화, 2010). '싸나이'들은 수업시간에 입모양만으로 대화를 진행한다. '몰라', '임마', '멍청아', '집에 가도 돼요' 하며 낄낄거린다. 자기들이 음란한 행동을 시늉하다가 교사가 돌아서면 언제 그랬냐는 듯 태연하게 행동한다. 아이들의 관심은 교사의 눈과 말에 있는 것이 아니라 넥타이, 반지, 신발, 지휘봉, 책상 위의 얼룩 등에 있다(윌리스, 2004). 이 '싸나이'들은 교사들이 자신들보다 힘이 쎄고, 자신들 편에 있기 보다는 거대한 제도 편에 있다고 생각하기 때문에 교사들을 적대시한다.

반면 모범생들은 '범생이'라고 부른다. 범생이(earole-귓구멍)라는 말자체가 '싸나이'들에게는 학교에서 순응하는 아이들의 수동성과 어리석음을 뜻하는 것이다. 그들은 항상 듣기만 하며 행동하지 않고 자신의 내면세계에도 활력이 없으며 뭘 받아들이고 반응하는 것도 멋대가리가 없고 신통치 않다. 귀는 인간 신체에서 가장 표현력이 없는 기관의 하나이다. 귀는 아주 말랑말랑하고 성적으로 민감한 부분이다. 바로 이런 식으로 '싸나이'들은 학교교육의 공식적인 이념에 순응하는 아이들을 비꼬아 묘사하는 것이다.

백인노동자 아들들인 '싸나이'들은 '간파와 제한'을 통해 사회 재생산 방식을 파악하고 자기 나름의 정체성을 구축한다. 간파는 노동자 계급의 자녀들이 자기네들의 대항적 행동이 학교에서는 비난받게 되고 결국은 좋지 않은 직업을 갖게 한다는 것을 알면서도, 지배계급의 문화나 공부 지향적인 학교 현실은 자신들의 상황과 맞지 않다는 것을 꿰뚫어 보는 현상이다. 즉, 노동계급의 학생들은 이미 부모나 친척, 아르바이트 등을 통해 직업세계에 대한 정보와 경험이 학교에서의 진로지도와 학교교육의 내용과 다르다는 것을 터득하는 것이다. '싸나이'들에게 성공이란 견습직을 하는 것 아니면 사무직으로 들어가는 것인데 그런 직업들은 일을 죽도록 시키면서 대우는 별 볼일 없는 것으로 여긴다. 제한은 간파를 방해하고 혼란시키는 여러 장애요소와 이데올로기적 영향을 뜻한다. 마치 노동자 계급의 자녀가 아무리 노력해도 그들의 사회경제적 성공에는 한계가 있고, 학교교육을 통한 사회이동에도 한계가 있는 것과 비슷하다. 다시 말하면 정신노동과 육체노동의 구분이 존재하는 자본주의 사회 현실에서는 노동자 계급의 자녀들이 아무리 노력한다 하더라도 그들의 사회적, 경제적 성공에는 한계가 있다는 것이다. 즉, 학교교육을 통한 사회이동에 한계가 있음을 깨달은 것이다(김병욱, 2013).

4) 애플

최근 미국에서 시작된 문화적 상대주의나 지식의 정치화 이론은 종전에 절대적 가치로 인정되어온 학교가 가르치는 지식에 대해 새로운 비판을 가하기 시작하였다. 애플(Apple)은 현 시대에 풍미한 사고체계, 소위 틀 잡힌 사고체계를 신성불가침한 것으로 여기지 않는다. 그는 과학교과나 사회교과에 내재되어 있는 그러나 겉으로는 드러나지 않는 기본적 가정들과 사회적 이념이나 정치적 의도가 학생들에게 어떠한 세계관을 갖게 하며 그러한 세계관으로 인해 그 사회가 어떻게 정치, 문화적 현실을 유지하고 있는가에 주의를 집중시키고 있다.

교육과정을 학문적으로 탐구함에 있어서 애플은 많은 이론적 프로그램들이 정치·경제적으로 연루되어 있음을 밝혀주고 있다. 이는 제도로서의 학교와 지식의 형태, 그리고 교육자 자신이 포함되는 문제이다. 그는 이러한 문제는 스스로가 그 구성 부분이 되는 광범위한 관계 속에 위치되어져야 한다고 여긴다.

애플의 교육과정 논의는 교육내용의 원천인 문화의 특정 측면이 객관적이며 사실적인 지식인 양 학교교육 내용으로 다루어지게 되는 이유와 과정을 밝히기 위해 교육과정의 세 가지 국면 즉 학생, 교육과정, 교사를 분석할 필요가 있다고 보았다.

첫째, '숨겨진(hidden)' 교육과정, 즉 학생들의 일상적 생활경험을 통해 그들이 실제로 배우는 것은 무엇인가 하는 것이다. 여기서 애플은 잠재적 교육과정을 그의 논문을 통해 비판적 관점에서 재구성하여 그것의 사회적 기원과 기능을 새롭게 해석하였다. 애플은 일상적 생활경험을 통해 학생들이 부지불식간에 내면화하는 것은 단순히 학교의 생태적 특징뿐만 아니라, 학교제도를 가능하게 하는 전반적 사회구조의 근본적 특징에 관련되어 있으며, 학교교육의 사회적 기능은 특히 자본주의적 사회구성체의 유지에 필연적으로 관련되어 있다고 보았다. 둘째, 교육내용은 어떤 이데올로기를 대변하고 있는가 하는 것이다. 여기서 애플은 종래의 내용분석 방법을 지양하고, 사회과나 과학과 교육에서 사회발전과 과학

발전에 차지하는 집단 간의 갈등의 의미와 그 역동이 어떻게 다루어지고 있는가를 분석하였다. 그 결과 '공식적인' 교육과정이 표방하고 있는 것처럼 객관적이고 보편타당한 것만은 아니라는 것이 밝혀지게 되었다. 예컨대, 그림 4-2처럼 남녀의 역할이 구분되어 있는 관념에 대한 것이 이에 해당한다. 셋째, 교사들 자신의 관점에 반영된 사회 이데올로기는 무엇인가 하는 것이다. 애플은 이와 같은 세 국면을 각각 보다 큰 사회적 관계 속에 위치시켜 놓고, 복합적이고 불평등한 계층사회 속에서 지식, 사회관계, 학교 및 우리들 자신이 처해 있는 위치를 파악해야 한다고 주장하고 있다(Duru-Bellot & Van Zanten, 2007).

그림 4-2 **남녀 역할이 이미 정해진 것으로 생각하는 이유**

04 | 해석적 관점에서 유아교육

첫째, 교육과정사회학은 교육과정을 중립적인 것이 아니라 정치적인 산물로 간주하면서 그것을 비판적인 시각에서 조망하려는 일련의 시도이다(박채형, 2016). 교육과정사회학의 관점에서 누리과정을 비판할 수 있다. 누리과정은 국가권력에 의해 획일적으로 시행되었다. 2011년 5월 이명박 대통령의 무상교육에 대한 발표 이후 교육과정 개정 TFT가 구성되었고, 당해 9월에 '5세 누리과정'이 고시되었다. 이듬해인 2012년 3월에 시행하도록 법적으로 문서화되었으며, 5세 누리과정이 시행된 지 다시 몇 개월 만인 2012년 7월에는 3~4세까지 포함하는 누리과정이 고시되었다. 그 시행은 또다시 몇 개월 만인 2013년 3월부터 이루어지도록 명시하였다. 한국의 국가수준 유아교육과정은 2011년 9월부터 2013년 3월까지 1년 6개월 동안 두 차례의 개정이 있었고, 6개월 또는 8개월 만에 개정 교육과정을 교육 현장에 시행하는 초고속으로 이루어졌다. 국가수준 교육과정, 국가가 지향하는 교육목적과 교육내용을 담은 법적 문서가 이렇게 대통령의 말 한마디에 급하게 표준유아교육과정과 2007년 개정 유치원교육과정을 봉합하듯 해도 되는 것인지, 지금껏 교육과정 고시 이후 시행 전에 유예기간을 두어 시범 적용을 해 왔던 절차들은 지키지 않아도 되는 것인지 살펴보아야 한다(이경화, 2016). 누가 누리과정을 만들었는지 어떤 힘이 작용했는지 알아봐야 한다.

누리과정의 내용이 어떠한가도 살펴보아야 한다. 영역별 내용 요소를 연령별로 계열화하여 제시하고 있다. 그러나 연령별 내용의 논리적 계열화를 추구하다 보니, 무리하게 분류된 부분이 있다. 예컨대, 3세는 '감각적 차이를 경험'하고 4세는 '감각적 차이를 구분'하거나 3세는 '감각기관을 인식, 활용'하고 4세는 '감각기관을 협응하여 활용'한다는 예에서 볼 수 있듯이 감각적 차이는 경험하는 것과 구분하는 것이 변별될 수 있는 것인지 그리고 감각기관은 본디 생물학적으로 협응하는 것이 아닌지 의문이 생긴다. 또한 누리과정은 비장애아가 배워야 할 내용, 도시형 교육과정, 중산계급을 기본으로 하는 교육과정, 정치 중립적 교육과정의 성격을 지니고 있다. 다양한 배경을 가진 유아들의 요구와 개인차를 반영하고, 보다 나은 사회를 위해 공공선을 추구하는 사회적 가치를 표면적으로 내세우지 않고 있다(이경화, 2016). 누리과정과 초등학교 교육과정 연계를 연구한 한 연구 역시 누리과정에 학습부진, 장애를 가진 학생, 다문화 가정 자녀 등의 경우 조기 조치 관련 규정이 있어야 한다고 제언하였다(이승미, 2015).

누리과정은 철저히 국가중심으로 시행되고 있다. 그것도 신자유의 이데올로기 기반에서 이뤄져 획일적 실행이라는 한계가 있다. 2008년부터 시행되고 있는 유치원 평가는 교육기관의 재정적 투명성과 시설, 설비 개선에 긍정적으로 기여한 바 크다. 그러나 유아교육과정은 이러한 평가로 인해 퇴보했으며, 유아교육기관의 교육과정을 획일화 시키는데 있어 큰 영향을 미치고 있다(이경화, 2016).

둘째, 그 동안의 유아교육에 대한 연구들이 심리학적 접근에 치우쳐 있어 아동과 아동기가 갖고 있는 사회적 측면에 대한 보다 체계적이고 심층적인 접근이 결여되어 있음을 반성하며, 이에 대한 대안적 접근으로서 미시적 비판적 시각에서 유아기 아동을 이해할 필요가 있다. 이러한 이유로 오경희(2004)는 '신유아교육사회학'을 주장한다. 그래서 기존의 수동적 사회화개념을 거부하고 아동들의 문화와 아동의 주체성을 이해하고자 하는 미시적 접근과 함께 주체적 존재로서 아동과 사회적 지위로서 아동기를 성인 대 아동이라는 이분법적인 사고를 넘어 지식의 공동생산자로서 아동을 이해하고자 한다.

일반적으로 사회화는 아동을 기존의 사회질서 속의 구성원으로서 충분한 기능을 수행할 수 있도록 훈육시키는 것으로 이해되어졌다. 이러한 사회화의 개념에는 사회화의 부산물로서 인간존재를 다루고 있으며, 일상생활의 복잡성과 인간행위의 주체성이 간과되어져 있다. 그러나 진정한 의미의 사회화는 개인이 어떤 규칙에 따라 자신의 의도나 활동을 구조화한다는 인식을 넘어 그러한 규칙들에 따라서 자신의 바람과 활동을 실제로 구조화한다.

아동들은 기존의 문화를 선택적 사회화를 통해 재생산하기도 하지만 새로운 문화를 창조하기도 한다. 또한 아동의 또래문화는 언어적 상호작용이 중요하며 일상적 활동의 구성체이다(오경희, 2004). 아동의 사회화는 가정을 뛰어넘어 유아교육기관에서 일어나고 있으며 또래, 유아-교사간의 상호작용 안에서 일어나고 있는 것을 주지해야 한다.

셋째, 예비유아교사가 교생실습을 통해 자신이 미래에 해야 하는 직업을 제한하고 간파할 수 있다. 예컨대 간호학과 학생들을 대상으로 심층면담을 통한 연구로 그들의 직업세계인식을 살펴보았다. 간호학과 학생들에게 실습은 직업경험을 할 수 있는 기회이다. 실습을 가는 학생들은 대체로 두려움과 불안감을 느끼고 교수-학습 활동이 아니라 관찰과 참여를 통해 직업세계를 인식한다. 그들에게 간호사로서 보람을 갖게 하는 일은 환자들과의 만남이었다. 그들은 환자들에게 긍정적 반응을 받게 되면 오히려 간호사가 되어야겠다는 자극을 받는다고 하였다. 때로는 자신의 잘못된 행동을 수정하기도 했다. 대부분 간호학과 학생들은 환자들의 긍정적 피드백을 통해서 간호사의 긍정적 이미지를 강화하기도 했으나 현장 직업경험을 통해 간호사의 일을 간파하기도 했다. 간호학과 학생들은 간호사로서 자신이 해야 할 일과 피해야 할 일, 특히 여자집단으로서 간호사들이 갖는 직업세계를 간파하였다. 실습시간 동안 간호사의 일과 의사의 업무를 보고 간호사의 위치를 파악하게 되며, 나아가 여자들 집단에서 오는 감정적 긴장과 불편한 관계도 깨닫게 되었다(조발그니, 2012). 이와 같이 예비유아교사 역시 그들의 실습을 통해 자신의 직업을 간파할 것이며 자기가 해야 할 일이 어디까지인지 선배교사들을 통해 제한될 것이다.

05 | 해석적 관점의 교육관과 그 한계

1) 해석적 관점의 교육관

해석적 관점의 교육관은 첫째, 학문적 패러다임을 전환하게 해주었다. 즉 종래 학교교육 연구에서 무시되어 왔던 교육과정에 대한 사회적 분석의 필요를 부각시킴으로써 교육사회학자들에게 새로운 시각을 부여했으며, 교육사회학의 연구영역과 대상의 범위를 확대시켰고, 학교의 내적 과정을 탐구하는 미시적 접근을 강조함으로써 기존의 거시 구조적 접근과 균형을 이루게 하였다.

둘째, 종래의 사회학이 지배해오던 관점에서 교육사회학의 독자적인 영역을 구축하게 하는데 일조하였다. 교육내부 현상에 대한 연구 관심을 제고시킴으로써 교육에 관한 연구를 교육의 본질을 밝히는 방향으로 접근시켜 교육사회학을 사회학적으로부터 교육학적으로 한걸음 전진시켰다고 볼 수 있다.

2) 해석적 관점의 교육관의 한계

해석적 관점은 그럼에도 다음과 같은 한계가 있다. 첫째, 지식의 상대성을 들 수 있다. 교육과정 사회학자를 포함한 신교육사회학자들은 절대적인 지식의 가능성을 부정한다. 따라서 신교육사회학은 자기모순에 빠지게 된다. 만일 상대주의에 맞다면 그리고 모든 견해가 동등하다면 상대주의를 스스로 주장할 권리가 없어진다.

둘째, 현상학적 인간관을 들 수 있다. 인간을 인식의 주체로 보고 주관적 의미나 이해를 지나치게 강조함으로써 순진한 낙관주의에 빠지게 된다는 것이다. 즉 새로운 현실을 창조할 수 있는 인간의 능동성을 강조한 나머지 사회 구조적인 제한에 대해 소홀히 하였다.

그러므로 해석적 관점은 구체적인 연구들을 발전시켜 그들의 가설을 뒷받침할 증거를 제시할 수 있어야 하며 또 인간의 사회 변혁 능력을 경시하는 수동적 인간관과 사회 구조의 근본적 변혁만이 문제 해결의 열쇠라는 결정론적 사회관을 극복해야 한다는 비판을 받고 있다(조발그니·류정희, 2013).

 내용정리

○　　　　　　은 기존의 교육사회학이 학교에서 가르치는 교육 내용, 곧 학교 지식의 본질에 대해서는 관심을 갖지 않음을 지적한다.

○ 교육과정사회학은 교육내용의 선정과 지식을 의심하는 것을 뛰어넘어 특정한 권력의 의도와 특정집단의 이해관계가　　　　에 영향을 미친다고 주장한다.

○ 영은 교육 내용과 교육과정이 선정하는 배경 원리를 파악하고, 학교와 학급 안에 이루어지는　　　　와 구성원 간　　　　의 본질을 구명하는 일이 교육사회학의 중심과제라고 보았다.

○　　　　　　은 하류계층의 어법과 중류계층의 세련된 어법은 가정에서 습득되는데 이러한 의사소통의 형태가 사회계층의 재생산과 밀접한 관련이 있다는 것을 주장한다.

○　　　　는 노동자 계급의 자녀들이 자기네들의 대항적 행동이 학교에서는 비난받게 되고 결국은 좋지 않은 직업을 갖게 한다는 것을 알면서도, 지배계급의 문화나 공부 지향적인 학교 현실은 자신들의 상황과 맞지 않다는 것을 꿰뚫어 보는 현상이다.　　　　은 간파를 방해하고 혼란시키는 여러 장애요소와 이데올로기적 영향을 뜻한다.

○ 교육과정을 학문적으로 탐구함에 있어서 애플은 많은 이론적 프로그램들이　　　　으로 연루되어 있음을 밝혀주고 있다. 이는 제도로서의 학교와 지식의 형태, 그리고 교육자 자신이 포함되는 문제이다.

 **기출문제**

1. 윌리스가 노동학습에서 제시한 노동계급 학생들의 특성과 일치하지 않는 것은? (초 07)

   ① 모범생들은 수동적인 존재로 간주하고 배척한다.
   ② 반학교문화를 형성하는 자율적·능동적 존재이다.
   ③ 육체노동은 남성적 우월성에, 정신노동을 여성적 열등성에 결부시킨다.
   ④ 노동계급의 처지를 벗어나기 위하여 스스로 포부 수준을 높게 설정한다.

2. 신교육사회학의 지식관에 해당하지 않는 것은? (중 03)

   ① 지식은 사회적으로 구성된다.
   ② 지식의 가치는 사회적으로 위계화되어 있다.
   ③ 지식의 본질은 사회적·역사적으로 변화되지 않는다.
   ④ 학교지식은 특정집단의 이해관계를 반영하고 있다.

3. 교육은 인류의 문화유산인 지식을 가르치는 것이어야 한다는 주장에 대하여 교육과정 사회학자들이 제기할 만한 반박을 가장 잘 표현한 것은? (초 02)

   ① 학교에서는 박제된 지식보다 구성적인 지식을 중시하여야 한다.
   ② 산업사회에서 후기산업사회로의 변화를 고려하지 못하고 있다.
   ③ 모든 지식을 가르칠 수는 없고 사회적 효용을 고려하여 선정해야 한다.
   ④ 위 주장에서 말하는 지식이 교육적으로 보편적인 가치를 지니지 않는다.

4. 번스타인이 학업성취에서 노동계급의 자녀들은 중류계급의 자녀들에 비해 불리하다고 주장한 이유로 가장 적절한 것은?

   ① 부모의 낮은 지적 능력이 자녀들에게 유전되어 학습부진을 초래하기 때문이다.
   ② 부모의 교육수준이 낮아서 자녀들의 학교과제를 제대로 도와줄 수 없기 때문이다.
   ③ 부모가 자녀교육에 대한 관심과 열정이 부족하여 자녀와 교육적 상호작용이 부

족하기 때문이다.

④ 부모의 소득수준이 낮아서 자녀들의 학습활동에 필요한 경제적 지원을 충분히 하지 못하기 때문이다.

⑤ 부모의 정교하지 못한 어법을 습득한 자녀들이 학교의 공식적 교육상황에 적응하는데 어려움을 겪기 때문이다.

〈문제〉

학생의 학업성취는 다양한 요인들에 의해 결정된다. 학생 간 학업성취 격차와 관련하여 그동안 지속적으로 관심을 받아 온 요인은 지능이나 가정환경이다. 그러나 학업성취 격차는 학교와 교실상황에 의해 더욱 심화되기도 한다. 이에 최근 일부 교육학자들은 교육과정과 수업방법에 의해 발생하는 학업성취 격차에 주목하고 있다. 이 같은 추이를 염두에 두고 다음 문제에 답하시오. (행시 10)

〈기준〉

① 교육과정의 선정과 구성이 학업성취 격차의 원인이 될 수 있음을 논하시오

② 교사와 학생 간의 상호작용이 학업성취 격차의 원인이 될 수 있음을 논하시오.

③ 학업성취 격차를 완화하기 위한 교육과정과 수업방법에는 어떠한 요소들이 고려되어야 하는지 논하시오.

—— 정답은 본 서 뒷 페이지에 수록되어 있습니다.

고등학교 1학년 운세

1월 방학의 자유에 심취하고 싶은 마음과 고등학교 선행학습의 압박이 갈등을 일으킨다.

2월 고등학교 예비소집에 다녀오고 암울해진다.

3월 입학, 선생들이 대학가기 힘들다고 겁을 준다. 이를 계기로 배움에 뜻을 둔다.

4월 친구와 친해져 놀게 된다.

5월 중간고사가 인생에 그림자를 드리운다. 중학교 때보다 성적이 떨어지게 된다. 그로 인한 충격으로 정신 건강에 해를 입는다.

6월 5월의 여파로 방황한다. 수학여행까지 겹쳐서 공부하긴 글렀다.

7월 기말고사를 버틴 끝에 방학이 온다.

8월 방학을 '마지막'으로 즐기리라 논다.

9월 개학하여 2학기의 공포를 느낀다. 그러나 곧 극복한다(놀게 됨).

10월 방학을 즐기고 개학을 극복한 여파로 중간고사 성적이 마음에 들지 않게 나온다.

11월 고3이 수능을 보는 것을 몸으로 느끼고 다시 공부의 의지를 다진다. '나도 이제 얼마 남지 않았어'

12월 11월의 각성으로 공부를 하긴 했으나 수행평가가 포함되어 있고, 기말고사가 어려워 이번에도 망친다. 방학이 시작되면 올해를 돌아본다. 내년에는 열심히 하리라 결심한다.

(학교대사전, 2005)

— 제2부 —

교육의 사회적 문제

SOCIOLOGY OF EDUCATION

이야기 나누기

이름:

학교에서 불평등하다고 느꼈던 때는?

제5장

교육과 평등

01 | 평 등

　평등은 자유와 더불어 현대인이 가장 중요시하는 사회적 가치일 것이다. 그러나 우리는 평등에 관하여 서로 상충되는 생각을 갖고 있다. 한편으로는 평등을 자유와 상충되지 않는 당연한 사회적 가치로 인정한다. 프랑스 대혁명의 인권선언, 미국의 독립선언 및 UN인권선언이 모두 자유와 함께 평등을 당연한 사회적 가치로 선언하고 있는 것에서 이를 알 수 있다. 동시에 자유와 평등은 서로 상충한다는 생각도 널리 퍼져 있다.

　이런 혼란은 평등을 본원적 평등, 사회적 평등 및 경제적 평등의 셋으로 구분함으로 해소될 수 있다. 평등의 의미를 셋으로 구분함으로써 자유와 평등의 관계와 자유주의에서의 평등의 가치를 분명히 할 수 있다. 본원적 평등은 자유를 비롯하여 정의와 진보 등 중요한 사회적 가치들이 도출되는 근거이며 사회적 평등은 자유와 동일한 의미이다. 경제적 평등만이 자유와 갈등관계에 있다.

1) 본원적 평등

본원적 평등이란 모든 개인은 인격, 존엄성, 가치와 기본권에서 완전히 동등하며, 모든 사람은 누구도 침범할 수 없는 동등한 기본권을 갖고 있다는 점에서 완전히 평등하다는 것, 즉 모든 개인은 완전히 똑같이 소중하며 똑같은 기본권을 갖고 있다는 말이다. 따라서 모든 인간은 완전히 동등하게 존중 받아야 하며, 아무도 다른 사람을 차별하거나 억압하거나 수단으로 이용할 수 없음을 말한다. 자유주의에서 말하는 만인평등이 본원적 평등이다. 만인평등 사상은 종교개혁과 시민혁명을 비롯하여 근대 서양 시민사회의 모든 발전을 추진해 온 힘찬 원동력이었다.

구체제의 가톨릭에서는 종교의 자유를 인정하지 않았으며 성경이 라틴어로만 출판되어 있어서 일반인들은 직접 성경을 읽을 수 없었고 오직 신부의 강론을 통해서만 성경을 접할 수 있었고 신부를 통해서만 신과 소통할 수 있었다. 이에 반대하여 신교도들은 모든 사람은 신 앞에서 평등하므로 일반신자도 신부와 동일하게 직접 성경을 읽고 기도로 신과 직접 소통할 수 있는 신앙의 자유를 주장하였다. 일반인이 읽을 수 있는 세속 언어로 번역된 성경이 처음 출판된 것도 종교개혁 때였다.

만인평등은 종교개혁 이후 시민혁명을 이끌어 간 기본이념이기도 하였다. 만인평등의 생각에서 평민이었던 부르주아들은 구체제의 신분차별의 철폐를 주장하여 관철시켰다. 기존의 전제군주제를 거부하고 민주주의를 주장한 것도 만인평등으로부터 도출되었다. 시민들은 만인평등사상에 입각하여 절대군주의 전제정치를 부인하였으며 모든 사람이 동등한 참정권을 갖는 민주주의를 주장하였다. 시민혁명이 성공한 이후 오랫동안, 영국에서는 무려 2백년간, 재산을 기준으로 선거권과 피선거권을 제한하였던 것은 사실이지만 이러한 제한이 점차 철폐되어 가난한 노동자와 빈민들도 동등한 참정권을 갖도록 점차 제도가 개선된 것은 만인평등이라는 대의명분을 부르주아들이 거부할 수 없었기 때문이다.

2) 사회적 평등

인간이 본원적으로 평등한 것은 자명하지만 현실에서 완전한 평등이 실현되지는 못한다. 사회적 평등은 현실 사회에 실현된 평등을 말한다. 사회적 평등에는, 법적 평등, 정치적 평등 및 협의의 사회적 평등 셋이 포함된다. 법적 평등이란 만인이 법 앞에서 평등한 대우를 받는 법치주의를 말하며, 정치적 평등은 모든 사람이 동등한 참정권을 갖는 것을 말하며, 협의의 사회적 평등이란 재산, 신분, 성, 인종, 교육수준, 종교 등 그 어떤 이유로도 일상생활에서 사람을 차별하지 않는 것을 말한다.

협의의 사회적 평등은 다시 셋으로 나눌 수 있다. 첫째, 법(제도)으로 명시된 사회적 평등이다. 우리나라 헌법 제11조 제1항은 "모든 국민은 법 앞에 평등하다. 누구든지 성별·종교 또는 사회적 신분에 의하여 정치적·경제적·사회적·문화적 생활의 모든 영역에 있어서 차별을 받지 아니한다"고 언명하고 있다. 둘째, 우리의 의식 속에 확립되어 있는 만인평등 의식이다. 모든 사람은 평등하므로 사람을 차별하여서는 안 된다는 것을 우리 모두가 잘 알고 있다. 이러한 의식 덕분에 우리는 사람을 차별하는 행동을 스스로 삼가한다. 셋째, 사회의 분위기로 확립된 만인평등 사상이다. 속으로는 만인평등을 부정하고 사람을 차별할 수 있다. 그러나 이런 사람들도 공개적으로는 만인평등을 부정하고 사람을 차별하지 못한다. 그런 생각을 표출하면 사회의 비난을 받는다는 것을 잘 알기 때문이다. 사람의 행동에 법이나 개인의 의식보다도 더 강한 힘을 발휘하는 것이 사회분위기라는 무형의 힘이다. 우리나라에서 평등을 실현하는 데에 가장 강력한 힘을 발휘하고 있는 것도 만인평등을 당연시하는 사회분위기일 것이다.

법은 법이 미치는 테두리 내에서 강제로 평등을 실현하고, 의식은 법이 못 미치는 곳에서도 자발적으로 평등을 실현하며, 사회분위기는 모든 사회 영역에서 가장 강력하게 평등을 실현한다.

3) 경제적 평등

경제적 평등은 부(재산)와 소득의 평등한 분배를 의미한다. 경제적 평등, 경제적 분배의 평등, 분배의 평등, 평등분배, 공정분배, 분배의 형평성, 분배정의는 모두 같은 말이다. 저축한 소득이 축적되어 재산이 되므로 부와 소득의 분배는 소득분배로 귀착된다.

소득분배에는 소득 획득의 기회균등과 결과로서의 평등분배의 두 가지가 포함된다. 소득에는 근로소득(임금)과 재산소득(이자, 이윤, 임대료 등)의 두 가지가 있고, 근로소득을 얻는 기회는 주로 교육에 의하여, 재산소득을 얻는 기회는 주로 상속에 의하여 결정되므로 소득분배에서의 기회균등이란 주로 교육과 상속에서의 기회균등을 의미한다. 결과로서의 평등분배란 각자 경제활동에 참가한 결과로 얻어진 소득의 평등분배를 말한다.

본원적 평등이나 사회적 평등과 달리 경제적 평등의 내용은 분명하게 무엇이라고 말하기 힘들다. 이 때문에 19세기 이후 평등분배에 관하여 여러 가지 이론들이 제시되어 왔다.

4) 사회정의에 관한 으뜸 공리

본원적 평등(만인평등)은 두 가지 이유로 본원적이다. 첫째, 이 명제는 다른 설명이 필요 없이 그 자체로 자명하며, 둘째, 이 명제는 자유, 정의, 진보 등 다른 중요한 사회적 가치들이 도출되는 기본 공리이다.

사회문제에 관한 옳고 그름을 판별하는 기준이 사회정의이다. 만인평등은 사회정의와 관련된 명제 중에서 유일하게 자명한 명제일 것이다. 사회정의에 관한 다른 주장들은 그 자체로 자명하다고 보기 힘들며, 논쟁의 여지가 있으며, 그것의 옳음을 증명하기 위한 설명이 필요하다. 허나 본원적 평등의 명제는 아무리 생각하여도 논란의 여지없이 올바른 명제이며, 그 자체로 자명하여 이를 증명하기 위하여 논증이 필요 없는 공리(公理)라고 생각된다. 모든 개인이 똑같이 소중하며 동등한 인권을 갖고 있다는 것을 어떻게 부정할 수 있는가?

본원적 평등은 또한 다른 사회적 가치가 도출되는 근거이기도 하다. 예를 들어서 자유가 옳은 이유는 모든 개인이 평등하므로 아무도 다른 사람을 억압하거나 강요할 권리가 없기 때문이다(이근식, 2009).

02 | 교육과 교육기회의 현실

교육은 사회적 불평등과 밀접한 관계를 맺고 있다. 교육 불평등은 사회적 불평등의 원인이 되며, 반대로 사회적 불평등은 교육 불평등의 원인이 된다. 모든 국가는 교육 불평등의 완화를 주요 정책 과제로 추진하고 있지만 무엇이 교육적으로 평등하고 불평등한 것인지에 대해 모든 사람들이 같은 생각을 가지고 있는 것은 아니다(김영화, 2010).

1) 지역별 대학 남녀 진학률

수도권 비수도권에 교육 접근성의 차이가 있었다. 거의 모든 부분에서 수도권이 비수도권에 비해 2배정도 많은 진학률을 보였다. 수도권에 우리나라 인구 절반이 살고 있는 것을 감안하더라도 수도권이 더 많이 진학한 이유를 다음과 같이 추론할 수 있을 것이다. 비수도권 고교 졸업자는 더 많은 수가 다른 지역으로 진학하여야 하기 때문에 그만큼 교육 접근가능성이 낮아진다. 진학을 한다면 하숙비 등 불가피하게 더 많은 경비를 부담해야 하기 때문이다(김신일, 2010). 또한 문과와 이과의 차이가 분명하다. 대학을 통한 취업에 대한 걱정이 대학생들의 학과 선택에도 영향을 미친 것 같다. 자연계열이 높은 이유도 학부 졸업 후 의학, 치의학, 약학 같은 전문대학원에 진학하기 위한 것으로 보인다. 교육계열의 진학도 전보다 적어진 이유가 임용이 전만큼 쉽지 않은 탓으로 보인다. 거의 모든 계열에서 남자가 여자보다 더 높은 진학률을 보였다. 예체능에서는 여자가 남자 보다 높은 진학률을 보였다. 이는 남자보다 여자가 예체능을 하기 때문일 것이다. 여학생의 진학률이 전에 비해서는 많이 높아진 것은 확실하다.

표 5-1 **지역별 대학 진학률** (단위: %)

		전체			국·공립			사립		
		소계	남	여	소계	남	여	소계	남	여
전체	전체	7.9	8.9	6.9	10.6	11.8	9.0	7.2	7.9	6.4
	인문	8.2	10.5	7.1	7.8	9.3	7.0	8.3	10.7	7.1
	사회	2.8	2.6	3.1	3.1	3.2	2.9	2.8	2.4	3.1
	교육	4.6	4.9	4.4	3.8	4.7	3.2	4.9	4.9	4.8
	공학	11.5	11.6	11.2	13.4	13.3	13.6	10.7	10.8	10.2
	자연	17.9	20.9	15.6	19.4	22.2	16.7	17.1	20.1	15.0
	의약	3.1	5.4	2.3	2.8	5.5	2.0	3.2	5.4	2.3
	예·체능	6.8	5.1	7.8	8.7	6.1	10.4	6.6	5.0	7.4
수도권	전체	10.6	12.2	9.1	17.0	18.5	14.7	10.1	11.6	8.8
	인문	10.2	13.1	8.9	17.6	19.7	16.3	9.9	12.7	8.5
	사회	4.6	4.2	4.9	9.7	9.7	9.7	4.3	3.8	4.6
	교육	7.4	7.7	7.3	14.4	17.6	11.4	6.8	6.3	7.0
	공학	15.4	16.1	12.9	19.7	20.3	17.3	15.0	15.7	12.6
	자연	23.6	29.3	19.4	34.2	42.1	25.1	22.5	27.5	19.0
	의약	5.2	8.1	4.1	14.8	10.3	17.3	4.6	7.9	3.5
	예·체능	8.2	5.9	9.2	6.3	4.4	8.2	8.3	6.1	9.3
비수도권	전체	6.2	6.9	5.4	9.7	10.8	8.2	4.7	5.0	4.4
	인문	6.5	8.4	5.4	6.3	7.6	5.7	6.5	8.7	5.3
	사회	1.6	1.5	1.8	1.9	1.9	1.8	1.6	1.4	1.8
	교육	3.4	3.8	3.2	2.9	3.4	2.5	3.7	4.1	3.5
	공학	9.1	8.9	9.8	12.6	12.5	13.1	6.3	6.1	6.9
	자연	14.9	16.8	13.3	17.9	19.9	15.9	12.1	13.4	11.1
	의약	2.5	4.6	1.7	1.5	4.6	0.7	2.7	4.6	1.9
	예·체능	5.8	4.7	6.6	9.7	7.0	10.9	5.2	4.3	5.7

주: 1) 진학률=(진학자수/당해년도 졸업자수)×100
2) 2015년 진학률은 2015년 2월(전기) 졸업자 및 2014년 8월(후기) 졸업자를 대상으로 조사하여 2016년에 공표한 자료임
3) 조사기준일: 해당년도 12월 31일
출처: 한국교육개발원 취업통계DB

2) 사회계층별 교육기회

2007년 이후 2년 동안 아버지가 중졸 이하·고졸인 가계의 사교육비는 각각 1.1%, 4.7% 줄었다. 반면, 대졸 가계는 6.3% 늘었고 대학원 졸업 이상은 13.2% 증가했다. 어머니가 중졸 이하인 가계의 사교육비 역시 2년 만에 4.0% 감소한 반면, 고졸 가계는 3.1% 늘었고 대졸이나 대학원 졸 가계는 각각 9.8%, 11.4% 증가했다.

2009년 한국교육개발원이 펴낸 <양극화 해소를 위한 교육 분야 대책 수립 연구> 보고서에 따르면, 부모 학력이 대학원 이상인 학생은 고교 진학자 중 93%가 일반계에 진학했으나, 부모가 중졸 이하 학력인 학생들은 그 비율이 47%에 그쳤다. 부모 학력이 4년제 대학 졸업인 경우 일반계고 진학률은 86%, 전문대 졸은 80%, 고졸은 65%로 나타났다. 직업별로는 상위 직종인 입법 공무원과 기업체 고위 임직원 및 관리자, 전문가 그룹의 자녀들 실업계고 진학률은 17%였으나 농어업 종사자, 단순 노무직 근로자는 각각 44%와 40%였다.

서울대 대학생활문화원 분석 결과에 따르면, 그림 5-1과 같이 2010년 신입생 중 아버지가 농축수산업에 종사하는 비율은 전체의 0.7%에 불과했다. 1998년 전체 입학생 중 아버지가 농어민인 입학생 비율이 4.7%인 점을 감안하면 12년 만에 6~7분의 1 수준으로 줄어든 것이다. 같은 기간 농어가 인구는 472만명에서 330만명으로 30% 줄었다. 농촌 지역의 급속한 고령화로 수험생 자체가 줄었다는 점을 감안해도 0.7%라는 수치는 무직자·전업주부·정년퇴직자 등 사실상 직업이 없는 사람을 제외하면 전 직업군 가운데 가장 낮다. 상위에는 사무직(28.9%)과 전문직(21.3%)이 있었다.

그림 5-1 **서울대 신입생 아버지 직업 변천사, 경제에 따라 달라지는 학교급**

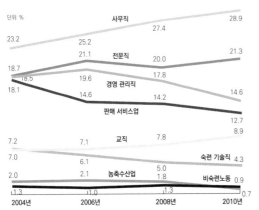

단위: %

	2004년	2006년	2008년	2010년
사무직	23.2	25.2	27.4	28.9
전문직	21.1	19.6	20.0	21.3
경영 관리직	18.7 / 18.5		17.8	14.6
판매 서비스업	18.1	14.6	14.2	12.7
교직	7.2	7.1	7.8	8.9
숙련 기술직	7.0	6.1	5.0	4.3
농축수산업	2.0	2.1	1.8	0.9
비숙련노동	1.3	1.0	1.3	0.7

자료: 서울대

아버지의 교육 수준을 기준으로 '계층 상승' 가능성을 타진해봐도 마찬가지였다. 2010년 서울대 신입생 중 아버지의 학력이 고졸인 학생은 전체의 16.7%로, 대졸(53.0%) 및 대학원졸(28.8%)보다 훨씬 적었다. 신입생 부모 학력을 처음 조사한 2004년에는 아버지가 고졸인 학생이 전체의 24.1%였지만 2005년 22.5%, 2007년 19.1%, 2009년 16.0%로 매년 줄었다.

2009년 판 <한국 법조인 대관>에 따르면, 최근 5년 동안 사법시험 합격자를 가장 많이 배출한 고교는 서울 대원외고로 205명이었다. 다음은 한영외고로 99명이었다. 이어서 명덕외고 72명, 대일외고 61명, 안양고 58명, 이화외고 48명, 순천고 45명, 경기고 43명, 서울고 37명 순이었다. 상위 5개 고교 중 외고가 1~4위를 휩쓸었다.

또 2009년 한 해 판사로 임용된 138명 중 51명이 외고·과학고 등 특목고와 서울 강남 출신이었다. 외고 33명, 과학고 5명, 강남·서초·송파 고교 13명이다. 1999년 9%(15명)에 불과했던 특목고와 강남 출신 비중은 해마다 증가해 2009년 37%까지 상승한 것이다.

3) 가족환경에 따른 교육불평등

그림 5-2에서 보는 것 같이 소득에 따라 교육불평등이 심화되고 있다. 윗 항

에서 이미 설명했지만 사회경제적 지위가 높은 가정환경이 더 많은 교육기회를 제공할 뿐 아니라 문화자본을 획득하여 더 높은 학업성취를 보이는 것이다. 그래서 시간이 흐르면 흐를수록 '개천에서 용이 나기' 어려울 것으로 예상된다. 이런 사회구조는 우리나라만 그런 것이 아니다.

그림 5-2 **소득에 따른 교육 불평등**

자료: 통계청 · 국가통계포털

표 5-2 **1993년 40~59세 남자의 사회구성(Duru-bellat, Van Zanten, 2007)**

	농부	사장	중간간부	중등교사	사무직원	노동자
농부	84.9	15.9	7.2	11.6	12	19.4
사장	2.9	27.9	16.8	12.3	11	7.1
중간간부	0.5	6.9	22.1	7.7	4.7	1.6
중등교사	2.4	7.9	17.5	11.8	8.9	4.6
사무직원	1.5	9.2	16.4	18.2	20.5	11.8
노동자	7.3	32.2	20.0	38.4	42.9	55.5

표 5-2는 프랑스에서 조사한 직업세습이다. 줄(상하)은 현재 40~59세 직업을 말한다. 칸(좌우)은 그들의 아버지의 직업이다. 즉 현재 농부의 아버지 84.9%가 농부였다는 뜻이다. 교육은 분명히 현재 직업에 영향을 미친다. 그러나 교육을 통해서만이 아닐 것이다. 오랫동안 어떤 가정에서 자랐는가도 영향을 미치게

마련이다(Duru—bellat, Van Zanten, 20007).

한국청소년패널조사 중 2패널 1차년도 데이터에서 추출한 연구는 학업성취의 경우 청소년 특성(성별, 연령), 가족의 경제적 자원(부모교육수준, 소득) 및 사회적 자원(부모기대교육수준, 부모와 상호작용, 외출지도)을 통제하였을 때조차도, 한부모 가족은 학업성취와 유의미한 부적 관계가 있었다. 그러나 경제적 자원과 사회적 자원이 한부모 가족과 학업성취사이를 매개하지 않았다. 교육포부수준의 경우, 청소년 특성, 가족의 경제적 자원 및 사회적 자원을 통제하였을 때, 한부모 가족과 교육포부수준사이의 관계가 더 이상 유의미하지 않았으며 이것은 경제적 자원과 사회적 자원이 복합적으로 작용하여 한부모 가족과 교육포부수준 사이를 매개하였다(주동범, 2009).

학년을 낮춰 초등학생에도 비슷한 연구결과 나왔다. 초등학교 4학년, 6학년을 대상으로 한 연구는 교육포부수준에 학생의 성별, 학년별 특성이 유의미하게 영향을 미치는 것으로 나타났으며, 남학생이면서 6학년인 학생들이 보다 더 교육포부수준이 높은 것으로 나타났다. 교육포부수준에 영향을 미치는 가족배경 요인은 부모의 학력으로 나타났다. 부모─자녀 관계 사회적 자본 변수 중에서 학생의 교육포부수준에 가장 많은 영향력을 미치는 변수는 부모의 자녀에 대한 교육적인 관심과 대화, 적극적인 지원, 부모의 기대와 규범 변수들로 나타났다. 부모─자녀 관계와 사회적 자본의 교육포부수준에 대한 전체적인 영향력은 26%로 가족배경 23%, 개인특성 13%보다 높은 영향력을 발휘하는 변수들로 나타나 학생들의 교육포부수준 형성에 미치는 또 다른 강력한 변수들로 밝혀졌다(안우환, 2009).

(1) 블로우와 던컨(Blau & Dunkun)

개인이 받은 교육과 초기 경험은 그의 직업적 성공에 큰 영향을 미치며, 이러한 영향력은 배경요인보다 더 강하다는 것을 나타낸다.

사람들의 직업결정에 교육이 실제로 작용하는가? 이 문제를 본격적으로 다룬 것은 블로우와 던컨의 연구이다. 이들은 직업지위획득을 결정하는 요인들을 추적 분석함으로써 사회이동의 과정을 밝히려고 하였다.

지위획득 결정변수는 네 가지로 보았는데, 그것은 ① 아버지의 교육, ② 아버지의 직업, ③ 본인의 교육, ④ 본인의 첫 번째 직업으로, ①과 ②는 사회적 배경 요인을, ③과 ④는 본인의 훈련과 경험을 대표하는 것으로 간주하였다.

　이들 네 개의 변수를 개인의 직업지위에 대하여 중다회귀분석하고, 그것을 근거로 경로분석(經路分析: path analysis)을 하였다.

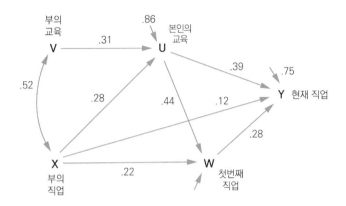

　① V와 X간의 양쪽 화살표는 두 변수가 서로 관련되어 있음을 의미하고, 관련성의 정도는 상관계수(.52)로 표시되어 있다.

　② 그 밖의 모든 선은 직선이며 화살표는 한 방향으로만 표시되어 있는데, 이것은 한 변수의 다른 변수에 대한 직접적인 영향을 의미하며, 그 영향력의 정도는 숫자로 표시되어 있다.

　－ U는 Y에게 영향을 미치고 있는데 영향력의 정도는 .39이다.

　③ 각 변수의 다른 변수에 대한 영향은 직접 영향만이 아니라 간접 영향도 미친다.

　－ X는 Y에게 직접 영향을 주면서 동시에 W를 통하여 간접으로도 영향을 미친다.

　④ 경로모형에는 U, W, Y에 밖으로부터 화살표가 숫자와 함께 그려져 있는데, 이것은 잔여경로(殘餘經路: residual paths)로서 해당 변수에 대하여 이 공식으로 설명할 수 없는 부분의 양을 말한다.

　⑤ 이 경로모형에서 각 독립변수가 종속변수인 개인의 직업지위에 어떻게 영향을 미치는가를 시각적으로 파악할 수 있다.

⑥ 이 경로모형은 개인이 받은 교육과 초기 경험은 그의 직업적 성공에 큰 영향을 미치며, 이러한 영향력은 배경요인보다 더 강하다는 것을 나타낸다.

이러한 경우는 중국에서 직업지위를 획득하는데도 비슷한 결과를 보였다. 특히 계획경제시기와 시장경제시기를 구분하여 비교할 때 그러하였다. 계획경제시기의 초직 직위 획득과 시장경제시기 현직 지위 획득에 있어서 학력이 결정적인 역할을 하였고, 정치적 지위와 사회경제적 지위는 학력을 매개로 하여 영향을 미쳤다. 그렇지만 계획경제시기의 현직 직위 획득과 시장 경제시기의 초직 지위 획득에 있어서는 학력 외에도 정치적 지위가 중요하게 작용하였다. 이로써 중국 사회에서는 정치적 지위가 직업지위 획득에 상당히 강한 영향을 미치고 있음을 알 수 있다. 다만 정치적 지위가 계획경제시기에는 주도적 영향력을 보인데 비해 시장경제시기에는 부차적인 영향력을 보였으나, 그 영향력이 소실되어 가는 것은 아니고 여전히 강함을 알 수 있다(류춘매, 2011).

03 | 유아교육에서 교육 불평등

1) 유아교육 및 유아교육의 불평등

1980년대 이후 유아교육이나 유아교육시설에 수요는 크게 증가하였고, 짧은 기간 동안 유아교육 및 유아교육시설의 확대가 이루어졌다. 그러나 유아교육 및 유아교육시설의 확대는 사립 또는 민간에 의존해 이루어졌으며 수익자 부담의 원칙에 의해 이루어졌기 때문에 여러 측면에서 불평등의 요인을 내포하고 있다. 우리나라의 유치원과 유아교육시설은 정부의 지원과 관리 하에 이루어지는 공적 특성이 약하고 교육비 수익자 부담에 의해 사립기관 중심의 시장경제체제로 운영되고 있기 때문에 유아교육과 유아교육시설은 어떤 다른 교육수준보다 유아의 가정배경 요소의 영향을 가장 크게 받는 영역이라 할 수 있다. 다시 말하면 학부모의 경제적 능력에 따라 유아교육 또는 유아교육시설의 기회뿐만 아니라 유아들이 받고 있는 유아교육의 질이 결정된다(곽윤숙, 2008). 고용불안과 가정경제의 어려움, 높은 교육비, 자녀를 양육하기 어려운 사회환경은 혼인적령 부부들이 자녀를 양육하고, 교육하는데 소요되는 경제적, 시간적, 인적 자원의 투자에 대한 큰 부담을 느낄 수 밖에 없다(박휴용, 2014).

지역에 따라 교사들 역시 불평등을 호소한다. 도시빈곤층 지역은 교육비가 과다하고, 도서벽지 및 농어촌 지역은 기관이 멀리 있음을 호소하였다(최기영, 1994).

최근에는 취학 전 교육을 받는 비율이 높아지고 있다. 유아를 대상으로 한 다양한 명칭의 유아교육과 교육시설들 또는 기관들이 늘어나고 있다. 그래서 모든 유아들이 어린이집이나 유치원에 신나게 다니는 것으로 착각한다. 그러나 현실은 다르다. 이 단계에서도 교육불평등이 확실하게 발생하고 있다. 그림 5-3과 같이 유아교육과 교육 서비스가 유형과 수준에서 격차가 있기 때문에 교육불평등은 매우 복잡한 형태로 형성되고 있다. 부모의 경제자본과 사회자본이 자녀들의 학령 전 교육기관 여부와 유아교육기관의 종류와 수준을 선택하는데 결정적인 변수로 작용한다. 부모의 계층과 학력이 높을수록 개인 돌보미나 가정 돌보미 형태보다는 센터형 기관을 결정하며 센터형 중에서도 질적 수준이 높은 유아교육기관을 적극적으로 찾는다(오욱환, 2017).

실제 한 연구에 따르면 취학 전 교육이 실제 학업성취에 영향을 주는 것으로 나타났다. 취학 직전 1년 유치원을 이용한 아동의 일반적 배경을 살펴보면 전국에 고루 분포하여 살고 있으며 소득수준은 중산층이고, 부의 학력은 대졸, 모의 학력은 고졸인 가정이 많았다. 취학 직전 어린이집을 이용한 배경을 살펴보면 기타 시도에 거주하는 경우가 50%를 넘고, 소득수준이 낮으며 부모의 학력이 고졸인 가정이 많았다. 또한 학업성취 만족도 및 정서문제를 살펴본 결과 유치원이 어린이집보다 모든 평균값이 더 커서 유치원을 다니는 것이 어린이집을 다니는 것보다 높은 학업성취도를 보였다. 그리고 정서문제나 집중도에서 유치원이 어린이집보다 더 영향을 미쳤다(조하나·김은정, 2013).

그림 5-3 불평등한 유아교육

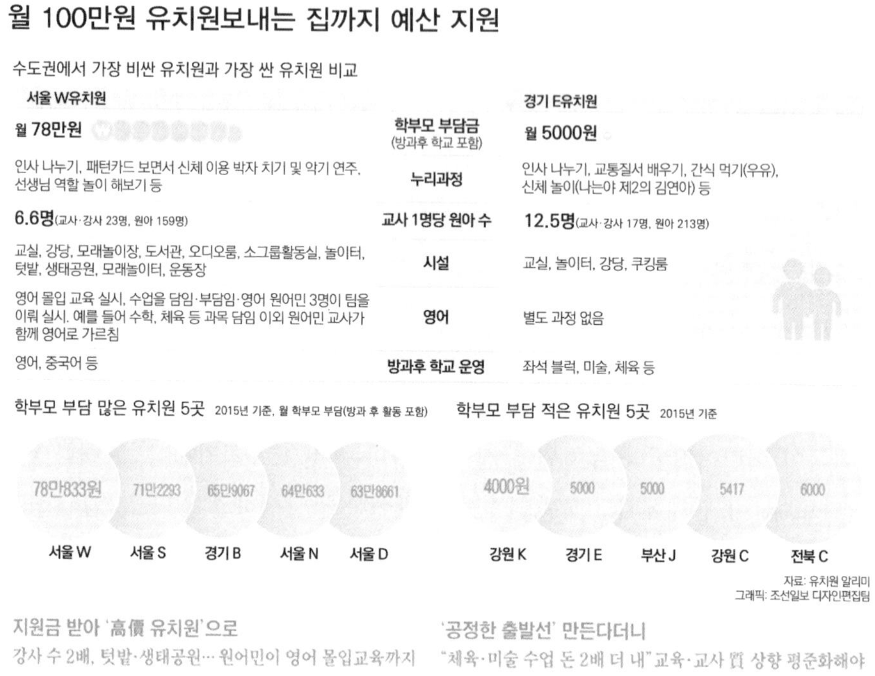

월 100만원 유치원보내는 집까지 예산 지원

수도권에서 가장 비싼 유치원과 가장 싼 유치원 비교

서울 W유치원		경기 E유치원
월 78만원 ◐●●●●●●●	**학부모 부담금** (방과후 학교 포함)	**월 5000원**
인사 나누기, 패턴카드 보면서 신체 이용 박자 치기 및 악기 연주, 선생님 역할 놀이 해보기 등	**누리과정**	인사 나누기, 교통질서 배우기, 간식 먹기(우유), 신체 놀이(나는야 제2의 김연아) 등
6.6명(교사·강사 23명, 원아 159명)	**교사 1명당 원아 수**	**12.5명**(교사·강사 17명, 원아 213명)
교실, 강당, 모래놀이장, 도서관, 오디오룸, 소그룹활동실, 놀이터, 텃밭, 생태공원, 모래놀이터, 운동장	**시설**	교실, 놀이터, 강당, 쿠킹룸
영어 몰입 교육 실시, 수업을 담임·부담임·영어 원어민 3명이 팀을 이뤄 실시. 예를 들어 수학, 체육 등 과목 담임 이외 원어민 교사가 함께 영어로 가르침	**영어**	별도 과정 없음
영어, 중국어 등	**방과후 학교 운영**	좌석 블럭, 미술, 체육 등

학부모 부담 많은 유치원 5곳 2015년 기준. 월 학부모 부담(방과 후 활동 포함)

78만833원	71만2293	65만9067	64만633	63만8661
서울 W	서울 S	경기 B	서울 N	서울 D

학부모 부담 적은 유치원 5곳 2015년 기준

4000원	5000	5000	5417	6000
강원 K	경기 E	부산 J	강원 C	전북 C

자료: 유치원 알리미
그래픽: 조선일보 디자인편집팀

지원금 받아 '高價 유치원'으로
강사 수 2배, 텃밭·생태공원… 원어민이 영어 몰입교육까지

'공정한 출발선' 만든다더니
"체육·미술 수업 돈 2배 더 내"교육·교사 質 상향 평준화해야

2) 다문화 가정과 유아교육

다문화 가정 유아가 일반 가정 유아보다 언어 및 인지발달에서 모두 늦는 것으로 나타났다(구효진·최진선, 2012). 다문화 가정 유아들은 일반 가정 유아보다 어휘와 구문구조의 발달이 지체되는 것으로 나타났다. 언어검사 결과에서도 다문화 가정 유아는 생활연령(6세 4개월)에 비해 수용언어연령 5세 2개월, 표현 언어연령은 4세 8개월로 많이 지체되어 있으며, 다른 유아 또한 생활연령(5세 1개월)에 비추어 수용언어연령은 4세 8개월, 표현 언어연령은 3세 1개월로 특히 표현 언어능력에서 현저한 발달지연을 나타내고 있는 것으로 나타났다(박미단·성순옥·김영희, 2013).

다문화 가정 어머니의 학력, 부부동거여부, 월평균수입이 문화 격차, 문화적응에 영향을 미쳤고, 이것이 유아기 자녀의 양육에 영향을 미치는 것으로 나타났다(김현경, 2009).

어머니의 양육태도가 자녀의 발달에 많은 영향을 미치는 것은 주지의 사실이다. 그러나 유아교사의 다문화 가정에 대한 관심은 저조하다. 상당수의 유아교육기관에서 결혼이민자 가정의 유아를 교육하고 있음에도 불구하고 85% 이상의 교사들이 별다른 프로그램을 운영하고 있지 않다고 응답하였으며, 운영하는 경우도 지역교육청 및 지방자치단체와 연계된 프로그램에 참여하는 정도에 그치고 있는 것으로 나타나 결혼이민자 가정 유아 및 부모를 위한 프로그램 개발이 시급함을 보여주고 있다(김상림·안효진·이시자, 2011).

그러나 다문화 가정 유아들은 이주 여성 어머니의 영향으로 언어능력이 상대적으로 일반 유아에 비해 낮지만, 이들이 교육적 상황에 들어오면서, 교사 및 다른 유아들과의 관계 속에서 언어, 사회, 인지적인 발달이 증진될 수 있는 기회에 더 많이 노출이 된다는 시사점과 이들의 긍정적 발달을 도와주기 위해서는 조기에 개입하는 것이 도움이 될 것이다(김상림·안효진·이시자, 2011). 따라서 다문화 가정 유아들의 미흡한 유아교육이 그들의 인지발달 및 언어발달에 영향을 미칠 것이다. 다문화 가정 부모를 지원하기 위해 유아교육기관이 한국어 프로그램, 한국문화 교육프로그램, 다문화 가정을 위한 유아 양육 상담을 지원한다면 다문화 가정의 교육격차를 조기에 해소할 수 있을 것이다(유희정, 2008).

04 | 교육평등관 논의

1) 능력주의

민주주의 사회에서 사회적 평등을 실현해 주는 것은 학교교육이다. 학교교육은 사회적 불평등을 해소하기 위한 대표적 장치로서, 사회적으로 이동할 수 있는 기회를 준다. 건강한 사회는 상승과 하강의 수직적 이동이 활발하게 일어난다. 학교교육은 수직적 이동을 도모하는 기제다. 학교교육의 수직적 이동은 능력주의 원리에 의해 지지를 받는다. 능력주의는 재능과 노력에 따른 업적에 의해 원하는 사회적 지위에 도달할 수 있는 이념적 기제다. 학교는 교육적 능력주의를 실현한 대표적인 기관이다.

능력주의는 공정성, 공평성, 형평성, 그리고 정의라는 문제를 수반한다. 정의는 모든 사람에게 공정하게 적용하는 사회적 규칙으로, 사회의 이익을 극대화하기 위한 것이다. 정의는 사회적 불평등 개념과 밀접하게 연결되어 있다. 정의는 근원적으로 사회적 불평등을 해소하거나, 혹은 사회구성원들이 합의하여 사회적 불평등을 인정하는 공정성의 원리에 기초하고 있다. 따라서 사회적 불평등과 관련된 정의의 개념은 복잡할 수밖에 없다(강창동, 2014).

2) 롤스의 정의론

롤스는 공정으로서의 정의를 제시하면서 정의의 원칙을 제시하였다. 제1원칙은 평등의 원칙이다. 모든 사람은 다른 사람의 유사한 자유와 상충되지 않는 한, 가장 광범위한 기본적 자유에서 동등한 권리를 가진다는 것이다. 제2원칙은 차등의 원칙이다. 사회적·경제적 불평등은 다음 두 조건을 만족시키도록 조정되어야 한다. 첫째, 불평등이 모든 사람에게 이익이 되도록 합당하게 기대되어야 한다. 둘째, 불평등이 모든 사람에게 개방된 직위와 직책에 결부되어야 한다.

제1원칙인 평등의 원칙은 인간의 기본적 권리로서 어떤 정치사회적 조건에 의해 차등되지 않고 모든 사람에게 동등한 대우를 해야 한다는 것이다. 개인의 자유는 사회 전체의 목적과 이익을 위해 침해할 수 없는 불가침의 권리이기 때문이다.

제2원칙인 차등의 원칙은 모든 사람의 이익을 증대시키기 위해 불가피하게 나타나는 불평등을 정당한 것으로 간주하고 있다. 그러나 롤스는 특정 개인의 이익을 극대화하기 위한 능력주의는 부정의하고 불평한 것으로 보고, 최소 수혜자에게 최대 이익인 사회적 선을 실현하는 것이 정의로운 사회라고 역설한다.

롤스는 정의를 구현하기 위한 과정으로 공정한 기회균등의 원리를 강조한다. 능력주의는 외관상 공정하게 보이지만, 사실 사회의 출발선상에서 보이지 않는 계급적 혜택에 의해 좌우된다. 그는 이런 문제를 보완하기 위해 사회적 우연성, 즉 계급적 배경의 혜택을 배제하고, 누구나 동일한 교육적 출발선상에 놓이게 할 것을 주장한다.

롤스는 교육이 비록 사회적 우연의 결과일지라도 사회적 공동선을 실현하기 위해 제도적으로 활용할 필요가 있다고 주장한다. 그의 교육관은 차등의 원칙을 고려하여, 모든 사람이 최대 이익을 구현하는 사회적, 집단적 공동선을 실현하는 자유를 통해서 모두가 행복할 수 있는 사회적 평등의 최대화에 있다(강창동, 2014).

3) 콜맨 보고서

이 연구는 1964년 "시민권법" 제402조에 대한 반응이었다. 이 연구로 흑인 학교와 백인 학교 사이의 불평등이 분명히 드러나고 인종에 따라 학업성취의 차이 실제 학교 간의 차이로 설명될 것으로 기대되었다.

그러나 흑인 학교와 백인 학교사이의 특성이 놀랄 정도로 차이가 없으며 상대적으로 학교 시설은 학생들의 성취에 별로 영향을 주지 못하였다. 오히려 학업성취에 영향을 주는 것은 또래집단과 가정배경이었다.

교육기회에 대한 콜맨의 학문적 재정의를 알아보기 전에 그의 자료가 학생들 사이의 차별적 성취를 설명하는 데 가정 배경이 학교 특성보다 더 중요하다는 결론을 내렸다는 점에 주목해야 한다. 이러한 발전은 빈민지역 가정을 문화결손으로 설명할 수 있게 했다. 또한 널리 받아들여지는 상식적인 믿음을 과학적으로 명백하게 입증하여 공식화하고 후일 연방정책을 수립하는 데 방향을 제시할 수 있게 했다.

교육기회의 불평등에 대한 콜맨의 탐구로 인해 기회의 평등이라는 상대적으로 수동적인 논의와 결과의 평등이라는 더 적극적인 논의를 엄격하게 구별할 수 있게 되었다(할지 외, 2011).

05 | 교육에서의 평등

호레이스만(Horace Mann)은 교육이 위대한 평등화 장치라고 강조한다(김병욱, 2013). 또한 우리나라 헌법 제31조는 "모든 국민은 능력에 따라 균등하게 교육받을 권리를 가진다"고 규정하여 교육에서 평등의 중요성을 내세운다. 교육의 평등은 사회적 평등으로 나아가는 것이 무엇보다 중요하다. 교육평등은 그림 5-4와 같이 다음의 네 가지로 구분된다.

1) 허용적 평등

모든 사람에게 동등한 기회가 주어져야 한다는 관점이다. 그러나 주어진 기회는 자신의 능력에 따라 달라진다는 입장이다. 다만 법이나 제도는 특정집단에게만 기회를 부여하고 다른 집단에게 금지해서는 안 된다. 예컨대, 7세가 되면 남자든, 여자든, 백인이든, 흑인이든, 불자든, 그리스도교인 이든 학교를 가는 기회가 주어져야 한다. 그러나 허용적 평등은 형식적 기회와 더불어 실질적 기회균등의 문제가 고려되어야 한다.

2) 보장적 평등

진학을 가로막는 경제적, 지리적, 사회적 제반 장애를 제거해, 취학을 실질적으로 보장해야 한다는 관점이다. 즉 학교에 다니도록 허용되었다 하더라도 경제적 능력이 없거나 지리적으로 산골이나 외딴 섬에 사는 어린이들은 실질적으로 교육을 포기할 수밖에 없다. 따라서 교육평등을 실현하기 위해서 경제적, 지리적, 사회적 장애를 제거해서, 가난한 집의 학생이나 산골의 학생들이 학교를 다닐 수 있도록 취학을 보장해 주어야 한다. 통학버스나 기숙학교, 무상 의무교육, 방송통신대학 등이 그 예이다. 보장적 평등은 허용적 평등을 실질적으로 보장하지만, 교육과정과 교육조건의 불평등 문제가 고려되어야 한다.

그림 5-4 **교육의 평등**

출처: 천재교육

3) 교육과정(조건)의 평등

취학을 보장하는 것으로 효과적인 평등이 이뤄지지 않으므로 좀 더 적극적인 평등 장치가 필요하다. 교육과정(조건)의 평등은 교육체제 내에서 제공되는 교사, 교육목표, 교육과정, 교육자료, 교육방법, 교육시설 등에 있어 집단 간 차별이 없는 것을 의미한다. 초등교육과 중등교육의 무상 의무교육이 보편화되면서 학교 간의 차이가 문제로 등장했다. 시골과 도시의 차이, 학교에 따른 교사의 질적 수준의 차이, 시설의 차이 등이 그것이다. 이에 따라 교육 과정상의 모든 조건을 평등하게 하자는 입장이 제기되었다. 고교평준화정책이 그 예이다.

4) 교육결과의 평등

교육결과의 평등은 교육의 결과로 나타나는 학업성취나 이로 인한 소득과 삶의 기회에 있어 집단 간의 격차가 작아야 한다는 입장이다. 교육의 평등은 단순히 학교를 평등하게 다니는 데에만 있는 것이 아니다. 그림 5-5가 묘사하는 대로 학업성취의 결과가 같지 않다면 그것은 사회적 불평등으로 이어지기 때문에 좀 더 적극적인 평등 장치가 필요하다는 입장이다. 이는 가정배경에서 열악한 학생에게는 우수한 학생보다 더 좋은 교육조건을 제공하여 가정에서의 차이를 보상해야한다는 역차별(긍정적 차별, positive discrimination)에서 비롯되었다. 대표적인 예로 미국의 헤드스타트나 프랑스의 교육우선지원정책인 ZEP(Zone d'Educations Prioritaires), 한국의 교육복지우선지역이 있다. 이러한 정책들은 빈약한 가정배경의 학생들이 가정환경이 좋지 않기 때문에 기초학습능력을 개발시키지 못한 것이 취학 후에 그들의 성적을 낮게 하는 주요 원인이므로 조기보상의 필요성을 제기하는 교육 정책이다(조발그니, 2005).

그림 5-5 출발선이 같다고 모든 조건과 과정이 공정하다고 평등한 것인가?

출처: http://ppss.kr/archives/37480에서 발췌

06 | 엘리트주의 교육과 평등주의 교육

1) 엘리트주의 교육

(1) 엘리트교육

엘리트란 상류 계급, 고위 장성, 교수, CEO, 종교지도자, 정당 지도자, 전문

과학자 등 특권을 지닌 사람들 또는 지배적 위치를 점하는 사람들을 말한다.

엘리트주의란 지적으로 우수한 사람들은 더 좋은 대우를 받아야 한다는 차등주의를 배경으로 하고 있다. 지적 탁월함에 따라 사회적 특권이나 명예 및 수입이 보장된다는 것을 정당화시킨다.

엘리트주의는 대체로 다음과 같은 보수적 견해를 지닌다(이석재, 1990). 첫째, 지능은 문화유산 학습정도에 따라 발달의 정도가 다르다. 둘째, 엘리트 계급 자녀들은 학습의 유리한 위치로 지능이 높아져 따로 수용되어 더욱 우수한 인재가 된다. 셋째, 대중의 자녀는 학습기회가 거의 없어 지능이 낮아지므로 엘리트 계급과 같이 교육할 수 없다. 넷째, 복선형 학제를 환영한다(표 5-3 참조). 다섯째, 교육 기회는 불평등할 수밖에 없으며, 그 차이가 때에 따라서는 바람직하다.

그러나 엘리트주의 교육이라 할 때 엘리트주의란 위에서 말한 전통적 엘리트주의 개념에 '수월성'이란 개념이 추가된다. 곧 엘리트주의 교육이란 '수월성 교육'을 포함한다. 수월성 교육이란 잠재력이 뛰어난 학생의 잠재력을 극대화하는 교육이자 우수한 학생 집중 육성을 목표로 하는 교육이다.

표 5-3 복선형과 단선형 학제 비교

유형 \ 기준	복선형 학제	단선형 학제
교육관	• 능력주의 교육관	• 평등주의 교육관
강조점	• 계통성	• 단계성
선발방식	• 조기선발	• 만기선발
장점	• 교육의 계획적 통제 기능 • 사회직능에 부합되는 인간 양성	• 취학 및 진학의 평등성 보장 • 교육의 기회균등 보장 • 일관된 교육정책 시행 • 전학용이
단점	• 전학 불가능 • 사회분열 조장 • 계급의식 조장 • 교육의 기회균등을 보장하지 못함 • 교육적 차별 인정 • 비민주적인 제도	• 교육의 계획적 통제가 어려움 • 기술혁신적인 매카니즘에 적용하는 인간양상이 어려움

(2) 엘리트주의 교육의 장점

첫째, 학습 효과를 극대화할 수 있다. 둘째, 우수 인력 육성이 용이하다. 셋째, 학생이나 학부모의 학교선택권을 부여할 수 있다. 개성과 자유에 따른 학습도 가능하다. 넷째, 평등만 추구하면 수월성을 지니지 못하지만, 지적 수월성을 이룩하면 평등 수준도 향상된다고 본다. 다섯째, 현재와 같은 세계 경쟁 속에서 국가 경쟁력을 제고할 수 있다. 여섯째, 노력, 능력, 업적, 실적에 상응한 보상을 받으므로 자발적 성취동기를 육성할 수 있다. 적극적 의미의 자아 개발이나 자아실현이 가능하다. 일곱째, 고학력자의 3D 직종 기피 현상을 막을 수 있다. 선발된 사람은 좋은 직업을 그렇지 못한 사람은 힘든 직업을 갖는 일이 정당화된다.

(3) 엘리트주의 교육의 문제점

첫째, 학생이나 학부모의 학교선택권을 부여한다는 것은 하나의 허울에 불과하다. 학부모나 학생이 학교를 선택할 수 있다 해도 이는 다만 명문대학 합격자 수에 기초한 고등학교 서열을 고려한 선택일 뿐이다.

둘째, '우수아', '승리자', '1등'만 중시하거나 그들만을 기억하는 사회가 되어 인간존엄성이 훼손될 우려가 있다.

셋째, 학생들의 전인적 성장을 저해한다. 신체적, 정신적 활동이 가장 왕성한 시기에 입시와 과중한 학습부담으로 그 발달에 장애를 지니게 된다.

넷째, 조기선발로 인하여 잠재적 성장 능력을 계발하기 힘들다. 환경이 열악하여 자신의 능력을 미처 드러내지 못했다가 늦게 그 능력을 꽃피우는 아이들 즉 대기만성의 잠재력이 묻혀 버릴 우려가 있다.

다섯째, 덜 우수한 학생들을 부정적으로 기대하거나 낙인찍을 우려가 있다.

여섯째, 사회계층 간 격차가 불평등이 고착되거나 재생산 될 우려가 있다.

일곱째, 기회의 평등만 강조되고 결과적 평등은 보장되지 않는다.

2) 평등주의 교육

(1) 평등주의 교육

대중을 대상으로 하거나 그들을 위하여 실시되는 공통적 보편 교육이다. 인간 개개인을 존중하고 최대 다수의 최대 이익을 얻는 데 교육이 중요하다고 보는 견해이다. 평등주의 교육은 다음과 같은 것을 목표로 한다. 첫째, 교육의 기회, 조건, 내용, 결과(분배) 따위에 있어서 평등해야 한다. 특히 성, 가정배경, 지역, 종교, 인종 따위와 무관하게 교육의 기회, 조건, 내용, 결과(분배)가 균등하게 제공되어야 한다. 이리하여 개인의 능력, 실력, 업적, 실적이 위와 같은 요인들에 의해 영향을 받지 않아야 한다.

둘째, 지역 간 불균형을 줄이고 대중을 위한 보편 교육을 지향한다. 불리한 처지에 있는 사람(도서벽지의 소수 학생들)에게 교육의 기회가 차단되어서는 안 된다. 또 소수를 위한 교육과 그 효율성을 따지기보다는 국민 모두를 위한 교육이 되어야 한다.

셋째, 상급학교 진학을 위한 입시를 최소화해야 한다. 입시는 과열경쟁을 낳고 과열경쟁은 과도한 사교육비를 필요로 하므로 입시를 최소화해야 한다.

(2) 평등주의 교육의 장점

첫째, 학교교육을 정상화할 수 있다. 상급 학교 진학을 위해 치렀던 입시로 인해 하급 학교교육이 파행적으로 운영되었던 과거의 문제를 개선할 수 있다.

둘째, 입시를 위한 주입식 교육보다는 전인교육이나 인성교육을 추구할 수 있으며, 창의력 위주의 교육과 협동학습을 추구할 수 있다.

셋째, 입시에서 탈락한 학생들의 열등감이나 부정적 자아개념을 최소화할 수 있다.

넷째, 누적되는 재수생 문제와 학생 인구의 대도시 집중 현상을 줄이고, 학교 간 격차를 줄여 지역 간 교육의 균형 발전을 이룰 수 있다.

넷째, 선발적 엘리트주의 교육이 가져오는 입시 경쟁과 그에 따른 과열 과외, 사교육비 부담 따위로 인한 상대적 박탈감을 최소화할 수 있다.

(3) 평등주의 교육의 문제점

첫째, 차이와 차별을 구분하지 못한다. 차이는 생득적, 자연적인 것이고 차별은 인위적인 것이다. 우리 모두는 서로 차이가 있다. 우리 사회에 존재하는 불합리한 차별에 관심을 두다 보니 생득적, 자연적 차이까지 차별로 몰아붙일 우려가 있다. 둘째, 경쟁이 적으므로 학생들의 학력이 낮아져 인재를 육성하지 못하여 국제사회에서 국가경쟁력 약화될 우려가 있다. 셋째, 개인 간 능력차를 고려하지 않음으로써 획일적 "붕어빵 구워내기식 교육"이 될 우려가 있다. 넷째, 일제 배정에 따라 개인 간, 학교 간 차이를 인정하려 하지 않는다. 학교 선택 기회를 제한함으로써, 다양한 과정에서 다양한 인간을 키워낼 수가 없다. 다섯째, 평등을 추구한다지만 지역 간, 학교 간, 학생 간 격차와 그에 따른 위화감은 여전히 존재하는 것이 현실이다.

3) 엘리트주의 교육관과 평등주의 교육관의 비교

위에서 살펴본 엘리트주의 교육과 평등주의 교육의 내용 외에 선발의 준거, 능력에 관한 관점, 선발 시기, 교육 형태, 학제, 해당 나라 따위의 준거에 비추어 이들을 비교하면 표 5 – 4와 같다.

표 5-4 **엘리트주의와 평등주의 비교(김병욱, 2012)**

구분	엘리트주의 교육관	평등주의 교육관
선발의 강조점	개인의 능력	교육받을 권리
능력에 관한 관점	선천적, 유전적 요인이 중요	환경적 요인이 중요
선발시기	조기선발	만기선발
교육 형태	분리교육	통합교육
학제	복선형	단선형
대표적인 나라	영국, 프랑스, 브라질, 이탈리아	미국, 스웨덴, 캐나다, 한국

그림 5-6 **교육부가 제시한 각 학교급별 평등적책**

모두에게 희망을 주는 교육

누리과정 지원 내실화 단계적 유·보통합 추진 공공형 사립유치원 확대	교육비·교육급여 지원 (가칭) 꿈사다리 장학제도 (예술 꿈사다리) 읽기·독서교육 강화 고학년 수학교육 지원 강화 기초학력 진단·보정 확대 농산어촌 유·초·중 통합학교 설립	교육비·교육급여 지원 (가칭) 꿈사다리 장학제도 (예술 꿈사다리) 고입 단계 사회통합전형 확대 예비 중1학생 학습지원 강화 학부모를 위한 진로·진학 정보제공	교육비·교육급여 지원 (가칭) 꿈사다리 장학제도 (예술 꿈사다리) EBS 교재 무상지원 학생부종합전형 대비 방과후 프로그램 운영 대입단계 고른기회전형 확대	국가장학금 Ⅰ유형 국가장학금 Ⅱ유형 학자금 대출제도 (일반상환 및 취업후상환) 대학별 근로장학제도 행복기숙사 지원

출처: 교육부

내용정리

○ 블로우와 던컨의 경로모형은 개인이 받은 　　과 초기 　　은 그의 직업적 성공에 큰
　영향을 미치며, 이러한 영향력은 배경요인보다 더 강하다는 것을 나타낸다.

○ 콜맨 보고서에 따르면 학업성취에 영향을 주는 것은 　　과 　　배경이었다.

○ 　　　　은 모든 사람에게 동등한 기회가 주어져야 한다는 관점이다.

○ 보장적 평등은 진학을 가로막는 　　, 　, 　　제반 장애를 제거해, 취학을 실질
　적으로 보장해야 한다는 관점이다.

○ 　　　　은 교육체제 내에서 제공되는 교사, 교육목표, 교육과정, 교육자료, 교육방법,
　교육시설 등에 있어 집단 간 차별이 없는 것을 의미한다.

○ 결과의 평등은 교육의 　　로 나타나는 학업성취나 이로 인한 소득과 삶의 기회에 있어
　집단 간의 격차가 작아야 한다는 입장이다.

<table>
<tr><td>—— 정답</td></tr>
<tr><td>교육 / 경험</td></tr>
<tr><td>또래집단 / 가정</td></tr>
<tr><td>허용적 평등</td></tr>
<tr><td>경제적 / 지리적 / 사회적</td></tr>
<tr><td>과정의 평등</td></tr>
<tr><td>결과</td></tr>
</table>

 **기출문제**

1. 교육의 평등에 대한 주장으로 타당하지 않은 것은? (중 05)

   ① 교육에서 과정의 평등이란 교육이 기회 및 조건의 평등을 의미한다.
   ② 모든 학생들에게 동등한 취학의 기회를 허용하는 것은 교육 평등의 충분조건이다.
   ③ 교육에서 결과의 평등은 현대사회의 업적주의와 갈등을 일으킬 소지가 있다.
   ④ 과정의 평등과 결과의 평등 중 어느 쪽이 더 중요한 것인가에 대한 결정은 평등에 대한 관점의 차이에 따라 달라질 수 있다.

2. 고등학교 의무교육제도화에 관한 교사들의 대화내용과 교육평등관을 가장 적절하게 연결한 것은? (초 10)

   홍교사: 이제 우리나라 경제수준도 높아지고 했으니, 모든 국민이 고등학교 교육을 받을 수 있도록 고등학교 무상의무교육제도를 도입하는 것이 좋을 것 같아요.
   정교사: 개인의 고등학교 진학 여부는 국가에서 개입하기보다 당사자의 능력과 노력에 맡기는 것이 좋지 않을까요?
   박교사: 글쎄요. 저는 요즘 같은 사회양극화 시대에는 고등학교 무상의무교육제도 도입에서 한발 더 나아가, 계층 간 학업성취도의 격차를 좁힐 수 있도록 소외계층 학생을 위한 적극적 배려 정책이 필요하다고 보는데요.

	홍교사	정교사	박교사
①	기회허용적평등	조건의 평등	기회보장적평등
②	기회보장적평등	조건의 평등	결과의 평등
③	기회보장적평등	기회허용적평등	결과의 평등
④	조건의 평등	기회허용적평등	기회보장적평등
⑤	조건의 평등	결과의 평등	기회허용적평등

3. 교육에서 보상적 평등관에 관한 설명으로 가장 적절한 것은? (중 06)

　① 개인의 능력주의에 기초한 평등관이다.

　② 교육을 시장 원리로 접근하려는 평등관이다.

　③ 누구에게나 취학기회를 개방해야 한다는 평등관이다.

　④ 사회경제적 지위가 낮은 집단의 교육적 결손을 해소하려는 평등관이다.

4. 콜맨 보고서에 따르면 학교효과는 미미하다라는 말의 뜻을 가장 정확하게 풀이한 것은? (중 00)

　① 고등학교 졸업자의 실력 차이는 크지 않다.

　② 학교에서의 우등생이 사회에서의 우등생이 된다는 보장이 많다.

　③ 학생의 성취도는 학교 시설이나 여건에 따라 크게 달라지지 않는다.

　④ 학교교육에 대한 투자를 늘리는 것은 바람직한 교육정책이 아니다.

〈문제〉

교육평등을 조망하는 다양한 관점과 관련하여 다음 문제에 답하시오. (행시 10)

〈기준〉

① 교육기회의 평등관, 교육조건의 평등관, 교육결과의 평등관을 비교하여 논하시오.

② 우리나라 교육정책 가운데 각각의 평등관을 반영한 대표적인 사례들을 들고, 그것이 해당 평등관을 어떻게 반영하고 있는지 논하시오.

—— 정답은 본 서 뒷 페이지에 수록되어 있습니다.

고등학교 2학년 운세

1월 나름대로 공부에 지쳐 얼굴이 노랗게 된다. 이는 졸업할 때까지 풀리지 않는다.

2월 체력이 슬슬 떨어진다. 방학이 끝나가는 게 아쉽다.

3월 개학, 새 학년, 새 학기 효과로 공부의 의지가 잠시나마 타오른다.

4월 친구와 친해져 놀고 싶은데 공부는 해야 하고, 놀지도 못하고 공부하지도 못하는 애매한 상태가 된다.

5월 중간고사, 작년의 실수를 반복하고 싶지 않았으나 갈수록 시험이 어려워진다. 결국 성적은 올릴 수 없다.

6월 본격적으로 수능 대비를 해볼까하는 생각이 든다. 하지만 무엇보다 해야 할지 막막하다.

7월 기말고사, 수능과 대신 사이의 치열한 갈등이 시작된다. 덕분에 내신이 별로 좋지 않게 나온다.

8월 여름방학, 수능 공부가 급해진다.

9월 개학이 원망스럽다. 수능 공부를 더 해야 하는데...

10월 개학 후 공부 리듬이 다시 자리를 잡으려고 하는 순간 내신 공부를 해야 한다. 공부의 리듬이 교란된다.

11월 고3이 수능을 본다. 1년의 카운트다운이 시작되면서 정신적으로 불안정 해진다. '내년에는 나도 저렇게 될 거야'

12월 그동안 불안했던 게 거짓말 같다. 고3직전의 방학이니 즐긴다. 즐긴다고 하지만 노는 동안에도 수능의 그림자가 드리운다.

(학교대사전, 2005)

이야기 나누기

이름:

학력이 나에게 미치는 영향은?

제6장

학력, 학력상승, 교육열

01 | 학력

학력(學歷)은 학교교육을 받은 경력이나 이력이다. 이것을 달리 표현하면 학교교육을 마친 최종 수준, 학업에 대한 개인적 경력, 학교교육력 등으로 말할 수 있다. 이 학력은 두가지로 나눌 수 있다. 종적, 수직적 학력이란 교육받은 연한이나 수준의 많고 적음 또는 높고 낮음을 말한다. 중졸, 고졸, 대졸과 같은 말은 교육받은 연수의 차이에 따라 높은 학력과 낮은 학력으로, 곧 종적으로 나눈 학력을 말한다. 한편 횡적, 수평적 학력이란 동일 수업연한을 지니더라도 어떤 학교의 종류, 이름, 과정(課程) 등을 일컫는 것으로 사회적 특권이나 격에 따라 차등적 가치를 지닌 학력으로 분류한 것이다. 예컨대, SKY, 지잡대(지방 잡대) 같은 것은 횡적으로 설명할 수 있는 학력이다.

또한 학력은 실질적 학력과 형식적 학력으로도 구분될 수 있다. 실질적 학력이란 실제적인 전문 능력이나 기능과 일치하는 학력을 말한다. 반면 형식적 학력이란 실제로 무엇을 학습했느냐 또는 개인의 실질적 학력, 능력, 노력이 어떠하냐를 중시하기보다는 성적, 자격증, 학위 등 단순한 상징적 가치나 명목적 가치를 지닌 학력 또는 단순한 학교력을 말한다(김병욱, 2013).

1) 학력주의

학력주의란 사회적 지위나 직업을 얻는데 실질적 학력보다는 형식적 학력이 크게 작용하는 현상을 뜻한다. 형식적 학력주의는 실제적으로 실질적인 실력, 능력, 노력을 중시하기보다는 성적, 자격증, 학위 등등 그저 높은 학력(종적 학력)과 좋은 학교력(횡적 학력)만을 중시하는 경향인 것이다.

따라서 학력주의가 고학력사회를 불러오고 고학력사회는 다시 학교력을 중시하는 사회가 되면서 학력 신분사회화가 이루어지기도 한다. 학력주의가 학력을 획득하기 위한 열망으로 이어져 과열 학력 경쟁을 불러일으키거나, 학연이나 학벌등과 연계되어 사회에 부정적 영향을 줄 우려도 있다(김병욱, 2013).

02 | 학력상승의 원인

1) 학습욕구이론(매슬로우의 동기이론)

매슬로우(Maslow)의 동기이론은 모든 인간은 누구나 알고자 하는 욕구를 지니고 있다는 점을 전제한다. 사람은 그가 가지고 있는 학습욕구를 충족시키기 위해 기회만 주어진다면 교육을 받으려 한다. 그러한 교육을 제공하는 곳이 바로 학교이므로 학교에 다니게 되고 그 결과 학력이 상승한다고 설명한다.

매슬로우에 따르면 인간의 욕구는 계층화 되어있고 하위욕구가 채워지면 상위욕구를 채우려는 동기를 갖게 된다. 그의 욕구계층은 그림 6-1과 같다.

① **생리적 욕구**: 음식, 물, 공기, 배설, 활동, 휴식, 성행위가 주된 생리적 욕구이다. 다음의 어떤 욕구보다도 이것을 먼저 충족시켜야 한다.
② **안전의 욕구**: 생리적 욕구가 충족된 후에 나타는 욕구로서 위험, 위협, 박탈에서 자신을 보호하고, 불안을 피하려는 욕구이다. 즉 안전과 생명을 위

협하는 어떤 사태로부터 자신을 보호하려는 욕구이다.

③ **소속과 애정의 욕구**: 사람은 자기가 중요하게 생각하는 개인이나 집단으로부터 인정과 애정을 받기를 갈망한다. 이 욕구는 친사회적 욕구로서 애정, 귀속, 우정, 사랑 등을 포함한다.

④ **인정의 욕구**(존경의 욕구, 자존감의 욕구): 유능감, 타인으로부터 인정과 존경을 받고자 하는 욕구, 일을 잘 성취하여 칭찬과 상을 받으려는 욕구이다.

⑤ **자아실현욕구**: 자신의 잠재능력을 최대로 발휘하여 자기완성을 이루려는 욕구로서 학습욕구가 바로 여기에 속한다.

그림 6-1 매슬로우의 동기이론

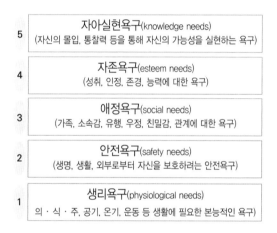

이 이론에 따르면 인간은 학습욕구를 가지고 있다 전제한다. 학교의 팽창을 가져오는 요인은 인구의 증가와 경제발전으로 인한 경제적 여유의 증대와 개인적으로는 학교에 다닐 여유가 많아지고 사회적으로는 재정이 늘어 교육기관을 설립하고 유지할 수 있기 때문이다(김신일, 2010).

그러나 학력이론은 오늘날의 학교가 학습욕구를 제대로 충족키켜 주는 기관이라는 사실을 입증하기가 어렵다. 라이머와 일리치는 오늘날의 학교가 가지고 있는 기능은 네 가지로서, ① 보호(保護) ② 교화(敎化) ③ 선발(先發) ④ 학습(學習)이지만 학교는 이 가운데 앞의 세가지에만 치중하고 마지막의 학습기능은, 학교의 본질적 기능이면서도 소홀히 하고 있다고 지적한다. 그나마 학습기능조차

도 그 내용에 있어서는 불필요한 지식, 특정집단의 이익에 봉사하는 지식 등으로
구성되어 있다고 주장한다(김신일, 2010).

2) 기술기능이론(슐츠와 베커의 인간자본론)

오늘날과 같은 산업사회에서는 누구나 어떤 종류의 직업을 갖게 마련인데,
과학기술은 급성장하기 때문에 직업기술의 수준이 계속 향상됨에 따라 사람들의
학력이 높아질 수밖에 없다는 입장이다.

기술기능이론을 주장하는 사람들의 논리는 다음과 같다. ① 산업사회에 있어
서 직업의 기술요건이 과학기술의 변화에 따라 끊임없이 높아진다. 이것은 두 가
지 과정을 거치는데, 첫째는 낮은 수준의 기술을 필요로 하는 직업의 비율이 줄
어드는 반면에 높은 수준의 기술을 필요로 하는 직업의 비율이 늘어나고, 둘째는
동일 직업 내에서도 요구되는 기술수준이 높아진다. ② 학교교육은 기술수준이
점점 높아지는 직업에 필요한 전문기술과 일반능력을 훈련시킨다. ③ 그러므로
취업을 위한 교육의 요구수준이 계속하여 높아지고, 점점 더 많은 인구가 점점
더 오랜 기간 동안 학교교육을 받게 된다. 결국 과학기술이 변화하는 한 학교교
육 기간은 계속 장기화되고, 학력 또한 상승하게 되어 있다는 것이다.

학교는 산업사회를 지탱하는 핵심이기 때문에 직종수준이 높아지면 그에 상
응하는 교육수준도 높아질 수밖에 없다. 결국 고학력사회는 고도 산업사회의 귀
결이다(김신일, 2010). 이처럼 학교인구의 팽창은 산업계의 고용능력을 초과하는
졸업자를 배출하여, 일부만 학력에 일치하는 직종에 들어가고 남는 많은 수가 상
대적으로 낮은 직종으로 흘러들어가거나 무직자로 남는 것이다. 이것은 흔히 양
성과 고용의 미스매치라 불리는 불일치 현상이다. 이러한 고용과 교육의 불일치
현상은 직업기술과 학력수준은 일치한다는 기술기능이론의 주장을 잘 설명하지
못한다. 직업기술수준과 학력수준은 반드시 일치하지 않으며, 학력상승을 기술
기준수준의 향상만으로 설명하는 데는 한계가 있다.

3) 지위경쟁이론

학력이 사회적 지위획득의 수단이기 때문에 사람들은 경쟁적으로 높은 학력을 취득하려 하고, 이에 따라 학력이 계속적으로 높아진다. 콜린스(Collins)는 남보다 한 단계라도 높은 학력을 가지고 있는 것이 사회적 지위의 경쟁에서 결정적으로 유리하기 때문에 모든 사람이 높은 학력 즉 상급학교 졸업장을 받기 위하여 온갖 노력을 기울인다고 한다. 결과적으로 학력이 상승하지만 경쟁은 끝나지 않아 학력은 점점 상승할 수밖에 없다(김신일, 2010).

그림 6-2 **학력상승의 연쇄현상(Dore, 1976: 김신일, 2010에서 재인용)**

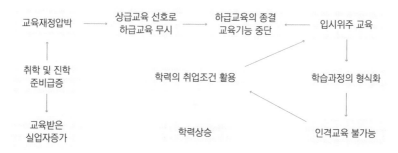

결국, 그림 6-2와 같이 지위획득수단으로 학력이 작용하며 진학률의 상승을 유발하여 졸업생이 증가하고 그렇게 되면 학력의 가치가 떨어져 더 상위의 혹은 질적 우위의 학력을 취득하기 위한 무한 경쟁이 이뤄진다. 즉 학력수준은 교육의 질적 수준과 일치하지 않고, 관심은 오직 졸업장에 집중되는 이른바 '졸업장병(diploma disease)'현상이 일어난다. 결국 학력의 평가절하현상이 발생하며, 과거에는 고졸 수준으로도 취업할 수 있었던 일에 대학졸업장이 필요한 교육인플레이션 현상이 발생한다.

대학교육이 완전 보편화되면 학력경쟁도 끝날 것이라고 전망하는 사람들이 있다. 그러나 학력경쟁은 지위경쟁의 방편이기 때문에 쉽사리 끝나지 않는다. 대학 졸업장이 흔해지면 이제는 대학원에 눈을 돌린다. 그리고 유치원이 학력경쟁의 새로운 모습으로 등장할 수도 있다. 말하자면, 긴 학력경쟁을 위한 준비훈련으로 유치원이 활용될 가능성이 있다.

지원경쟁이론은 분명히 한국교육현실을 잘 설명하고 있다. 그러나 학력상승을 경쟁의 결과로만 파악하려 하기 때문에 학교교육의 내용적 측면에 관하여 관심을 갖지 않았다. 지위경쟁이론은 만인의 만인에 대한 경쟁을 전제로 하고 있으면서 경쟁의 부정적 측면만을 강조하고 경쟁의 긍정적 측면을 무시하기 때문에 학교교육의 확대는 나쁘기만 한 것으로 과장하고 있다.

4) 국민통합이론

공교육이 강화된 이유는 국민을 통합하려는 이유에서였다. 교육이 다양하고 이질적인 문화적, 지역적 집단과 계급으로 나뉘게 되면 국가는 국민을 통합하려 한다. 따라서 교육내용과 조직, 교사 양성 등 교육의 전 과정이 국가의 통제하에 놓이게 된 것이다.

현대국가들은 전 국민을 대상으로 하는 모든 국민에게 초등학교 의무화, 중등교육으로 확대시켜 나갈 뿐 아니라 유아교육 역시 무상화하고 있다. 공교육의 강화는 국가의 이데올로기를 강조한다. 교육의 의무는 상위 학교 진학을 위한 준비가 되기 때문에 결국 학력이 상승한다는 이론이다.

국민통합이론은 경제적, 사회적 측면에서 치중하였던 것에 비하여, 정치단위인 국가의 이데올로기 통합과정에서 교육제도가 수행하고 있는 정치적 기능을 새롭게 지적하였다는데 의의가 있다. 그러나 초등과 중등교육의 의무화가 고등교육의 확대에 일정한 설명력을 갖는 것은 사실이지만 형식적 학력이 되는 이유는 말하지 못한다(김신일, 2010).

03 | 학 벌

1) 학벌이란

학벌(學閥)은 학력에 의한 또는 학력을 위한 파벌이란 뜻으로 부정적인 의미를 담고 있는 개념이다. 학력이 학교교육을 받은 경력이라는 중립적인 개념인 데비해, 학벌은 배척을 특징으로 하는 파벌을 뜻하는 부정적인 말이다(김병욱, 2013). 학벌이란 아직 개인 중심의 시민사회가 정착되지 못하고 집단 소속에 의해 개인의 사회적 위상이 정해지는 집단적 사회에서 나타나는 특수현상이다. 따라서 출신대학을 중심으로 형성되는 학벌사회에서 고졸, 중졸 등의 학력은 학벌차별의 하위개념으로 포섭되는 것이 현실에 더 근접한 집단이라고 볼 수 있다(김동훈, 2003) 한국사회에서 학벌은 신분, 붕당, 독점, 편견이다.

2) 대학서열화

3·1운동 이후 민립대학을 세우자는 운동을 저해할 목적으로 일제는 1924년 경성제국 예과를 설립했다. 해방이후 임시정부 요인들은 다시 민족대학 설립을 추진했는데, 이번에는 미군정이 이를 교육적 쿠데타로 여기고 좌익적, 민족적 성향을 통제할 방안으로 '국립대학설립안'을 추진한다. 그래서 경성제국대학이 경성대학으로 이름을 바꾸고 각종 전문학교가 통합된 '국립 서울대학교의 설립에 관한 법령'을 공포하며 국민의 반대에도 불구하고 1946년 9월 1일에 서울대학교가 개교한다.

서울대 밑에는 일제 강점기에 서울 소재의 보성전문, 연희전문 등이 종합대학으로 개편되면서, 제2의 신분 자리를 차지하게 된다. 그리고 해방 후에 여러 사립대학이 제3의 신분을 차지하기 위해 경쟁을 벌여왔다.

한편 지방에서는 대도시를 거점으로 일제 강점기의 전문학교를 이어받거나 도립대학이 설립되었고 이어 국립대학교 설치령에 의해 국립대학 체제로 변환하자 지역의 명문대학으로, 지역 사립대학에 비해 비교 우위를 차지하면서 대학서열화가 시작되었다. 그 이후 각종 국가사업(예, BK21, ACE, 특성화 등)이 명문대에 편중 지원되며 대학서열화는 공고화되었고, 구조조정평가에서도 조정대상 대학에 배제되면서 더욱 강화되고 있다(김동훈, 2003).

(1) 대학서열화의 문제점

우리나라 대학의 서열화는 심각한 몇가지 문제점을 가지고 있다.

첫째, 서열화가 매우 고착화되어 변화가능성이 거의 없다. 서울대, 연세대, 고려대로 이어지는 대학서열구조는 최근 도시중심화, 수도권 중심으로 변화하면서 지방국립대의 자리가 수도권 대학 아래로 서열 변화가 있을 뿐이지 거의 변화가 없다.

둘째 서열화는 분야별로 이뤄지는 것이 아니라 거의 학교 네임분류에 의해 일어난다. 성골과 진골이 구분되는 것 같이 대학은 학과위주가 아니라 대학 전체로 서열화 되어있다(김동훈, 2003).

(2) 대학의 식민지 초중고등학교

한국의 초중고등학교는 오로지 대학입시만을 위해 존립하고 있다. 체계이론에 의하면, 전체사회는 하나의 체계를 이룬다. 그러나 동시에 체계로서의 사회는 다양한 하부체계로 이루어져 있다. 하나의 하부체계는 또다시 다양한 하부체계로 나누어진다. 그런데 교육체계는 대학체계 아래 초중고등교육이 전부 하부체계로 있는 듯하다.

대학이 특히 서울대를 위시한 이른바 명문대들이 입시요강을 발표하면 초중고교생들이 일희일비한다. 새로운 입시제도가 도입되면 나라전체가 온통 벌집을 쑤셔놓은 듯 굿판이 벌어진다.

한국에서는 대학 이전의 학교교육은 그 자체로서 아무런 의미가 없는 듯하고 있어서도 안 되는 듯하다. 만일 거기에 일 그램의 의미나 가치를 부여하면 학생들에게 공부 이외에도 그 시기의 인간적 성장과 발전에 적합한 여러 가지 정신적, 정서적, 육체적 프로그램과 활동은 허용될 수 없다(김덕영, 2007).

04 | 교육열

1) 교육열이란

교육열이란 교육에 대한, 교육을 위한, 교육에서의 학생과 학부모 그리고 국가의 열망 또는 열기라 할 수 있다. 그러나 한국의 교육열은 더 높은 학력에 대한 열망으로 학습열 또는 학구열(學究熱)이 아니라 지위 경쟁을 위한 사적 열망이다(김병욱, 2013).

한국의 교육열은 정상상태를 넘어선 현상이다. 그래서 오욱환은 한국사회의 교육열은 한국인들이 교육욕구가 사회적으로 만연하여 한국사회 전반적으로 나타나는, 정상 수준을 넘어선 학력 및 학벌 쟁취 현상으로 정의한다(오욱환, 2002).

2) 교육열의 문제

첫째, 교육비의 지출이 가정과 국가에 부담이 된다. 고등교육을 받으려면 개인들의 부담해야 할 비용이 적지 않게 소요되고, 진학률이 높은 만큼 국가 전체적으로 교육비가 증가되며, 대학생들이 증가하는 만큼 일자리가 더 필요하게 된다. 더욱이 가정에서 부담하는 사교육비는 경쟁적인데다 소비적인데 교육비를 투자하더라도 생산적인 경제적 효과가 언제 드러날지 모른다. 다만 한가정이 사교육비를 올리면 불안한 마음에 모두 올릴 수밖에 없다.

둘째, 한국사회의 교육열은 지적 호기심의 충족, 자기실현의 결과가 아니라 학력과 학벌경쟁의 부산물이다. 한국사회에서는 초중고등교육을 불문하고 모든 학생들이 지적 호기심과 자발적 학구열과는 거리가 먼 점수따기에 내몰리고 있다.

셋째, 한국 학생들은 점수와 학력에 극심하게 내몰리고 있다. 한국사회에서 가정, 학교, 사회 모두 학생들을 이기적 경쟁체제로 내몰고 있다. 학생들은 가정과 학교에서 끊임없이 공부하라는 명령 속에서 시달리고 있다.

넷째, 시험에만 매달려온 학생들이 높은 탐구심을 가질 리 없고, 독창적인 연구에 스스로 몰두하기 어려울 수밖에 없다. 심지어 많은 학생들은 자신의 삶에 대한 목표는 물론 긍정적 자아정체감 조차도 갖지 못하고 있다. 이들은 막연하게 높은 수준의 교육만을 지향하기 때문에 자신의 미래에 대해 뚜렷한 전망도 가지고 있지 않다.

다섯째, 자녀교육 문제는 가족 간 갈등의 가장 중요한 원인이 되고 있으며, 자녀교육에 둘러싸여 각 가정은 다른 모든 가정을 상대로 하는 치열한 경쟁에 휘말려 있다(오육환, 2002).

3) 교육열에 관한 몇가지 원인

한성열(1994)은 그릇된 관행인줄 알면서도 잘못된 교육열을 보이는 이유를 첫째, 남이 다 하니까 나도 한다. 둘째, 남이 하는 것과 다르게 하면 자녀가 피해를 받을까봐 불안하다. 셋째, 나의 자식을 남과 다르게 차별화시키기 위해서라고 말한다.

따라서 여기서 몇 가지를 제시할 필요가 있는데 첫째, 가족 이기주의, 둘째, 학벌주의, 셋째, 대리만족, 넷째, 오인이다. 이 네 가지 요소는 서로 분리되어 있는 것이 아니라 서로가 상관이 있다.

(1) 가족 이기주의

한국의 전통적 가족주의는 가(家)중심주의로서 부계 혈연주의, 가부장제 이데올로기(남성의 가부장권에 의한 여성지배), 가족 서열적 사회관계와 가족의례를 중심으로 하는 지배 문화에 근거하며, 부모 공경과 자식 사랑의 서정적 가족주의를 내포한다(이영자, 1999). 그리고 가족 이기주의는 위의 가족주의 가치관과 근대화 과정에서 수입되어 급격하게 우리 사회에 뿌리 내리기 시작한 부부 중심적 핵가족적 이념의 상호작용 하에 나타난 역기능적인 현상으로 자기 가족의 이해만을 추구하는 폐쇄적인 의식을 말한다(공미혜, 1992).

또한 가족주의에 기초한 한국은 개인주의보다는 집단주의적 성격을 강하게 띤다. 이와 아울러 집단외의 사람에게는 배타적인 경향을 보인다(한성열, 1994)

그래서 교육의 문제에 있어서 내 자녀 외에는 모두 외집단원이 되는 것이다(한성열, 1994).

그리고 부정입학, 고액과외, 과다한 촌지, 주소지 변경 등과 같은 교육에서의 가족이기주의 행동은 배금주의와 입시 만능주의로 인하여 유난히 교육열이 높은 우리나라 부모, 특히 학부모기 연령의 어머니들에게 나타나고 있으며 교육수준과 소득이 높아지면서 그 현상이 두드러지고 있다(김순옥, 1995).

그러나 우리사회가 점점 서구화 되어가고 있고, 그래서 부자 중심에서 부부 중심으로 바뀌어간다고 해서 집단주의적 성향에서 개인주의적 성향으로 변화 될 것이라고 예견하고, 지금의 이런 현상은 과도기적 상황으로 일시적이라고 말할 수는 없을 것이다. 즉 이렇게 간단하게 짚어낼 수 있는 문제는 분명 아닐 것이다.

(2) 학력주의, 학벌주의

한국 사회에서 학벌이 갖고 있는 의미는 무엇일까. 도대체 학벌이 주는 장점이 무엇이길래 한국 사람들이 학벌에 목숨을 거는가 말이다.

결혼이라는 문제에 직면해서 가장 먼저 언급되는 조건이 학력이다. 대졸과 고졸 사이의 차이는 결혼이라는 대사에서 매우 중요하다. 대졸과 고졸 사이에 중매가 거론될 경우 대졸자는 마치 한 계급 낮은 신분의 사람을 포용하는 듯 한 태도를 취하게 된다. 학력이 낮은 대신 뭔가 그럴 듯한 대가가 있어야 한다는 생각을 하는 것이다. 이들의 의식 속에는 대졸과 고졸은 서로 다른 신분 집단에 속해 있는 사람으로서 간주하려는 경향이 잠재해 있다.

취직하는 데 있어서도 마찬가지다. 대졸과 고졸은 뛰어넘을 수 없는 신분 질서에 의해 구별되는 집단으로 간주되어, 고졸자와 대졸자가 똑같이 취직과 승진 경쟁에 나서는 것이 애당초 불가능한 상황이다. 여기서는 능력이나 업적 따위는 문제가 아니다. 단지 대졸이 아니라는 이유가 다른 모든 조건에 앞서서 발목을 잡아버리는 기막힌 상황이 전개된다. 아무리 능력이 있어도 고졸이라 곤란하다는 해괴망측한 논리가 현실적으로 먹혀 들어가는 것이다(이미숙, 1994).

이런 류의 차별은 고졸과 대졸 사이의 문제로 끝나는 것이 아니다. 즉, 대졸이라고 해서 이런 차별에서 안전한 것은 결코 아니라는 말이다. 같은 대졸끼리는 또다시 서울에 있는 학교냐 지방에 있는 학교냐에 따라 패거리가 나누어진다. 아무리 열심히 공부해서 능력이 있다 하더라도 일단 지방대라는 이유 때문에 한 등급 낮은 신분으로 분류되는 억울함을 감수해야 하는 것이다. 더 나아가서 서울에 있는 학교들끼리는 또다시 소위 일류대냐 아니냐에 의해 등급이 매겨지고 암묵적인 신분 패거리가 조성된다.

결국 고3이라는 인생의 어떤 순간에 행한 시험의 결과가, 일생을 지고 가야 할 신분 즉, 자신이 속할 패거리 집단을 선정하는 결정적 가름의 근거가 되는 현실에서, 학력이라는 문제에 집착하지 않을 부모가 어디 있겠는가. 모두가 교육은 인간이 되기 위한 과정이라고들 말하고 있지만, 실상은 내심 더 나은 신분을 배정 받기 위한 맹렬한 투쟁에 몰입하고 있음을 서로 잘 알고 있다.

한국사회에서 학벌을 중심으로 엮어지는 카르텔 구조는 사회 권력 생성의 원천이며 권력 운용의 장으로서 일종의 유기체적 성향을 드러낸다. 권력 지배력을 유지하기 위한 구성 인자의 충원(같은 학교 출신 밀어주기)과 권위의 지속성을 보장받기 위한 배타적 세력(동문이라는 패거리) 설정이라는 양면 전술을 통해 학벌에 근거한 카르텔 구조의 생명력을 살려나가는 지능적 행태를 보여준다(강인원·전성일, 2003).

이제 학벌을 근거로 한 패거리 조성 문화는 한국사회의 내면에 깊숙이 잠재해 있는 지배적 이데올로기가 되어버렸다. 특히 한국의 관공서와 대기업 집단의 인사 체계를 운용해 나가는데 있어 이 이데올로기는 절대적 영향력을 행사한다. 이런 분위기 속에서 보통 사람들조차 부지불식간에 이 이데올로기에 감염되어 자신의 전 재산을 투자해 자식의 학벌 수준을 높이기 위한 전쟁에 뛰어드는 것이 오늘의 현실이다.

(3) 대리만족

김영화(1992)와 이미숙(1994)의 연구를 보면 고학력 여성일수록 자녀들에게 높은 교육수준에 대한 기대를 갖는다. 이는 아버지나 자녀들의 수준보다도 높은 것으로 나온다. 과거 교육열을 말하면서 자신이 공부하지 못한 것에 대한 한으로서 자녀들의 교육을 요구했다고 한다. 그러나 현재에 이르러서 '아줌마'의 과도한 교육열은 한편으로는 자신이 이루지 못한 사회적 성취를 자녀들을 이용하여 이루려는 것으로 도구적 대리 만족이라고 한다. 즉 높은 학력을 지니고 있으나 개인적으로 사회적 성취를 할 수 없는 기혼여성은 자녀들을 통해서 자신의 사회적 성취를 한다는 것이다.

한국의 많은 아줌마들이 자식농사에만 몰두하는 비사회성과 수단과 방법을 가리지 않고서라도 자식을 성공시키고야 말겠다는 폭력적 성향이나 공격적 심리를 갖는 배경에는 아줌마＝패배자 혹은 무기력자라는 좌절감이 깊이 배어있기 때문이다. 즉 젊은 시절 가슴 속에 품고 있었지만 사회생활을 하면서 좌절하고 체념할 수밖에 없었던 꿈과 갈망이 짙게 깔려 있다는 것이다(김진희, 2001).

김명소·성은현·김혜원(1999)의 연구에서도 이러한 사실을 입증하는데, 전문직 혹은 사무직 직업을 가진 여성일수록 전업주부나 생산노무직 혹은 서비스직보다 전반적인 삶의 만족도와 긍정적 정서가 높다. 그러나 결혼 후에 여성이 재취업을 한다하더라도 한국의 현실은 기혼여성의 취업의 기회가 축소되어 사회적 지위의 하락을 예상한다. 이런 현실에서 자신의 지위를 회복하기 위한 하나의 방편으로 자녀를 통한 대리만족을 택하는 것이다(추병식, 1999).

그러나 점점 더 여성의 사회적 진출이 늘어나고 있고, 기혼 전문여성이 늘어나는 추세라면 당연히 자녀들을 통한 대리만족이 줄어들 것이기에 어머니의 교육열도 줄어들 것이라는 낙관적인 결론을 예상할 수는 없다. 왜냐하면 어머니들은 자녀들을 통해서 자신들의 지위를 더욱 탄탄히 하는 즉 상징자본으로서 자녀들의 학력(學歷)을 보기 때문이다.

(4) 아비투스와 오인

부르디외의 연구는 현대사회에서 지배구조 혹은 계급구조가 어떻게 유지되고 재생산되는지, 피지배계급 혹은 노동계급이 어떻게 그들의 지위를 '자연스러운' 것으로 받아들이는지에 대한 설명을 문화에 관한 분석을 중심으로 제기한다.

이러한 작업을 수행하며 부르디외는 객관적인 계급구조와 행위자들의 취향 사이의 밀접한 관련을 발견해 낸다. 이 부분에서 부르디외의 독특한 점은, 구조와 행위를 직접적으로 연결시키기보다는 그 사이를 매개하는 구조로서 '아비투스(habitus)'라는 새로운 개념을 끌어들여 기존의 이론들이 극복하지 못했던 구조와 행위의 딜레마를 넘어서려고 시도한다는 점이다(Ratner, 1996). 이를 통해서 부르디외는 어떻게 문화가 계급과 지위의 차이들을 유지하고 재생산하기 위해 작동하는지를 보여주고자 한다.

아비투스는 세 가지로 구분되는데, 먼저 구조화된 구조로서 아비투스, 구조화하는 구조로서 아비투스, 그리고 무의식적인 행위틀로서 아비투스이다. 의도한 행위와 의도되지 않는 행위 그리고 무의식적인 행위로 설명한다. 그리고 이런 아비투스는 각각의 계급에 알맞게 체화하거나 체화된다고 한다.

장(場)에서 자본은 지배수단이자 권력수단으로 기능한다. 백인이 흑인을 지배하는 것이 정당한 일이 아니듯이 부자가 가난한 사람, 고학력자가 저학력자를 지배하는 것도 단순히 상대적으로 자본을 많이 보유했다는 사실만으로 특정 개인이나 집단이 다른 개인이나 집단을 지배할수 있는 인위적이고 자의적인 것이다. 이런 인위적인 지배를 정당화하는 것을 부르디외는 오인(誤認)이라고 한다. 그리고 학교교육은 이런 오인메커니즘을 승인하게 한다.

오인은 결국 집단적인 순응을 가능하게 한다. 여기서의 일탈은 사회의 낙오가 되기 때문에 이런 체계는 구조화되고 위계화되고 적당히 의례적인 양식을 지니게 된다. 마찬가지로 교육의 문제에서도 이런 집단적인 순응은 어머니들에게 자식의 자녀들의 고생을 알고 있고, 그렇게하는 것이 잘못된 것인지 알면서도 과잉교육열을 지니게 한다. 부르디외의 문화자본이 가족 중심의 신성화이기에 여기서 가장 신성함을 지닌 것은 바로 가정이다. 이를 위해서 가정을 총책임진 엄마는 자녀들의 출세가 자신의 입지의 발판이 된다. 아무리 미운 며느리도 아들을 낳으면 집안의 식구로 받아들이듯이 아무리 모진 엄마도 자식을 좋은 대학에 입학시키면 훌륭한 엄마로서 신성화된다.

05 | 사교육

1) 사교육이란

그림 6-3 **이것은 무엇일까요?(학교란 무엇인가 제작팀, 2011)**

	을 시작하는 평균 나이는 낮아지고
	에 드는 돈이 너무 부담된다.
	을 끊으면 불안하다.
자꾸	에 의지하게 되고
	을 하는 아이들 중에 성적이 하락하는 경우도 있다.

사교육(私敎育)은 공교육에 반대되는 개념으로, 국가가 관리하는 유아교육법 및 초·중등교육법 그리고 고등교육법의 적용을 받는 교육기관 밖에서 이루어지지 않는 교육을 일컫는다.

사교육의 본래 역할은 공교육을 보충하는데 있다. 다시 말해 사설학원은 원래 학교수업을 따라가기 힘든 중하위권 학생들의 보충학습을 위해서 존재해야 한다. 따라서 사교육은 공교육에 대해 어디까지나 보조적인 위치에 머물러야 한다. 그런데 한국은 공교육과 사교육의 위치와 역할이 완전히 뒤바뀐 상태이다. 공교육이 사교육을 보충하고 있으며 공교육은 사교육의 보조적인 위치에 머물고 있다.

2) 사교육의 문제점

(1) 경제적 문제

사교육 시장의 규모가 명목 국내총생산(GDP)의 3.95%에 이르는 33조 5000억 원에 달해 2007년 정부의 교육 예산 총액인 31조원을 훨씬 웃도는 것으로 추산된다. 가구당 월평균 사교육비가 65만 원 정도로 월평균 소득의 19.2%가 사교육비로 지출되는 셈이다. 또한 현대 경제연구원은 사교육비가 현금으로 지불되는 관행을 감안하면 사교육과 관련된 지하경제의 규모가 최대 14조 8000억 원에 달할 것으로 추정했다. 또한 사교육비는 노후대비, 레저 및 문화생활, 건강관리, 주거비, 식품비 등을 줄이도록 강요하며, 또한 계층 간 위화감을 조성하고, 노후 보장과 생활의 질 그리고 주택마련 등에 부정적인 영향을 끼치는 것으로 나타났다(김덕영, 2007).

한국의 사회의 사교육비 지출은 경제협력개발기구(OECD) 국가별 비교에서도 단연 수위를 차지한다. 2004년 기준으로 GDP에서 사교육비가 차지하는 비중은 3.4%이다. OECD 국가 평균 1.3%를 훨씬 웃도는 세계 최고 수준이다. 교육열이 높은 편인 일본(1.2%)이나 미국(2.3%)과도 큰 차이가 난다. 이에 반해 한국의 공교육비 지출은 GDP의 4.8%인데, 이는 OECD 국가 평균치인 4.6%와 비슷한 수준이다(김덕영, 2007).

(2) 심리적 문제

사교육을 받은 아이들은 사교육을 받지 않는 아이들에 비해 창의력이 낮고 사교육 시간이 길수록 우울증이 생기거나 공격 성향이 높아지는 것으로 나타났다. 또한 사교육에 얽매일수록 인내심이 부족해지고 불안감은 더욱 커지는 것으로 나타났다. 결국 사교육은 아이들을 정신적, 육체적으로 피폐하게 만드는 요인으로 작용하고 있다(학교란 무엇인가 제작팀, 2011).

(3) 사교육 의존

첫째, 사교육에 길들여진 아이들은 스스로 공부하는 방법을 알지못한다. 둘째, 사교육을 많이 받은 아이들은 다분히 의존적이다. 셋째, 혼자 공부하면서 자신의 실력을 스스로 점검해 볼 시간이 부족해진다. 넷째, 지나친 선행학습은 학습의욕을 저해한다(학교란 무엇인가 제작팀, 2011).

'사교육 공화국'의 영토는 초중고등학교에 한정되지 않는다. '사교육 공화국'의 주권은 대학을 포함해 모든 사회적 영역에 확장된다. 이를테면 어학시험, 자격시험, 대학 편입학, 공무원 시험, 고등고시 등이 바로 그것이다. 심지어 시험 중에서 최고 수준을 자랑한다는 사법고시에 합격하고 나서도 사교육에 의존한다(김덕영, 2007).

(4) 공교육 부실

공교육의 부실이 발생한다. 왜냐하면 최대한 다른 학생들보다 1점이라도 더 좋은 점수를 받아서 한 단계라도 더 좋은 대학에 조금이라도 더 좋은 학과에 입학시키는 것이 교육의 목표가 되기 때문이다. 모든 학생들에게 똑같이 제공되는 학교 수업은 아무리 내용이 견실해도 불충분하고 불만족스러울 수밖에 없다. 이를 통해서는 나와 너 사이에 하등의 차이를 창출할 수 없기 때문이다.

시간적으로 봐도 그렇다. 사교육은 이미 고등학교 단계를 지나서 중학교, 초등학교, 유치원 그리고 어린이집까지 확대된 실정이다. 심지어 뱃속에 있는 태아에게 교육을 시키기도 한다. 남들보다 조금이라도 먼저, 한발자국이라도 앞서 사교육을 시작해야만 남들과 거리와 차별을 둘 수 있으며, 그래야 대학입시라는 무한 경쟁에서 조금이라도 유리한 고지를 점령할 수 있다(김덕영, 2007).

(5) 예체능 사교육

학교 내신이나 고교 입시를 위해 체육 사교육이 이뤄지는 경우도 있다. 강남구에 위치한 D중학교는 수행평가를 까다롭게 보기로 유명하다. 이 때문에 이 학교의 일부 학부모들은 아이에게 줄넘기나 달리기 과외를 시키기도 한다. 아이가 오후 10시까지 학원에서 공부하고 집에 오면 그때부터 체육과외가 시작된다. 몇몇 학생들은 체력검사를 보는 자사고 입시를 미리 준비하기 위해 바쁜 시간을 쪼개가며 체육 사교육을 받는다.

태권도학원에 다니는 학생들은 밤 10시 넘어서 학원에 있는 경우가 더욱 흔하다. 올해 중학교 1학년이 된 B군은 학교가 끝나면 교습학원에 갔다가 태권도학원까지 들리고 밤 11시 이후 집에 들어간다. 맞벌이 부부가 늘어나면서 밤늦은 시간에 태권도를 배우는 초등학생들도 더러 있다. 일반 교습학원은 오후 9~10시에 끝나지만 체육학원은 시간제약이 없기 때문에 퇴근이 여의치 않을 때 아이를 맡기듯이 보내는 것이다(정슬기, 매일경제신문. 2017년 6월 9일: http://news.mk.co.kr/newsRead.php?no=386664&year=2017에서 인출).

06 | 유아교육에서 학력주의

1) 유아조기교육

유아조기교육은 대부분의 유아들이 하고 있다. 한 연구에 따르면 조기교육의 전반적인 양상은 연구대상인 유치원 유아의 87.6%가 유치원 정규교육 이외의 조기교육을 받고 있으며, 평균 2.64개에 이르렀다. 가구 당 대상 유아에 대한 조기교육 비용으로 월 평균 136,120원을 지출하는 것으로 나타났다. 가장 많이 이용하고 있는 조기교육의 형태는 학습, 가정방문이며 수학, 국어, 영어 과목을 주로 실시하였다(안지영, 2003).

조기교육의 이유는 학교 준비도에 대한 부모의 신념 탓이다. 조기교육 실시여부에 따른 유아의 학교 준비도에 대해 부모는 학습관계영역과 예체능 영역을 중요하게 인식하였다. 특히 학습관계영역에서는 학습지와 외국어를 예체능영역에서는 피아노, 미술, 태권도를 중요시 여겼다(김주후·김경란·유윤영, 2011).

몇몇 어머니들은 초등학교에서의 성적이 중, 고등학교 성적을 좌우할 수 있다는 신념을 가지고 있었으며, 조기교육이 초등학교 생활에 도움을 줄 수 있다는 점에서 궁극적으로는 자녀의 대학입학과 안정된 직업선택에 긍정적 영향을 줄 수 있을 것으로 기대하였다(한지혜, 2004).

조기교육은 초등교육과 유치원 간의 교육연계가 제대로 이루어지지 않는 점이 별도의 교육을 받도록 하는 원인이었다. 예체능 분야의 경우는 유치원에서 전문교육이 이뤄지지 못하는 것이 조기교육을 실시하게 되는 원인이었다. 또한 상업적 광고 및 또래 엄마들의 얘기들이 부모의 조기교육 욕구를 자극하는 원인이

었다. 유치원장 및 교사들은 대부분 특별활동이 유아들에게나 교사들에게 부담
이 될 수 있고, 정규수업에 지장을 준다는 이유에서 반기지 않았다. 그럼에도 불
구하고 특별활동을 실시하고 있는 것은 원아모집을 위해 학부모의 요구를 무시
할 수 없기 때문이었다. 초등학교 교사들은 거의 모두 취학 전 문자교육이 필요
하다고 생각했다. 초등학교 국어교육과정의 수준이 높아서 문자해독을 하지 않
는 아동들이 따라가기에 어렵고, 진도에 치중하다 보면 기초 문자교육에 많은 시
간을 할애할 수 없기 때문이다. 그리고 이미 대부분의 아동들이 취학 전에 기초
적인 문자해독이 된 상태로 오는데다가 초등학교에서 미해독 아동들을 별도로
남겨서 지도하기가 쉽지 않기 때문에 뒤쳐진 아동들은 학교생활에 상당한 어려
움이 따르기 때문이다. 초등학교 교사들은 취학 전의 비체계적 문자교육이 수업
에 많은 지장을 주고 있다고 했다. 올바르지 못한 필순과 글쓰기 태도교정, 아동
들의 수준차이, 산만한 수업분위기, 뒤쳐진 아동들이 겪는 어려움 등이 그것이다
(조하나·김은정, 2013).

더구나 유아조기교육은 가정배경에 따라 차이가 있어 불평등의 원인이 되고
출발선을 다르게 한다. 유아조기교육은 가족 월 소득이 높을수록 학력이 높고 생
활과 지위에 대한 만족도가 높을수록 많이 하는 것으로 나타났다. 그 이유는 자
녀를 통해 현재의 지위를 재생산하고자하는 경향이 강하기 때문일 것이다. 또한
계층이 높은 어머니들이 유아기 자녀들의 장래학업과 성공에 대한 높은 기대를
갖고 자녀의 공부를 통제하려는 의지를 가지고 있으며 자녀의 대학 입시에 대한
부모로서의 책임감도 강하게 느끼는 경향이 있어서이다(김보림·엄정애, 2007; 박
지연·이숙현·백진아, 2005; 이정아, 2015).

조기교육은 효과에 대한 검증 없이 '무조건 더 빨리 더 많이' 라는 신념에 의
해 이루어지고 있었으며, 국가적 차원의 장기적 안목에 의한 것이 아닌 상업적
목적에 의해 무분별하게 이루어지고 있는 것으로 나타났다. 또한, 조기교육은 대
부분 아동의 의사나 아동의 선택권의 존중 없이 부모의 의사에 따라 이루어지고
있었다(우남희, 2004).

과도한 조기교육은 놀이치료가 필요할 만큼 사회 정서적 발달에 문제가 있는
아이들이 많다는 점, 대충 알고 싫증을 쉬이 내는 학습 태도, 감정이입이 안 되어
서 생활교육조차 어렵다는 문제점들이 지적되었다(이부미·이수정, 2010).

2) 유아영어교육

최근 10년간 발표된 유아영어교육에 관한 연구는 학술지(56편)보다 학위논문(257편)에 훨씬 더 많은 연구가 발표되었다. 학술지 연구는 2005년 이전에 비해서 양적으로 큰 변화가 없었으나, 학위논문은 2배이상 증가되었는데, 이것은 유아 대상 영어교육 전공과정(조기영어교육, 어린이영어교육 등)이 몇몇 대학원에 개설되어 유아영어교육관련 연구가 집중적으로 이루어져서이다(마송희, 2016). 즉 이 말은 우리나라에서 유아교육기관에서 영어교육이 이미 보편화되었다는 의미다.

유아교육은 유아교육기관이 원해서가 아니라 학부모와 사회적 요구 탓이다. 한 연구에 따르면 66%의 어머니가 유아영어교육에 대해 긍정적 입장을 취하며, 자녀 연령과 월수입이 높을수록 그리고 신경생리학적, 언어학적, 사회적 영어교육 요구 근거에 동의할수록 교육요구가 긍정적일 확률이 높았다(천희영 외, 2011). 부모들은 유아기 영어교육 필요성에 매우 긍정적으로 인식하고 있었다. 그들은 외국인 교사를 가장 선호하였고, 부모가 인식한 교육목표는 영어에 대한 흥미, 발음과 어휘, 동기유발, 의사소통, 간단한 말하기, 듣기였으며, 교육내용은 간단한 말하기와 듣기, 회화, 발음지도, 단어읽기라고 인식하였다. 교육방법으로 이야기나누기, 노래, 손유희, 게임 등을 바람직하다고 보았다. 적절한 영어교육 시작 시기는 유아기로 인식하고 있었다. 조기영어교육이 영어에 대한 흥미와 동기유발의 효과가 있다고 보았으며, 부모가 인식한 가장 큰 현실적인 문제점은 비용이 많이 든다는 경제적인 문제였다(송미선·박현주·김정준, 2011).

그러나 학부모랑 달리 교사들이 인식한 유아영어교육에 대해서는 다른 입장이었다. 우선 영어교육이 필요하다는 데는 공감한다. 그런데 영어교과목을 담당하는 것은 유아교육의 전문성을 가진 유아교사가 해야 한다고 생각한다. 영어교사들의 체계적인 전문 교육 부재로 진행되는 유아영어수업은 여러 가지 문제들을 초래할 수 있다. 더욱이 영어교사의 교수방법, 교사의 자질, 수업 시 사용하는 부적절한 어휘나 대화법 등이 문제가 될 수도 있다. 또한 유아교육기관의 교육과정과 통합적으로 이루어져야하고 유아의 흥미와 요구에 부합되어야 한다. 유아교육과정이 통합적으로 이루어져야 유아에게 자연스럽게 학습할 수 있듯이 영어교육을 연결해 줄 수 있는 활동을 해 준다면 유아들에게 보다 더 효과적인 학습이 될 수 있을 것이다. 교사들은 학부모들의 영어교육에 대한 과도한 관심과 압력으로 유아영어교육에 대한 어려움을 나타내고 있다. 원아모집과 기존 원아들의 이탈을 방지하기 위해, 교육의 수요자인 학부모의 요구를 만족시키기 위해 유아교육기관에서는 불가항력적으로 유아영어교육을 강화하여 다양하게 실시하고 있다(김경철·홍정선, 2002; 김근혜·홍순옥·탁장환, 2014; 김민화·유연옥, 2012; 양옥승 외, 2001).

유아영어교육이 실시한다면 다음과 같은 부분을 충분히 고려해야 한다. 첫째, 유아기 자녀에게 발달적으로 가장 적절한 것이 무엇인지 고려되어야 한다. 그림 6-4가 지적한대로 건전한 발달을 도모하기 위해서는 신체운동발달, 인지발달, 사회정서발달을 아우르는 통합적 교육의 중요성이 다시 한 번 강조되어야 한다. 둘째, 유아의 학습을 저해하는 경쟁적인 선행학습은 지양해야 한다. 어머니들이 영어유치원에 보내는 주요동기 중 하나는 남보다 먼저 뛰어나게 영어능력을 성취하기 위해서다. 그러나 남들과의 경쟁에서 유리하기 위한 선행학습이 교육적 의미가 있는지 반성해보아야 한다(이율이·양성은, 2009).

그림 6-4 **인권없는 교육**

출처: 참교육이야기

3) 유아 사교육

유아 사교육비는 1조 6천억원 대로 추정되어 학부모들의 유아 사교육비에 대한 부담이 큰 것으로 나타났다. 학부모들의 소득 수준과 교육수준이 사교육비 지출에 영향을 미쳤는데, 이는 유아교육단계에서부터 소득계층에 따른 사교육비 격차로 인한 계층간 교육격차가 이루어지고 있을 가능성을 보여준다. 그리고 반일제 이상의 학원에 다니는 경우가 어린이집이나 유치원에 다니는 경우와 비교할 때 사교육비 지출이 매우 많은 것으로 나타났다(이광현·권용재, 2015). 한 연구에 따르면 사교육비 지출은 아동연령이 높을수록, 어머니가 미취업일수록, 출생순위가 높을수록 유아에게 지출되는 사교육비 규모가 유의미하게 커졌다(서문희·양미선, 2013).

조기 사교육은 긍정적인 영향을 주기도 하고 부정적 영향을 미치기도 하는데, 긍정적 영향으로는 사교육을 조기에 많이 받은 유아일수록 학습요령을 잘 터득하고 있으며 대인관계에서도 자신감을 갖고 있는 것으로 평가하였다. 반면 부정적인 영향으로는 과도한 스트레스, 주의산만 및 끈기 부족, 이기적 성향, 주변 사람들에 대한 지나친 의식, 자율성 부족을 들 수 있다. 특히 유치원 원장들은 어려서부터 빨리 많은 것을 가르치려는 부모들의 기대와는 달리 유아들이 조기 사교육을 받는다 하더라도 그 분야의 지식이 그다지 크게 증가하지 않고 또래보다 뛰어난 특기나 재능을 보인다고도 생각하지 않았다(우남희·백혜정·김현신, 2005).

 내용정리

◎ 학력(學歷)은 학교교육을 받은 경력이나 이력이다. 이것을 달리 표현하면 학교교육을 마친 ____, 학업에 대한 개인적 ____, ____ 등으로 말할 수 있다.

◎ ____ 에 따르면 인간은 학습욕구를 가지고 있다고 전제한다. 학교의 팽창을 가져오는 요인은 인구의 증가와 경제발전으로 인한 경제적 여유의 증대, 개인적으로는 학교에 다닐 여유가 많아지고 사회적으로는 재정이 늘어 교육기관을 설립하고 유지할 수 있기 때문이다.

◎ ____ 에 의하면 학교는 산업사회를 지탱하는 핵심이기 때문에 직종수준이 높아지면 그에 상응하는 교육수준도 높아질 수밖에 없다.

◎ 콜린스는 남보다 한 단계라도 높은 학력을 가지고 있는 것이 사회적 지위의 경쟁에서 결정적으로 유리하기 때문에 모든 사람이 높은 학력 즉 상급학교 졸업장을 받기 위하여 온갖 노력을 기울인다고 한다. 결과적으로 학력이 상승하지만 경쟁은 끝나지 않아 학력은 점점 상승할 수밖에 없다. 이를 ____ 이라 한다.

◎ 국민통합론은 교육을 다양하고 이질적인 문화적, 지역적 집단과 계급으로 모든 나라에서 점점 더 팽창하려 한다. 결국 교육내용과 조직, 교사 양성 등 교육의 전 과정이 ____ 하에 놓이게 된 것이다.

◎ ____ 이란 아직 개인 중심의 시민사회가 정착되지 못하고 집단 소속에 의해 개인의 사회적 위상이 정해지는 집단적 사회에서 나타나는 특수현상이다.

◎ 한국의 교육열은 더 높은 학력에 대한 열망으로 학습열 또는 ____ 이 아니라 ____ 을 위한 ____ 이다.

기출문제

1. 보기의 내용과 부합하는 학력상승이론은? (초 06)

   • 학력이 취업의 기본 조건이다.
   • 학력이 높을수록 소득이 많아진다.
   • 더 높은 학력을 얻기 위한 경쟁이 치열해진다.
   • 학력 경쟁이 과열되면 과잉 학력 문제가 발생한다.

   ① 학습욕구론   ② 국민통합론   ③ 지위경쟁론   ④ 문화자본론

2. 대학의 팽창에 대한 다음과 같은 설명에 가장 근접한 이론은? (초 09)

   한국사회가 지식기반사회로 진입함에 따라 고급인력에 대한 수요가 증가하였다. 국
   가는 이러한 고급인력의 수요에 부응하기 위하여 대학교의 설립과 대학정원의 확대를
   허용하였으며, 그 결과 대학이 팽창하였다.

   ① 지위경쟁론   ② 기술기능론   ③ 국민통합론
   ④ 계급통제론   ⑤ 학습욕구론

3. 근대이후 학교교육은 대체로 팽창하는 추세를 보이고 있다. 팽창을 각 이론과 그 이론
   에서 강조하는 주요 요인이 바르게 짝지어진 것은? (초 00)

   ① 학습욕구이론 – 교육선발의 강화   ② 국민통합이론 – 민족국가의 형성
   ③ 지위경쟁이론 – 생산기술의 발전   ④ 기술기능이론 – 사회계층의 형성

—— 정답은 본 서 뒷 페이지에 수록되어 있습니다.

오늘날 우리나라 초등학생의 상당수는 과도한 사교육을 받으면서 많은 학습부담감을 느끼고 있다. 우리나라 초등학생의 아동기가 교육적으로 유의미한 성장의 시기가 되기 위해서는 현재의 사교육 문제를 다각도로 분석하고 이를 해결하기 위한 실천적 대안을 모색해야 할 것이다. 이러한 문제의식에 기초하여 초등학생들이 사교육을 받는 이유와 그 부정적 영향을 서술하고, 사교육 문제를 해결하기 위한 실천적 방안을 아래의 내용을 참고하여 논의하되, 논술의 체계를 갖추어 작성하시오. (초 04)

- 사교육을 받은 이유를 3가지 제시하고 각각에 대해 설명한다.
- 사교육의 부정적 영향을 3가지 제시하고, 각각에 대해 논의한다.
- 사교육 문제를 해결하기 위해 개별 학교 및 국가차원에서 모색해야 할 방안을 각각 2가지씩 제시하고 그에 대해 논의한다.

〈논술 작성시 유의사항〉
• 어법과 원고지 작성법에 맞게 서술하시오.
• 지면(2,000자)을 최대한 이용하여 서술하시오.
• 글의 체계를 짜임새 있게 구성하시오.
• 다음 항목을 다룰 때, 글의 명료성, 풍부성, 적절성을 고려하시오.
- 사교육을 받는 이유
- 사교육의 부정적 영향
- 개별학교 및 국가차원에서의 문제 해결 방안

〈배점〉
• 논술의 체계(총10점)
- 어법과 원고지 작성법(3점)
- 분량(서술 내용의 풍부성)(3점)
- 글의 논리적 체계성(4점)

• 논술의 내용(총10점)
- 사교육을 받는 이유(3점)
- 사교육의 부정적 영향(3점)
- 개별 학교 차원에서의 문제 해결 방안(2점)
- 국가차원에서의 문제 해결 방안(2점)

고등학교 3학년 운세

1월 방학 중이다. 학원에서 맴돌고 있다.

2월 개학쯤 되어 놀게 된다.

3월 학기 초이므로 조금 공부하다가 반 아이들과 친해진다.

4월 마음잡고 공부하려 하면 내신 시험이 다가온다.

5월 날씨가 너무 좋다. 긴장이 풀린다.

6월 여름이 슬슬 되려 한다. 내신시험 컴백

7월 장마철이 되어 비는 오지, 날은 덥고 습하지, 공부는 안되지...

8월 방학이라고 놀고 덥다고 놀다 보니 방학 끝

9월 9월 모의고사에 좌절하며 공부하려는데 내신 시험

10월 10월 모의고사에 좌절하고 방황

11월 수능이 가까워진다. 해탈

그리고 수능날....

(학교대사전, 2005)

이야기 나누기

이름:

나는 왜 유아교사가 되려고 하는가?

제7장

유아교사

01 | 유아교사의 특성

1) 전통적 관점

유아교육에서 교사의 역할은 굉장히 중요하다. 유아교사는 특히 보육(care)과 교육(teaching)의 이중역할을 해야 한다. 교직이란 무엇이며 어떠한 면에서 다른 직업과 구별되는 특성을 가지고 있는가에 대한 이해는 유아교사로서의 역할 및 전문성의 관점을 세워줄 수 있을 것이다. 교직에 대한 관점은 다양하게 논의될 수 있지만 교직에 대한 전통적 관점은 교육행위를 성스러운 것으로 보는가, 노동으로 보는가, 전문적인 일로 보는가에 따라 그 유형을 달리한다.

(1) 성직관

성직관은 교직이 인간의 정신과 인격을 다루기 때문에 다른 직업과 달리 성스러운 일이라고 여긴다. 이 관점은 교사들이 누구보다도 윤리적으로 행동할 것을 요구한다. 또한 헌신과 희생, 봉사의 자세가 요구되고, 교사는 세속적, 물질적 가치를 추구해서는 안 되는 것으로 여겨진다. 교사를 다른 일반인이나 다름없는 생활인이나 직업인으로 보지 않고 도덕적, 인격적 감화를 주는 사람 혹은 본보기의 대상으로 바라보는 경향이 있는데 이것이 성직으로서의 교직관을 말한다. 똑같은 범법행위에도 일반대중이 교사에게 더욱 가혹한 평가를 하는 것은 우리 사회가 교직을 성직관적 입장에서 보기 때문이다. 이 관점에서 보면 교직은 세속적인 부와 명예와는 거리를 두고 있고 소명의식이 요구되는 직업이라는 점에서 천직(天職)이며 일반직일 뿐만 아니라 다른 전문직과도 구별되는 특수 전문직으로, 교직은 인간을 가르치고 기르는 성스러운 직무를 수행하기 위해 특별한 자질과 사명감을 가진 사람만이 종사해야 하는 전문직이다(김영옥·윤경선·이현경, 2011).

한 연구에 따르면 교사효능감과 직무만족, 그리고 부모와의 협력은 교사헌신뿐만 아니라 3개의 하위변인 수업헌신, 유아헌신, 조직헌신에도 모두 유의미한 효과를 가진 것으로 분석되었다. 이 중에서 교사헌신에서 직무만족이 가장 중요하게 다뤄져야 함을 시사하였다(김혜진 외, 2017).

(2) 노동직관

노동직관은 교사를 노동자로 보는 관점이다. 교직은 정신적 노동을 주로 하는 노동직이며, 본질적으로 다른 직업과 차이가 없다는 것이다. 따라서 교사의 보수는 노동의 대가이고, 보수와 근무조건의 개선을 위해 단체교섭, 단체행동, 단결권의 노동 3권을 교사에게 보장해야 한다고 본다. 즉 교사는 노동자로서의 권리와 의무를 이행함으로써 교원의 지위향상을 도모할 수 있다고 보는 관점이다(이지헌 외, 2012). 물론 교직의 경우 파업과 같은 단체행동권은 교원노조가 결성되어 있는 대부분의 나라에서 금지되고 있다. 우리나라의 경우 전국교직원노동조합이 1980년대 후반에 결성되었으나 당시 합법적 조직으로 인정받지 못하여 조합원들이 직위 해제되거나 해직당하기까지 했다. 1999년 마침내 합법성을 인정받아 교사의 제반권리를 요구할 수 있는 조직이 되었다. 교사는 교직기관 관련 있는 전문적 지식을 제공하고 학생지도, 교재교구 제작, 수업활동 등에 따른 신체적 노동을 제공한 대가로 재화를 획득한다(김영옥·윤경선·이현경, 2011).

(3) 전문직관

전문직관은 교직을 전문직으로 보는 관점이다. 첫째, 전문직의 요소는 고도의 자율성이다. 교사는 행정활동과는 달리 학급에서의 교육활동에 있어서만큼은 자율성을 갖는다. 둘째, 전문직의 자격을 취득하기 위해서는 장기간의 교육과 훈련을 받아 고도의 전문적 지식과 능력을 습득해야 한다. 셋째, 전문직은 시험 등의 절차를 거쳐 자격을 취득해야 한다. 교사는 엄격한 자격통제는 물론이고 임용절차를 거쳐 교단에 들어선다. 넷째, 전문직은 전문직 단체와 자체 윤리강령을 가지고 있다. 교직윤리는 구체적으로 학생에 대한 윤리, 동료교사에 대한 윤리, 학부모에 대한 윤리, 학교조직에 대한 윤리, 교직공동체에 대한 윤리, 국가, 사회에 대한 윤리, 자신의 삶에 대한 윤리를 규정하고 있다. 다섯째, 전문직은 봉사적 성격을 지닌다. 전문직으로 교직은 특별한 교육과 자격을 소유하게 되는데 자율성과 더불어 책임을 갖게 되며, 이에 상응하는 위상과 경제적 보상을 확보하게 된다(권미량 외, 2015).

2) 새로운 관점

(1) 정서적 노동

교직을 정서노동의 하나로 보는 견해이다. 교사는 서비스를 제공하기 위해서 미소를 짓고, 눈을 마주치며 진실한 관심을 보이고 학생들과 친절하게 대화를 나눈다. 이러한 서비스 노동에 종사하는 사람들은 육체노동 외에도 이것과 차별화될 수 있는 노동을 수행하고 있는데, 이를 감정노동, 정서노동이라고 한다(조발그니, 2012). 교직도 학생이나 학부모가 특정의 느낌을 갖도록 교사 자신의 기분과는 무관한 인위적인 표정과 표현을 해야 하는 직업이다. 교사는 자신의 감정을 마음대로 표현할 수 없어 정서적 불일치를 겪기도 한다. 또 학생의 옳지 못한 행동을 꾸짖거나 벌을 준 후 그에 대해 학부모와 학생의 과격한 대응을 경험하게 되면 그러한 행동을 묵인하거나 방관하게 된다. 이러한 현대사회의 교직의 특징이 교사들의 많은 행동을 제약하게 되고, 정신 건강에도 악영향을 미치고 있다.

(2) 탈기술화

탈기술화란 분업과 지식 및 기술의 발달로 한때는 전문성을 지녔던 지식이나 기술이 점차 위축되고 작업에 대한 근로자의 자율성이나 통제력이 관리자의 관할로 옮겨가는 과정을 말한다. 이렇게 되면 노동자가 수행할 특별과업은 줄어들고, 그들의 노동은 파편화된다. 분업화 되고 기술이 향상되면 노동자가 지녔던 통합적이고 종합적인 지식과 기술은 무력해지면서 노동이 단순 기술 수준으로 파편화된다. 예를 들어 과거에 신발을 만들던 장인은 신발의 제작 과정 전체를 스스로 관할했으나, 현재의 신발 공장 노동자는 기술의 발달과 분업으로 전체 과정의 일부분에 해당하는 부분에만 관여한다.

교사가 직무 수행과정에서 그들의 전문적 소양을 얼마만큼 발휘하고 있으며, 그 직무를 어느 정도 지배, 통제하고 있느냐 하는 것은 중요하다. 그런데 최근 첨단 전자매체나 수업 자료의 개발로 교사의 전문적 소양이 평가절하 되고 있으며 그에 따라 자기의 업무를 자율적으로 통제하는 힘을 잃어가고 있다.

큐번(Cuban)은 교사가 주로 하는 일은 교육과정 편성이나 수업보다는 집단 편성, 공간배치, 학생과 대화조절, 학생의 이동허락 등이라고 말한다. 교육과정이나 교과서는 교육당국에서 만들어 내려 보내기 때문에, 교사는 정작 가르침의 주체가 되지 못하고 통제력도 지니지 못한다고 본다. 한국의 경우 EBS 방송이나 전자 수업매체 그리고 사교육시장 등이 교직의 탈기술화 현상을 가속화 시키고 있다(김병욱, 2012).

02 | 유아교사의 전문성

우리나라 교육기본법 제14조 제1항은 "학교교육에서 교원의 전문성은 존중되며, 교원의 경제적, 사회적 지위는 우대되고, 그 신분은 보장된다"라고 규정하고 있다. 동법 제14조 제2항은 "교육자로서 갖추어야 할 품성과 자질을 향상시키기 위하여 노력하여야 한다"라고 규정하고 있다.

1) 유아교사와 타 전문직의 비교

우선 교직과 타 전문직의 특성을 비교하면 표 7-1과 같다.

표 7-1 **교직과 타 전문직 특성 비교(김영옥·윤경선·이현경, 2011)**

교직	타 전문직
• 동시에 20인 또는 그 이상의 의뢰인과 상대	• 한 번에 한 사람씩의 의뢰인과 상대
• 주로 아동과 어른의 관계	• 어른과 어른의 관계
• 교실에서 여러 명을 상대로 관찰, 교육, 조언	• 개인 사무실에서 조언
• 하루 6시간 이상씩 1년 180일 이상	• 약속에 의한 짧은 시간 만남
• 많은 문제가 계속적이고 영구적으로 부각	• 한 가지 특수 문제를 구별 있게 처리
• 치유의 결과가 불투명하고 오래 지속	• 치유의 결과가 비교적 명확
• 대가를 공공의 세금에서 할당	• 고객의 개인별 부담
• 규정에 의해 의뢰인이 할당	• 의뢰인이 자율적으로 선택
• 아동복지를 위한 법적 의무가 복잡	• 성인과 성인 사이의 법적 의무 형성
• 의뢰인이 교사를 바꾸기 어려움	• 의뢰인이 전문가를 바꿈
• 의사소통의 기본이 서로 다름	• 의사소통의 기본이 비슷함

이러한 이유로 교직은 전문직이지만 기타 다른 전문직이 갖고 있는 것만큼 전문적 특성을 가지고 있지 않다. 그 이유는 다음과 같다(권기욱, 2005).

첫째, 유아교직은 특이한 서비스를 독점하지 못한다. 전문직은 과업을 성취하는데 있어서 일반인들이 참여할 수 없도록 배타적인 권리를 직업 구성원들에게 제공한다. 그러나 유아교직은 유아에 대한 교육 및 보호를 교원들만이 할 수 있는 독점적 지위를 갖지 못하며, 부모나 일반인들도 비공식적으로 수행한다.

둘째, 유아교직은 명확하게 정의되고 존중되는 지식체계가 미흡하다. 전문직은 전문화된 훈련 프로그램을 통하여 지식을 획득한다. 그러나 유아교직은 이러한 특성에 대해서는 절대적인 만족할 만한 상태가 아니며 교사가 되기 위해 완전하게 학습해야 하는 지식체계에 대한 의견이 일치되지 못한 편이다.

셋째, 유아교직은 자율성에 제한이 있다. 대부분의 교사는 공개 채용되고, 공공 재정으로 보수를 지급 받는다. 의사나 법률가는 사적으로 채용되고 업무를 개인적으로 실천하며, 고객이 서비스 공급에 대한 대가로 재정을 부담한다.

넷째, 유아교직은 사회적 지위가 상대적으로 낮고 사회적 인정이 부족하고 이론적, 전문적 지식과 기술이 부족하며, 전문직이라는 일체감을 갖지 못하며, 행정적으로 통제되기 쉽고, 교사들 스스로 준전문가로 인식하는 경향도 있다.

다섯째, 교사의 양성기간은 변호사나 의사 등 다른 전문직에서 요구되는 것보다 짧은 편이다. 필수로 이수하는 교육실습은 연수기간으로서의 역할을 수행하기는 하지만, 그 기간이 비교적 짧은 편이다.

2) 유아교사의 전문성 신장

유아교사는 유아에 대한 전문성을 지닌 전문화된 직업이지만 유아를 대상으로 하는 특수성 탓에 전문직의 필요충분조건을 갖춘 준전문직이라는 사회적 인식이 있다. 따라서 유아교사의 전문성을 인정받기 위해서는 유아교사가 갖추어야 할 전문성이 무엇인지 파악해야 한다(연희정 외, 2014). 유아교사가 전문직으로 인정받기 위해서는 다음 사항을 고려해야 한다.

첫째, 유아교사는 교수기술이나 광범위한 지식을 전달하고 유아들이 자신에 대해 긍정적으로 느끼도록 교육한다.

둘째, 유아교사는 역할수행에 있어 다른 영역의 교육들과는 구별되는 전통적이며 특별한 지식의 조직체계를 강하게 요구받는다.

셋째, 유아교사는 교수기술이나 교실운영 등의 업무 뿐 아니라 의사결정 및 판단 등과 같은 다양한 역할을 효과적으로 수행해 낼 수 있는 광범위한 지식이 요구된다.

넷째, 유아교사는 유아의 발달과 학습에 대한 확고한 이론을 매일매일 현장에서 사용할 것을 요구받는다.

다섯째, 유아교사는 유아들을 위해 빠르고 보급되는 다양한 프로그램을 선택하고 수행하기 위하여 끊임없이 필요한 지식과 기술을 보충하고 선택한다.

여섯째, 유아교사는 자신의 신념과 직업윤리뿐만 아니라 학습자의 기대와 사회적 질서의 일반적인 선까지 고려해야 하는 이중의 임무를 지닌다.

최근 급속한 사회의 변화와 더불어 여성의 사회참여 증가로 인한 유아교육 대상연령의 하향화 등은 유아교육이 교육적 측면 뿐만 아니라 교육과 보호의 양면을 모두 중요시하는 통합적 서비스의 실시를 요구하는 원인이 되었다. 이러한 요구에 부흥하는 역할을 효율적으로 수행하기 위한 원동력으로 유아교사의 전문성이 보다 강조되고 있는 것이다(황해익 외, 2016).

3) 유아교사효능감

유아교사의 교사효능감이란 유아교사가 유아의 긍정적인 발달에 영향을 미칠 수 있다고 스스로 믿는 신념으로 교사가 유아에게 영향을 미칠 수 있었다고 생각하는 일반적 교사효능감과 교사로서 본인의 업무를 잘 해낼 수 있는가에 대한 자신을 나타내는 개인적 교사효능감으로 구성되어 있다. 유아교사의 교사효능감이 높을수록 행복감을 증진하는 것으로 나타났다(황해익 · 이강훈, 2017).

유아교사의 조직몰입은 유아교사가 자신이 재직 중인 유아교육기관에 대해 얼마나 많은 애착을 가지고 있느냐를 의미하는 것으로 유아교육기관에 대한 충성심이나 애착심 또는 조직헌신 등으로 설명된다. 유아교사의 조직몰입은 유아교사의 교사효능감과 정적인 상관관계가 있는 것으로 나타나며, 교사효능감이 높을수록 조직몰입 수준이 높은 것으로 보고되었다(황해익 · 이강훈, 2017).

교사의 효능감이 높은 교사는 자신의 교육활동에 대한 가치를 느끼고 유아의 행동과 성취에 대한 긍정적인 기대를 가지며 유아와의 상호작용에서도 안정적인 모습을 보인다. 또 직무만족도는 근무의욕이나 직무와 관련된 태도에 영향을 주며, 교육하는 유아의 성취수준에도 영향을 미치는 것으로 보고되고 있다. 교사의 직무만족도는 교육에 대한 신념을 결정해주고, 교사의 신념은 상호작용을 통해 유아에게 직접적으로 전달되어 학습의 결과에 영향을 미치게 된다(유정아 · 정혜원, 2017).

03 | 유아교사의 역할

1) 유아교사의 역할

역할이란 사회에서 특정한 지위에 있는 사람들이 의식적으로 수행하는, 그리고 다른 사람에 의해서도 어느 정도 명확하게 인정을 받고 있는 포괄적인 행동방식이다.

우리나라 유치원교육과정에서는 유치원 교사의 역할을 양육자, 관찰자, 프로그램 계획자, 교수조직자로 분류하고 있다. 첫째, 양육자로서의 역할로 유아교사는 유아의 정상적인 발달을 위해 신체적, 정신적인 위험에서 안전하게 보호하고 이를 보조하기 위해 가정과 같은 편안한 물리적 환경을 구성하고, 유아를 있는 그대로 수용해 주는 태도를 가져야 한다. 둘째, 관찰자로서의 역할은 유아의 발달 수준 및 개인적 요구를 이해하여 유아의 개인적인 능력이나 요구, 개인차를 파악하여 개별화된 교육을 수행하는 것이다. 셋째, 교육 프로그램 계획자로서의 역할은 학습 활동의 계획 및 조직, 평가에 이르는 일련의 과정을 계획하고 수행하기 위해 유아의 발달 수준과 유치원의 상황, 부모와 지역사회의 요구, 국가 수준의 교육과정 등을 기초로 교육계획을 수립하는 것이다. 넷째, 교수조직자로서의 역할로 유아교사는 유아에게 적절한 질문이나 동기를 유발하여, 유아가 스스로 문제를 해결하여 나갈 수 있게 격려해주고 그들의 학습을 적절히 보조하여 주는 조력자의 역할을 수행하며 풍부한 교재, 교구를 포함한 물리적 환경을 구성해 주어야 한다(최민수 외, 2016). 이를 바탕으로 유아교사의 역할을 좀더 세분화하여 살펴보면 다음과 같다(황해익 외, 2016).

첫째, 부모로서의 역할이다. 유아를 교육하는 유아교사에게 있어서 대리부모로서의 역할은 매우 중요하며 최근 유치원 유아의 연령이 낮아지는 추세를 감안할 때 더욱 필요한 역할이다.

둘째, 훈육자로서의 역할이다. 훈육자로서 교사는 유아가 자아존중감을 가지고 다른 유아들과 협력할 수 있도록 하며, 활동을 잘 계획하고 조직함으로써 문제행동 발생을 예방하며, 기대되는 행동에 대한 모델이 되고자 하여야 한다.

셋째, 의사결정자로서의 역할이다. 교사는 항상 유아들을 관찰하고, 이를 프로그램 계획 수정시에 적극 반영하고, 기본적인 프로그램이 마련되면, 언제, 어디서, 어떻게 상호작용할 것인지를 결정해야 한다.

넷째, 환경조성자로서의 역할이다. 유아교사는 실내 외의 교육시설을 안정하고 위생적인 환경을 조성해야 하며, 효율적인 교육활동을 위해 다양하고 매력적인 환경구성을 해야한다.

다섯째, 학습조력자로서의 역할이다. 유아의 발달을 위해 유아와 상호작용에 적절한 질문을 하는 상호작용자, 촉진자로서 역할을 수행해야 한다.

여섯째, 상호협력자로서의 역할이다. 교육기관의 모든 구성원들과 상호협력해야 한다. 원장, 원감, 동료교사를 비롯한 모든 구성원들과 밀접히 조력하고 협력해야 한다.

일곱째, 부모와의 교류자로서의 역할이다. 부모와 유아기관 사이의 신뢰감을 형성하고 부모의 자녀양육을 조력해 주기 위해 노력해야 한다.

2) 유아교사의 자질

교사의 자질이란 교직에 종사하는 이가 갖추어야 할 개인적 특성 및 교직 관련 태도를 뜻한다. 즉 교사의 지적, 정서적, 사회적 신체적인 특성과 가르치는 일에 관련된 특정한 태도와 수행능력을 의미한다.

유아교사의 자질은 다음과 같다(김수향 외, 2015).

(1) 성선설과 변화관

교사는 성선설과 변화관에 근거한 교육관을 가져야 한다. 즉 교사는 아동을 선하고 무한한 가능성을 지닌 존재로 보고, 그 잠재된 가능성은 얼마든지 계발 가능하다고 보아야 한다.

(2) 긍정적 사고

교사는 긍정적으로 사고하고 교직을 보람으로 여기는 사람이어야 한다. 교사가 생각하고 행동하는 것은 아동들에게 많은 영향을 주므로 교사는 긍정적인 사고를 지녀야 하며 가르치는 일에 보람을 느끼는 사람이어야 한다.

(3) 인간애

교사는 인간을 좋아하고 사랑하는 사람이어야 한다. 교육이란 인간을 대상으로 하기 때문에 교사는 가르치는 대상을 좋아하고, 많은 관심을 가져야 한다. 특히 가르치는 대상이 어리면 어릴수록 더욱 그러하다. 이러한 인간에 대한 사랑은 곧 교육애로 직결된다.

(4) 솔선수범

교사는 부단히 노력하고 솔선수범하는 사람이어야 한다. 다시 말하면 교사는 아동의 모델링 역할을 담당하게 된다. 따라서 앞장서서 실천할 수 있어야 한다.

(5) 인간관계

교사는 원만한 인간관계의 소유자여야 한다. 교사는 동료교사나, 교육기관의 상사, 학부모, 그리고 아동들과도 원만한 관계를 맺어야 한다. 특히 아동들과의 관계에 있어서는 편애하지 않고 공평하게 일을 처리하는 자세와 아이들의 의견을 끝까지 들어주고 존중하는 개방성과 포용성 등이 요구된다.

(6) 전문지식

교사는 해당 교사에 대한 폭넓은 안목과 지식을 갖춘 사람이어야 한다. 즉 교사가 가르치는 교과에 대해 해박하고 심오한 지식을 가진 전문자여야 한다. 여기에서 말하는 교사의 지식은 물론 해당 교과에 대한 지식뿐만 아니라 아동에 대한 이해, 지식을 효과적으로 전달하는 학습지도기술, 교육과정, 평가 등의 교육 전반에 관한 지식을 포함한다.

(7) 진실성

교사는 솔직하고 진실한 사람이어야 한다. 교사는 학생들과 솔직하고 진실된 만남의 관계를 형성할 수 있어야 한다.

(8) 유아 이해

교사는 아동을 이해하고 아동의 마음에 공감해야 한다. 교사는 아동을 이해할 때 아동의 신체적, 지적, 정서적 측면으로 구분하여 이해하는 것이 바람직하다.

(9) 건강

교사는 신체적으로 건강해야 한다. 즉 교사가 건강에 문제가 없으면 긍정적이고 낙관적인 인생관을 지니게 되며 아이들을 위해 열정적으로 봉사하고 헌신하게 된다.

위를 요약하면 두가지로 나눠 볼 수 있을 것이다. 첫째, 개인적 자질을 의미하는 것으로 신체적으로 건강하고 안정된 정서를 소유하고 있고, 인내심, 융통성, 그리고 긍정적 사고를 지니면서 성실하게 봉사하려는 태도를 지닌 것으로 볼 수 있다.

둘째, 전문적 자질은 유아교사라면 꼭 필요한 전문적 지식과 기능을 말하는 것으로 지식적 측면, 교수기술적 측면, 그리고 환경구성적 측면으로 나눌 수 있다. 지식적 측면은 유아의 발달과 유치원교육과정에 관한 지식이 핵심이 되며, 일반 교양적인 측면도 포함된다. 교수기술적 측면은 유아와 부모와의 의사소통 기술, 교재, 교구 제작 및 활용 기술, 그리고 프로그램 실행능력 등을 들 수 있다. 환경구성적 측면은 적절한 교육환경을 구성하고 교육자료를 선택하고 준비하는 능력을 의미한다.

한 연구에 따르면 유아교사들이 교사가 된 동기로는 가치롭기 때문이라는 응답이 가장 많았고, 교사의 자화상에 있어 교사직의 좋은 점으로 유아의 발달 향상, 좋지 않은 점으로 낮은 사회적 지위를 지적했다. 유아교사 생활에서 재직하고 있는 기관의 좋은 점으로 좋은 근무환경, 좋지 않는 점으로 불규칙한 출퇴근 시간을 들었으며, 계속 유아교사를 하고 있는 이유로 아이들과 함께 지내는 것이 즐겁기 때문이라고 응답하였다. 많은 교사들이 이직 경험을 가지고 있었으며 이직 이유로 정기발령, 근무환경을 이야기하였다. 교사 생활에 대한 미래 계획에서 대부분의 교사들은 교사 생활을 계속하고자 하였으나 정기발령, 많은 잡무의 이유로 이직을 계획하고 있었다. 만족도에서 대부분의 교사들은 교사 생활에 만족하고 있었다(위수경, 2006).

또한 유아교사의 인성이 교사 역할수행에 영향을 미치는 것으로 나타났다. 유아교사 인성의 하위요인 중 사회관계가 교사 역할수행의 하위 요인 중 상담자 및 조언자로서의 역할이 가장 높게 나타났다. 그리고 유아교사의 인성과 교사 역할수행의 관계에서 유아교사의 인성이 교사 역할수행에 영향을 미치는 것으로 나타났다. 특히 유아교사 인성의 하위요인 중 긍정적 자아개념은 교사 역할수행의 모든 하위요인에 영향을 미치는 것으로 나타났다(황선영, 2016). 또한 교사의 인성이 교사–유아 간 갈등에 유의미한 부적 영향을, 동료교사의 관계에서 매우 높은 정적 상관관계를, 교사–원장 관계에서도 유의미한 정적 상관을 보이는 것으로 나타났다(최선미·부성숙, 2017).

3) 유아교사의 윤리

유아교사에게 윤리강령이 중요한 이유를 정리하면 다음과 같다(황해익 외, 2016).

첫째, 유아교육은 유아의 전인적 성장과 발달을 목적으로 하기 때문이다. 유아의 전인적인 성장과 발달을 위해 교사는 먼저 유아의 성장, 발달에 대한 분명한 가치와 목표를 가지고 있어야 하며 이에 따라 교육하는 것이 필요하다. 그리고 이러한 교육이 효과적으로 이루어지기 위해서는 유아 개개인의 가정, 교사집단, 전문단체 혹은 지역사회 집단과도 밀접한 관련을 가지고 유아의 삶 전체를 통한 교육이 이루어져야 한다. 따라서 유아교육에서의 윤리강령이 교사들에게 그들이 봉사하는 유아와 가정을 위해 어떻게 행동해야 할지를 결정하게 되는 기준이 된다.

둘째, 유아교육의 대상인 유아의 특성 때문이다. 유아는 스스로 자신을 보호할 수 있는 능력을 가지지 못한다. 따라서 윤리의식이 부족한 교사가 그들을 잘못 다룬다 하더라도 유아들은 자신을 보호할 힘을 가지고 있지 않은 존재이다. 만약 교육을 계획하고 실시하는 과정에서 교사의 판단이 잘못될 경우 유아들이 받게 되는 피해는 매우 심각해진다. 따라서 유아교육은 이러한 점을 고려해 볼 때 윤리적인 측면을 더욱 강조하는 것이 필요하다.

셋째, 유아교육의 학문적 성격 때문이다. 유아교육은 응용학문으로 교사가 직무를 수행하는 데 있어 한 가지 이론이나 원칙에만 의존하지 않는다. 따라서 이러한 학문적 성격은 교사들에게 교육기관을 운영하는 데 있어 많은 자율성을 부여하게 된다. 이러한 이유에서 교사는 교사들에게 부여되는 자율성을 함부로 발휘하지 않고 올바른 것에 구체적이고 명확한 가치판단을 할 수 있는 윤리강령을 가지는 것이 필요하다.

한 연구에 따르면 교사윤리의식은 다음과 같은 결과로 나타났다. 첫째, 유아 윤리영역에서는 유아에게 정서적 언어적 신체적 학대금지가 가장 높게 나타났는데, 중요도와 실행도에서 같은 결과가 나타났다. 이것은 유아교사는 유아윤리에서 정서적, 언어적, 신체적 학대금지를 가장 중요하게 인식하고 실행하고 있었다. 둘째, 가정 윤리영역에서는 가정과 동반자적 역할관계 유지가 가장 높게 나타났는데, 중요도와 실행도에서 같은 결과가 도출되었다. 이것은 유아교사는 가정과 연계된 교육의 중요함을 인식하고 실행하고 있었다. 셋째, 동료 윤리영역에서는 경력에 따른 채용과 해고 금지가 중요도에서 높게 나타났고, 재교육 및 전문성 역량제고, 기회가 낮게 나타났다. 유아교사들이 고경력이 되었을 때 업무에 대한 부담감이나 책임감, 처우개선과 관련된 문제는 교사로써 존재감과 연결된 문제였다. 넷째, 사회윤리영역에서는 관계기관의 협의 개선이 중요하게 인식되고 실행도에서도 같은 결과를 나타내고 있다. 유아교사의 유아교육기관, 관계기관과의 긴밀한 협조가 유아교육의 발전을 위해서는 반드시 필요한 부분임을 알 수 있다(이미란·홍순옥, 2017).

04 | 유아교사와 유아-부모

1) 교사의 역할규정

하그리브스(Hargreaves)는 교사가 상황을 어떻게 규정하는가를 파악하는 일이 중요하다고 지적한다. 교사들이 자신의 역할을 어떻게 규정하느냐에 따라, 즉 그들 스스로의 자아개념에 따라 학생을 대하는 방식이 달라진다.

하그리브스가 구분한 교사 스스로가 규정하는 자아개념의 유형은 세 가지이다(김신일, 2010). 첫째, 맹수조련사형은 거칠고 아무 것도 모르는 학생들에게 필요한 지식을 가르치고, 윤리적 행동을 훈련시켜 길이 잘 든 모범생으로 만드는 것이 교사의 역할이라고 생각하는 교사들이다. 그러므로 교사는 담당교과에 있어서 언제나 충분한 전문적 지식을 갖추고 있어야 하고 학생을 다룰 줄 알아야하며, 학생은 교사의 지시에 충실히 따라야 한다고 생각한다.

둘째, 연예인형은 학생들이 학습에 흥미를 느끼도록 교수자료를 풍부하게 만들고 시청각 기법을 활용하는 등, 즐겁게 배우도록 해주는 것이 교사의 역할이라고 생각하는 사람들이다. 이 교사들은 학생들을 '친구처럼' 대하면서 격의 없는 관계를 유지하려고 노력한다.

셋째, 낭만가형은 학생은 누구나 학습하기를 좋아하므로 학습할 수 있는 여건을 조성하고, 학습자가 스스로 선택할 수 있도록 다양한 학습기회를 만들어 주는 것이 교사의 역할이라고 생각한다. 그러므로 수업내용도 교사가 독단적으로 정하지 않고 학생과 상의하여 결정하려고 한다. 이 교사들은 기본적으로 학생들의 학습능력과 학습의지를 신뢰한다.

2) 교사의 기대

교사의 기대란 학생의 행동과 성적에 관한 교사의 추측을 뜻한다. 지능, 지금까지의 성적, 전 담임교사의 의견, 가족 사항 등이 적힌 학생기록부는 교사가 학생에 대해 갖는 기대에 주된 영향을 미친다. 더불어 첫인상, 학교규칙 준수 상황,

학습습관이나 자세, 성취동기 등도 영향을 미친다. 흔히 교사는 좋은 기대건 나쁜 기대건 간에 개학 후 며칠 사이에 학생에 대한 특정한 기대를 하게 된다고 한다.

(1) 피그말리온 효과

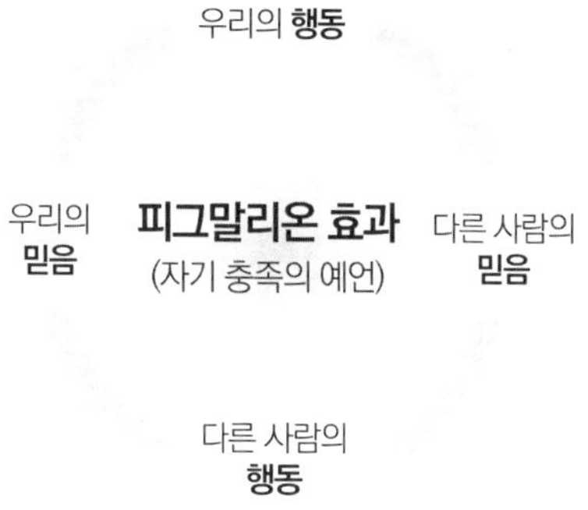

피그말리온 효과란 타인의 기대나 관심으로 인하여 능률이 오르거나 결과가 좋아지는 현상을 말한다. 로젠탈(Rosenthal) 효과, 자성적 예언, 자기충족적 예언이라고도 한다. 그리스 신화에 나오는 조각가 피그말리온의 이름에서 유래한 심리학 용어이다. 조각가였던 피그말리온은 아름다운 여인상을 조각하고, 그 여인상을 진심으로 사랑하게 된다. 여신 아프로디테(로마신화의 비너스)는 그의 사랑에 감동하여 여인상에게 생명을 주었다. 그림 7-1처럼 타인의 기대나 관심으로 인하여 능률이 오르거나 결과가 좋아지는 현상을 피그말리온 효과라고 한다(두산백과사전 참조). 즉, 교사의 관심이 학생에게 긍정적인 영향을 미치는 심리적 요인이 된다는 것을 말한다.

그림 7-1 **피그말리온 효과**

우리의 **행동**

우리의 **믿음** **피그말리온 효과** (자기 충족의 예언) 다른 사람의 **믿음**

다른 사람의 **행동**

1968년 하버드대학교 사회심리학과 교수인 로버트 로젠탈(Robert Rosenthal)과 미국에서 20년 이상 초등학교 교장을 지낸 레노어 제이콥슨(Lenore Jacobson)은 미국 샌프란시스코의 오크 초등학교에서 전교생을 대상으로 지능검사를 한 후 검사 결과와 상관없이 무작위로 한 반에서 20% 정도의 학생을 뽑았다. 그 학생들의 명단을 교사에게 주면서 '지적 능력이나 학업성취의 향상 가능성이 높은 학생들'이라는 거짓 정보를 제공했다. 8개월 후 이전과 같은 지능검사를 다시 실시하였는데, 그 결과 명단에 속한 학생들은 다른 학생들보다 평균 점수가 높게 나왔다. 뿐만 아니라 학교 성적도 크게 향상되었다. 그 중 학년이 낮을수록, 하위계층일수록 성적 향상이 뚜렷하였다. 명단에 오른 학생들에 대한 교사의 기대와 격려가 중요한 요인이었다. 이 연구 결과는 교사가 학생에게 거는 기대가 실제로 학생의 성적 향상에 효과를 미친다는 것을 입증하였다(Rosenthal, 2005).

(2) 낙인이론

낙인이론은 본래 일탈 혹은 범죄행동이 행위자의 심리적 성향이나 환경적 조건 때문에 객관적으로 발생된다기보다 특정행동에 대한 사회문화적 평가와 소외의 결과 규정된다고 보는 관점이다(조발그니, 2012). 사회적 규범에서 볼 때 어떤 특정인의 행위가 이 규범에서 벗어났을 경우, 구성원들이 단지 도덕적인 이유만으로 나쁜 행위라고 규정하고 당사자를 일탈자로 낙인찍으면 결국 그 사람은 범죄자가 되고 만다. 당사자의 행위 자체가 범죄가 되거나 반도덕적 행위가 아님에도 불구하고 사회가 그렇게 규정함으로써 범죄를 유발하게 되는 것이다. 예를 들어 어린아이를 보고 주위에서 '바보'라고 낙인찍다 보면 이 아이는 갈수록 의기소침해지면서 자신이 진짜 바보인 줄 의심하게 되어 결국은 진짜 바보가 될 수도 있다. 이를 낙인효과라 한다.

하그리브스(Hargreves)와 레스트(Rest) 등은 중등학교를 대상으로 교사들이 낙인을 붙이는 과정을 연구하였다. 첫 번째 단계는 추측단계이다. 교사들이 처음으로 학급의 학생들을 만나 전체적으로 학급학생들에 대한 첫인상을 형성하는 단계이다. 두 번째 단계는 정교화단계이다. 이 단계에서 교사는 학생이 첫인상에서 보여준 것과 같은지를 확인한다. 이는 학생의 행동이 처음의 판단과 일치하지 않으면 첫인상을 바꿀 수 있는 가설검증의 단계이다. 그러나 처음의 판단과 학생의 행동이 일치할 경우 다음 단계로 옮겨 간다. 세 번째 단계는 고정화 단계이다. 이 단계에서 교사는 학생들에 대해 비교적 분명하고 안정된 개념을 갖는 단계이다. 학생에 대한 교사의 개념이 고착화되면 학생에 대한 교사의 평가를 바꾸는 것은 어려워진다.

레스트(Rest)는 초등학교 현장연구를 통해 교사들이 어떻게 학생을 분류하고 차별적인 기대를 하며, 그 결과가 어떻게 되는지를 밝혔다. 교사들은 신입생들을 입학한지 며칠도 되지 않아 세 집단으로 분류하였는데, 분류과정에서 계층이 크게 작용하였다. 교사는 이들을 우수, 중간, 열등 집단으로 분류하고 학생의 좌석 배치나 수업 중의 질문이나 관심 표시에 있어 세 집단을 차별적으로 대하였다. 교사의 차별적 기대는 학생들의 자아개념에 영향을 미쳐 교사들이 열등집단으로 분류한 학생들은 자신을 '멍청이'라고 생각하고 믿음에 맞도록 행동하는 경향을 보였다(김병욱, 2013).

3) 교사-유아 상호작용

그림 7-2를 살펴볼 때, 교사-유아 상호작용은 교사의 유아에 대한 온정적이고 민감한 정서적인 반응 뿐 아니라 교수와 학습과정에서 유아의 발달을 촉진하는 실천적인 행동과 언어적인 측면을 모두 포괄한다. 또한 일반 학교 급에서 논의되는 교사 전문성이나 수업전문성과 같은 전문적 자질 뿐 아니라 교사의 유아에 대한 사랑과 관심, 온정성과 같은 개인적 자질까지 포함한다는 특성을 가진다. 이처럼 교사-유아 상호작용은 유아교육의 근간이 되는 핵심 개념으로서, 교사의 질과 불가분의 관계를 지닌다.

유아교사는 일상 속에서 유아의 학습 태도 및 요구 등을 끊임없이 점검하여 이에 민감하고 능동적으로 반응해야 한다. 단순히 지식을 전달하는 데 주안점을 두는 것이 아니라, 유아에게 행동적, 정서적, 언어적으로 민감하고, 온정적으로 반응하며, 상황에 적절한 피드백 또는 비계를 제공해야 한다. 따라서 평소 교수-학습에 대한 검토뿐만 아니라 학습자의 발달상황과 과업에 대한 이해, 교사로서의 자신에 대한 반성적 사고가 내재화 되어 있지 않을 경우, 딜레마적 속성과 불예측성이 혼재하는 교육상황에서 적절한 교사-유아 상호작용에 이루어지기 어렵다. 따라서 교사-유아 상호작용의 질을 제고하기 위해서는 교사는 교수 실행뿐만 아니라, 자신의 내적 신념 및 태도까지 포괄하여 반성적 사고를 하고, 이를 내재화할 수 있도록 지속적인 노력을 경주해야 한다(김진미, 2017).

4) 교사-부모 협력

유아가 가정과 교육기관의 두 환경체계에 속하게 됨에 따라 두 환경체계가 유아에게 독립적으로 영향을 주기도 하지만 여러 가지 복잡한 방식으로 상호작용하여 유아의 발달과 학습에 영향을 미친다. 따라서 교사와 부모가 상호보완적이고 협력적인 관계를 가진다면 유아가 두 환경에서 일관되고 연속적인 경험을 가지게 되고 교사와 부모는 서로에게로부터 취한 유아 개별에 관한 정보를 통하여 보다 적절하고 민감한 상호작용을 할 수 있다. 부모와의 협력은 유아교사가 교육과정을 운영하는 데에 많은 도움을 준다. 질높은 교육의 지표인, 민감하며 지원적이고 자극을 주는 상호작용은 부분적으로 개별 유아에 관한 경험이나 욕구에 관한 지식과 이해를 필요로 한다. 그런데 개별 유아의 발달과정과 개인적인 특성을 가장 잘 알고 있는 사람은 바로 유아의 부모이다. 부모와 지속적 협력과 상호작용을 통하여 교사는 부모로부터 유아의 가정에서의 생활, 개인적인 요구, 관심, 학습 스타일 등에 대한 정보를 제공받을 수 있다. 그렇게 되면 교사는 유아에 대한 이해의 폭을 넓힐 수 있고, 유아의 개인적 특성과 요구에 부응하는 교수방법을 계획할 수 있을 것이다. 유아의 개별적인 요구에 대해 배려하며 유아의 학습을 지지하고 확장시키는 상호작용을 통해 유아의 성장과 발달을 지원할 수 있게 된다. 따라서 교사는 부모의 협력 없이는 교육의 목표를 제대로 달성하기 어려우므로 부모와 적극적으로 소통하고 협력을 하는 일이 필요하다. 이와 같은 의미에서 교사와 부모 간의 의사소통과 협력은 유아의 경험에 대해 가정과 기관을 연결 짓는 수단이 될 뿐 아니라 교사가 유아들과 적절하고 긍정적으로 상호작용할 수 있도록 도와준다(임우영·안선희, 2011).

그림 7-2 **어린이집에서의 아동학대 발생 원인**(단위: %)

① 보육교사의 아동학대 인식 부족 때문 50.4
② 보육교사 1명이 맡은 유아가 많아서 18.2
③ 보육교사의 업무 과중 16.0
④ 보육교사의 열악한 처우 10.0
⑤ 영유아의 특성 때문 5.2
⑥ 기타 0.2

① 영유아의 특성 때문 31.8
② 보육교사 1명이 맡은 유아가 많아서 31.2
③ 보육교사의 아동학대 인식 부족 때문 18.6
④ 보육교사의 업무 과중 13.6
⑤ 보육교사의 열악한 처우 2.2
⑥ 기타 2.6

자료: 육아정책연구소

내용정리

- 전통적 관점에서 교사의 특성은   ,   ,   이 있다.
- 새로운 관점에서 교사의 특성은   ,   가 있다.
- 유아교사가 타 전문직과 비교하면 첫째, 유아교직은 특이한   를 독점하지 못한다. 둘째, 명확한   가 미흡하다. 셋째,   에 제한이 있다. 넷째, 스스로   로 인식하는 경향도 있다. 다섯째, 양성기간이   .
- 유아교사의   은 유아교사가 유아의 긍정적인 발달에 영향을 미칠 수 있다고 스스로 믿는 신념이다.
- 유아교사의 역할은   ,   ,   ,   이다.
- 타인의 기대나 관심으로 인하여 능률이 오르거나 결과가 좋아지는 현상을   라고 한다.
- 하그리브스나 레스트 등은 교사들이 낙인을 붙이는 과정을 연구하였는데, 첫 번째 단계는 추측단계, 두 번째 단계는   단계, 세 번째 단계는   단계이다.

 기출문제

1. 교원단체와 교원노동조합 모두에 적용되는 진술은? (초 10)

① 학교의 장과 대학의 교원을 가입할 수 없다.

② 파업 및 태업 등 일체의 쟁의 행위를 할 수 없다.

③ 교육감 또는 교육부장관과 단체협약서를 작성한다.

④ 교육기본법에 근거하여 지방자치단체와 중앙에 조직할 수 있다.

⑤ 사립학교 설립 · 경영자는 전국 또는 시 · 도 단위를 연합하여 교섭해야 한다.

2. 일반 직업과 구별되는 교직의 특성을 가장 잘 표현한 것은? (초 00)

① 교직은 노동성이 요구되는 직업이다.

② 교직은 자아실현이 강조되는 직업이다.

③ 교직은 사회발전에 중대한 영향을 미치는 직업이다.

④ 교직은 미성숙한 인간의 정신활동을 대상으로 하는 직업이다.

3. 다음은 심리적 현상에 관한 내용이다. ( )에 들어갈 말은? (초 09)

초등학교에서 학년 초 학생들에게 지능검사를 실시한 후 무작위로 20%를 선정하여 반을 편성하고 담임교사에게 그 학생들이 1년 후 놀랄 만한 지적 성장을 할 것이라고 말해주었다. 그 결과 학년 말에 그들은 다른 반 학생보다 지능지수가 유의하게 향상되었다. 이처럼 교사의 시대가 학생들의 성취에 미치는 긍정적 현상을 ( )라고 한다.

① 플린 효과 ② 골름 효과 ③ 플라시보 효과 ④ 가르시아 효과 ⑤ 피그말리온 효과

4. 다음 사례를 가장 잘 설명하는 이론은? (초 04)

김OO은 장난삼아 던진 돌에 지나가던 아이가 중상을 입게 되었다. 이로 인해 김OO는 경찰서에 신고되고 비행청소년으로 취급되었다. 그 이후로 김OO가 가졌던 자아정체감은 부정적으로 바뀌게 되었고 결국은 일탈자가 되었다.

① 차별교제이론 ② 낙인이론 ③ 상호작용론 ④ 아노미이론

〈문제〉

흔히 교직은 전문직이라고 주장한다. 이와 관련하여

(1) 교직이 전문직이라는 근거를 제시하고

(2) 최근 박사학위를 취득한 초·중등 교원이 늘어나고 있는 추세인데, 이처럼 교원들의 학력 상승이 지속적으로 이루어질 경우 전문직으로서의 교직의 위상에 어떠한 변화가 예상되는지를 비추어 논하고

(3) 교사의 전문성을 유도할 수 있는 교육공무원 승진 기준을 개선방안을 제시하시오(행시 03)

아시나요?

$F=ma$ 버스나 지하철에서 평소보다 몸이 쏠리면 살을 빼야 한다는 것을 알려주는 공식. 몸이 많이 쏠린다는 것은 F, 즉 관성이 쎄다는 것이다. a는 가속도인데 버스나 지하철이 제동되고 가속되는 양상은 언제나 비슷하기 마련이다. 그러면 결국 F는 m 때문에 커진 것이다. m은 당신의 질량으로 몸무게와 비슷하다.

Pneumonoultramicropicsilicovolcanoconiosis 45자 옥스퍼드사전에 찾을 수 있는 가장 긴 단어라고 한다. 뜻은 진폐증.
floccinaucinihilipilification (제물 등에 대한) 경시, 무가치(무의미하게 여김).
hippopotomonsrtosesquippedaliophobia 긴 단어 공포증.
Aequeosalinocalcinoceraceoalumniosocupreovitriolic 17세기 경 에드워드 스트러더라는 화학자 겸 의사가 영국 브리스톨 지방의 광천수의 구성성분을 묘사한 단어.
Lopado-temacho-selacho-galeo-kranio-leipsano-drim-hypotrimmato-siphio-parao
-melito-katakechymeo-kichi-epi-kossypho-phatto-perister-alektryono-pte-kephall
io-kigklo-peleio-lagoio-siraio-baphe-tragano-pterygon 17가지 재료로 된 음식, 자세히 설명하지 않겠다. 헬라의 극작가 아리스토파네스가 그의 희곡에서 사용한 단어였는데 영어 발음으로 옮긴 것이다.

00이: 학생들이 선생을 친근하게 부르는 말, 단, 이 호칭을 선생들 앞에서 쓰면 육체적, 정신적 고통이 있을 수 있다.
[보기] 영훈이, 영만이, 용환이, 지연이

000: 학생들이 선생을 격식 있게 부르는 말, 선생에 따라 이것을 용인하고 용인하지 않고 여부가 다르므로 조심해야 한다.
[보기] 박영훈, 김영만, 이용환, 구지연

(학교대사전, 2005)

이야기 나누기

이름:

나는 어떻게 청소년 시기를 보냈나?

제8장

청소년문화

01 | 청소년의 의미

1) 의미

청소년기는 영어로 adolescence라고 한다. 이 단어는 성인으로 성장해간다는 의미를 가진 라틴어 adolescere에서 유래하였다. 이 단어가 뜻하는 대로 아동기에서 성인기로 전환하는 시기이며 성인으로서의 역할과 책임을 유예한 채 성인기를 준비하는 시기다. 동시에 청소년기는 아동기나 성인기의 구분되는 독특한 특성을 보이는 시기다. 청소년은 아동과 성인의 특성을 부분적으로 가지고 있으면서 어디에도 속하지 않는 과도기적 존재로 신체적, 지적, 정서적인 면에서 미성숙의 상태에서 성숙의 상태로 발달되어 가는 과정에 있다. 청소년은 생식능력을 갖고 있지 못한 아동과 구분되며 성장이 완료된 청년과도 구분된다. 청소년기는 생애발달 과정의 어떤 시기와도 다른 독특한 특성을 가진다(이미리 외, 2014).

2) 법적인 관점에서 청소년

청소년기본법에서는 청소년의 연령을 9세 이상 24세 이하로 보며, 소년법에서는 20세 미만을 소년, 민법에서는 20세 미만을 미성년자, 청소년보호법과 청소년의 성보호에 관한 법률에서는 19세 미만을 청소년으로 본다. 그리고 아동복지법에서는 19세 미만을 아동으로 규정하고, 근로기준법에서는 18세 미만을 근로소년, 공연법에서는 18세 미만을 연소자, 형법에서는 14세 미만을 형사미성년자로 규정한다.

따라서 20세 청소년이 청소년기본법에서는 청소년이지만 청소년보호법이나 근로기준법 등에서는 성인에 해당한다. 이렇게 청소년의 연령 범주에 대한 법적 정의 간에 일관성이 없는 점에 대해서는 다음과 같은 설명이 가능하다. 청소년기본법과 같이 다양한 혜택을 제공하여 청소년을 법적으로 보호할 경우에는 청소년의 연령 범주를 높은 나이까지 잡아서 혜택의 가능성을 최대한 열어 주고, 제재를 가하여 청소년을 법적으로 보호할 경우에는 연령 범주를 어린 나이부터 잡아 부정적 행동에 대한 제재를 최대한 일찍하여 청소년이 일탈행동을 하지 않게하는 목표를 갖고 있기 때문이다. 따라서 법적 관점에서 청소년을 보았을 때 청소년의 연령법 범주가 다양할 수밖에 없다.

02 | 발달이론에 따른 청소년 이해

1) 발달에 대한 이해

발달이란 유전적 요인과 환경적 요인이 상호작용하여 나타나는 변화이다(조발그니, 2011). 즉 발달은 성숙과 학습, 혹은 이 두 가지의 상호작용의 결과로 일어난다. 성숙은 환경과 무관하게 일어나는 변화를 말하며 학습은 경험의 결과로서 자동적으로 혹은 자연적으로 일어나지 않는 행동이나 사고의 변화를 의미한다(조발그니·류정희, 2013). 또한 인간의 여러 가지 특성 즉, 인지적, 정서적, 언어적, 신체적 특성의 발달은 서로 영향을 주고받는다.

발달심리학에서 일반적인 발달원리는 다음과 같다. 첫째, 성숙과 학습의 상호작용으로 발생한다. 둘째, 발달의 속도와 시기는 개인마다 다르다. 즉 개인차가 있다. 셋째, 발달은 여러 특성이 상호 관련되어 있다. 넷째, 발달은 시간과 경과에 따라 일정한 순서가 존재한다. 다섯째, 발달은 연속적으로 일어나지만 속도는 일정하지 않다. 여섯째, 발달에는 결정기가 존재하기 때문에 초기경험이 중요하다(권대훈, 2012).

교육에서 발달이 중요한 이유는 모든 교육은 특정 시점의 발달수준에 따라 교육목표, 교육내용, 교육방법이 크게 달라지기 때문이다. 교육의 가장 중요한 목적은 학습을 극대화 하는데 있는데, 이를 위해서 학습자 특성 이해가 선행되어야 한다. 나아가 학습자를 위한 효율적인 교수방법을 설계하거나 교육과정과 목표를 선정할 수 있다.

2) 피아제(Piaget)의 인지발달이론

피아제는 도식, 평형화, 동화와 조절 개념을 활용하여 인지발달 과정을 설명하였다. 도식이란 세상을 이해하는 틀, 즉 인지구조를 의미하는데, 어떤 사물을 인식할 때 떠오르는 이미지인 내적표상을 말한다. 예컨대, 사과하면 머릿속에 떠오르는 '빨간색', '맛있다', '백설공주' 따위가 이에 속한다. 평형화는 외적 표상과 내적 표상이 일치하는 것을 말하는데, 즉 내적 표상인 머릿속의 이미지와 내 눈앞에 보여진 이미지가 일치할 때를 의미한다. 예를 들어 내적 표상에서 젖소의 이미지가 다리가 네 개이며, 하얀 색 바탕에 검은 반점이 있는 것인데 외적 표상인 환경에서 경험하는 젖소와 일치할 때 이를 평형화라고 한다. 반면 내적 표상에서의 젖소를 어른들이 '개(달마시안)'라고 하면 이를 비평형화(인지불균형)라고 한다.

비평형화를 해결하기 위해 사용하는 적응방식에는 동화와 조절이 있다. 동화는 자신이 가지고 있는 도식에 따라 새로운 경험을 해석하는 과정, 다리가 네 개이며 하얀 색 바탕에 검은 반점이 있는 '달마시안'을 보고 '젖소'라고 인식하는 경우다. 반면 조절은 새로운 경험을 이해하여 기존의 도식을 수정하고 새로운 도식을 만드는 과정, 젖소에 대한 도식을 가진 아동이 '젖소'와 '달마시안'의 차이를 깨닫고 기존의 도식을 수정하는 것이다(권대훈, 2012).

피아제는 인지발달을 4단계로 구분하는데 청소년기는 '형식적 조작기'에 속한다고 하였다. 형식적 조작기에 속하는 청소년은 가설을 세워, 사고하며, 현실적인 것뿐만 아니라 비현실적인 것에 대해서도 추론할 수 있게 된다(조발그니·류정희, 2013). 이 시기에 청소년은 다음과 같은 특징을 갖는다. 첫째, 추상적 사고가 가능하다. 따라서 구체적인 사실이 아닌 것에 대해서 가설을 검증하거나 종교, 철학 등 이상주의(理想主義)적 사고를 할 수 있다. 둘째, 가설 연역적 사고가 가능하다. 따라서 문제 해결을 위한 전략을 강구하거나 논리적인 사고가 가능하다. 셋째, 명제(命題)적 사고가 가능하다. 예컨대, 'A와 B는 같다.' 그러나 'B는 A가 아닐 수 있다.' 왜냐하면 'A는 B에 속하기(B⊃A) 때문이다'와 같은 진술이 가능하다. 넷째, 융통적 사고가 가능하다. 눈이 하나 더 있다는 가설에 구체적 조작기의 아동은 눈과 눈 사이에 그리지만 형식적 조작기의 청소년은 현실을 벗어난 다양한 상상을 할 수 있다. 다섯째, 조합(組合)적 사고가 가능하다. 예컨대, 무색무취의 비커의 액체를 섞어서 노란색을 만들게 하면 구체적 조작기 아동은 2개의 비커를 혼합하다 포기하지만 형식적 조작기의 청소년은 다섯 개의 비커를 모두 활용하여 체계적 검토 후 문제를 해결한다(권대훈, 2012).

3) 콜버그(Kohlberg)의 도덕발달이론

콜버그는 도덕적 행동에 도덕적 판단이 선행된다고 주장한다. 도덕적 판단은 옳고 그름에 대한 인지적 능력이고, 이는 연령과 환경에 따라 발달한다고 주장한다.

콜버그는 10~16세의 소년을 대상으로 가상적인 도덕적 갈등상황을 제시한 다음 갈등상황에 대한 도덕적 판단을 근거로 도덕발달을 3수준 6단계로 설정하였다. 청소년 시기는 2수준 인습수준에 속하는데 인습수준에서 청소년은 자아중심성이 감소하고 타인의 관점에서 세상을 조망하는 능력이 발달함에 따라 다른 사람의 판단과 의견을 고려하는 도덕적 추리가 가능하다.

선행 연구에 의하면 우리나라의 "중학생의 경우, 34~65%가 3단계에 속하며, 4단계에 속하는 학생들도 다수 있는 것으로 밝혀지고 있다. 고등학생의 경우, 54~58%가 3단계에 속하고, 35~75%가 4단계에 속하는 연구가 주류를 이루고 있는 것으로 보아 3단계에서 4단계 간의 이행과정에 있다(권대훈, 2012).

콜버그가 제시한 도덕발달의 3단계와 4단계는 다음과 같다. 첫째, 3단계는 대인관계를 위한 도덕성이다. 이 단계에서 청소년은 '착한 소년 착한 소녀 지향단계'이다. 즉 도덕적인 행위란 다른 사람이 칭찬하는 행위를 의미한다(조발그니·류정희, 2013). 선생님에게 칭찬을 받는 것이 목적이고 부모를 걱정시키지 않은 것이 도덕적인 것으로 판단한다. 이 단계에서 청소년들은 부모를 걱정시키지 않기 위해서 부정행위를 하거나 친구를 배신하지 않기 위해 거짓말을 하는 것이 정당하다고 생각한다.

둘째, 4단계는 사회질서 및 권위유지로서 도덕성이다. 이 단계에서 도덕 판단 기준은 법과 질서이다. 3단계는 남이 보지 않으면 휴지를 버려도 되고 교통질서를 지키지 않아도 된다고 생각하지만 이 4단계에서의 도덕은 의무를 다하고 권위를 존중하고 사회질서를 유지하는 행동을 말한다(권대훈, 2013). 3단계와 4단계는 인습수준이기 때문에, 규범의 준수는 마땅하지만 융통성을 지니지 못하고, 다른 가치와 충돌할 때 어떻게 자신의 행동을 규정할지 당황한다. 이러한 이유로 청소년의 일탈을 설명할 수 있다. 청소년이 사회적 규칙을 어기는 이유를 적절히 설명하거나 해명하지 못하지만 규범을 어기는 것으로 기존 규범 질서에 저항한다.

4) 에릭슨(Erikson)의 심리사회적 발달이론

에릭슨은 위기를 어떻게 대처하느냐에 따라 성격이 형성된다고 한다. 기본적으로 무의식에 의해서 지배되는 원초아(Id)가 현실과 사회에 맞서 자아(Ego)를 형성하는 과정에서 연령시기별 성격발달이 이뤄진다고 주장한다.

에릭슨은 위기를 각 단계에서 출현하는 발달과업, 즉 특정시기에 해결해야 할 사회발달과제를 의미하는 개념으로 사용했다(조발그니·류정희, 2013). 그래서 각 발달단계에서 당면하는 위기를 극복하느냐 못하느냐가 성격발달과 관련된다고 주장하였다. 에릭슨의 심리사회적 발달이론은 8단계로 구분되며 청소년은 이

중 5단계 '정체감 대 정체감 혼미'에 속한다.

이 시기의 청소년들은 자신이 누구이며 무엇이 자신에게 중요하고 자신들의 가치는 무엇이고 어떤 사람이 될 것인지 고민한다. 에릭슨은 정체성 확립을 발달의 가장 중요한 목표로 간주한다(권대훈, 2012). 따라서 이 시기에 독서, 여행 등의 다양한 경험과 주변 사람들과의 대화가 정체감 형성에 도움이 될 수 있다(조발그니·류정희, 2013).

이때 청소년의 정체성은 다른 사람들에 의해 비춰지는 자신의 모습에 의해 결정되기 때문에 사회에 참여하거나 또래집단에 속하면서 자신의 역할을 결정한다. 이런 과정에서 자신을 성찰하고 이를 통해 진로를 결정하게 된다. 그러므로 미래를 결정하거나 또래관계나 타인을 통해서 자아정체성을 형성하기 때문에 주체적 자아(I)보다 객체적 자아(ME)가 강조된다. 따라서 자아정체성 형성이 늘 불안하다. 이와 같은 이유로 멘토의 역할이 필요하다. 타인의 시선으로 자신을 보기 때문에 '의미 있는 타자'가 누구이냐가 중요하다. 청소년의 자아정체감 혼미 중 하나는 진로에 대한 고민이다. 이를 간단히 설명하면 그림 8-1과 같다.

그림 8-1 **청소년기의 발달**

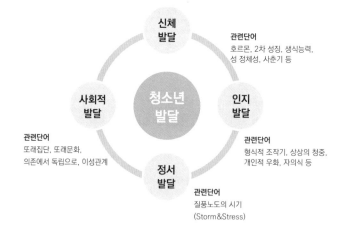

03 | 청소년문화

1) 청소년문화의 특징

(1) 학교생활과 밀접한 관련성

한국 청소년문화는 기본적으로 학교 혹은 학습의 영역과 밀접하게 관련되어져 있다. 학생신분의 청소년들은 생활시간의 대부분을 학교와 학원 등 학업중심의 삶에 소비하고 있으며, 학업성취를 가장 중요한 목표로 강요받고 있다. 따라서, 한국의 청소년문화는 어떤 식으로든 학교생활과 학습, 입시제도 등의 조건과 관련되어져 있다. 그리고, 청소년문화는 그러한 삶의 조건에 대한 청소년집단의 대응이라는 성격을 가지고 있다. 예컨대, 청소년문화의 한 단면을 보여주는 그들의 은어를 보면, 범생이, 날나리, 양아치 등과 같이, 주로 학교생활이나 학업에 대한 태도와 관련된 것들이 많다. 또한, 최근 사회적 문제로 대두되는 학교폭력이나 왕따현상 역시 학교라는 공간에 결박되어 있는 청소년의 삶의 조건과 밀접하게 연관된 것들이다.

(2) 대중문화에 대한 의존

대중문화는 청소년을 둘러싸고 있는 가장 중요한 문화환경이며, 청소년들이 스스로의 정체성을 형성하고 표현하는 가장 중요한 기제 특히, 우리나라의 청소년들은 입시제도와 성적중심의 교육시스템에서 심한 중압감을 경험하고 있다. 그리고, 대중문화는 청소년들이 그러한 중압감으로부터 벗어나는 통로의 역할을 하고 있다. 청소년들이 대중문화상품을 적극적으로 소비하고, 대중문화의 스타에 열광하는 것은, 그만큼 그들에게 가해지는 억압이 심하다는 의미라 할 수 있다.

(3) 감각적이고 감성적인 성향

오늘날의 한국 청소년세대는 영상 및 인터넷세대이다. 90년대 이후의 청소년

집단은 어린시절부터 컬러TV와 비디오, 전자게임과 컴퓨터, 인터넷, 스마트폰 등의 새로운 영상매체에 익숙해져 있다. 따라서, 이들은 이전 세대에 비해 상대적으로 논리성이 약한 대신, 감각적이고 감성적인 성향이 강하다는 특성을 지니고 있다.

(4) 주류문화와 하위문화의 성격 혼재

한국 청소년문화는 시장에서 지배적 위치를 차지하는 주류문화이면서도, 사회적으로는 억압의 대상이고 기성의 담론질서에서 소외된 하위문화이다. 80년대 후반 이후 청소년들의 구매력이 크게 신장함에 따라, 청소년들은 가장 중요한 문화시장을 형성하게 되었다. 사실상, 90년대 이후 청소년문화는 대중문화 전반에 가장 막강한 영향력을 행사하는, 사실상의 주류문화로 등장한다. 이것은 청소년문화가 기본적으로 주류담론에 대한 저항적 하위문화이면서도, 자생적 창조성에 기반하기보다는 주어진 대중문화에 의존할 수밖에 없는 현실에서 나타나는 필연적 결과이다.

(5) 도덕적 가치보다는 개인선호도 중시

한국 청소년들은 도덕적 가치보다는 개인선호도 위주의 가치관을 가지고 있다. 활자문화 세대의 가치기준은 '무엇이 옳고, 무엇이 그른가'에 있는 반면, 오늘날 청소년들의 가치기준은 '어떤 것이 좋고, 어떤 것이 싫은가'에 있다고 할 수 있다. 이는 청소년들의 성장기가 개인주의적 가치관의 확산, 여행자율화, 문화개방 등으로 특징 지어진 시기였으며, 따라서, 보다 개방적이고 개인적이며, 유연한 사고와 경험을 갖고 있다는 것을 의미한다.

(6) 새로운 가치관과 기성세대의 가치관 혼재

한국 청소년들은 기성세대와는 다르지만, 여전히 기성세대의 주요 가치관을 기저에 가지고 있다. 오늘날 청소년들은 새로운 사회적 변화의 과정에서 성장하면서, 기성세대와는 여러모로 다른 문화적 감수성과 사고방식을 갖고 있다. 그러나 우리사회를 지탱하는 윤리와 가치관은 여전히 기성세대의 구시대적 잣대에 의해 고수되고 있다. 집단주의적 태도, 가족중심주의적 가치관 등에 기반한 혈연, 지연, 학연 등이 청소년들에게서도 상대적으로 강조되어지고 있는 현실은 이러한 특성들을 말한다.

(7) 다양성의 가치 증가

오늘날의 청소년문화는 다양성이 강화되고 있다. 현실공간에서의 다양성 가치가 증가되고 있긴 하지만, 정보통신기술과 인터넷의 발달로 등장한 사이버공간은 청소년들이 개인의 다양한 욕구를 분출할 수 있는 대체공간으로 자리매김하고 있다. 현실공간에서 할 수 없었던 다양한 일들이 가상공간에서는 가능하게 되었으며, 정보의 범람 또한 그들에게는 다양성에 대한 긍정적 의미를 지니고 있다. 즉, 다양한 언어형태(표준어, 채팅용어, sns 용어, 이모티콘...), 다양한 동호회, 다양한 게임, 다양한 복장, 다양한 삶의 목표 등 청소년문화는 자신의 욕구를 중심으로 다양성을 증가시키는 방향으로 나아가고 있다.

(8) 물질주의적 가치 강조

현대 산업사회의 자본논리가 커다란 힘을 획득하면서부터, 사회 속에서의 소비는 주체와 객체 간의 혼동의 문제로 까지 확대하고 있다. 예컨대, 사람들은 더 이상 본인이 물건을 주체적으로 구입하는 것인지, 아니면 광고와 같은 시뮬레이션 세계에 의해 특정 물건을 구입하도록 조정당하는 것인지를 알 수 없게 되고 있다. 이러한 물질주의적 경향은 그림 8-2와 같이 청소년들의 유행 속에서 가장 중요한 핵심 축으로 위치하고 있다. 가상공간으로의 접근도구인 컴퓨터, 인터넷으로부터 시작해서 의상, 핸드폰에 이르기까지 행위와 의식의 모든 부분이 물질주의의 지배를 받아가고 있다. 심지어 가상적 물질인 온라인 게임에서의 각종 무기들도 현실의 중요한 물질적 도구로 인식되어져 심각한 부작용이 출현하기도 한다. 이렇듯, 청소년들에게 물질적 가치가 중요해지면서, 역으로 그들에 의한 소비문화가 전체 문화를 주도해갈 만큼 강조되어지고 있다.

그림 8-2 **노스페이스 계급**

계급: 찌질이
가격: 25만원
너나할 것 없이 처입어대니까 하나 산 찌질이들의
대표 모델 노스페이스 눕시2

계급: 일반
가격: 25만원
노스페이스 패딩하면 생각나는 패딩
찌질이든 일진이든 입음
노스페이스 눕시1

계급: 중상위권
가격: 30만원대
이 모델은 가끔 찌질이들이 입긴하지만
일진이 대다수인 모델 노스페이스 800

계급: 양아치
가격: 50만원대
이 모델부터 등골브레이커라는 칭호가 주어짐
매우 따뜻하고 찌질이들은 뺏길까봐 못 입음
노스페이스 드라이 로프트

계급: 있는 집 날라리, 등골브레이커
가격: 60만원대
돈 많은 집 애가 입으면 있는 집 날라리
쌩거지새끼가 입으면 등골브레이커

계급: 대장
가격: 70만원대
웬만해서는 보기 드문 모델
등골브레이커가 등골을 빨아먹으려 해도
70만원이라는 애미없는 가격의 압박때문에
등골브레이커가 거의 없음
주로 학생이 아닌 성인이 많이 입음

(9) 개인주의와 집단주의의 혼재

오늘날 청소년들은 개인주의적 태도를 강하게 지니고 있다. 그러나, 현실적
으로 그들은 필요에 따라 개인주의와 집단주의를 오가는 행태를 보이고 있다. 기
성세대의 가치관보다는 개인주의적 성향을 강하게 지니고 있지만, 여전히 가치
관의 기저에는 기성세대로부터 받은 집단주의적 성향을 지속하고 있다. 즉, 집단
의 가치보다는 개인의 가치가 중요해졌지만, 개인의 가치가 실현되기 위해서는
여전히 집단적 가치의 존중이 선행되어야 함을 명확하게 인식하고 있다. 학교를
통한 선후배관계 강조, 동호회의 폐쇄성 상존, 집단내 상하 위계성의 강조, 유행

의 집단적 추종 등과 같은 집단주의가 개인주의적 가치 강조와 혼재되어 있다.

(10) 사이버문화 세대로서 문화변동 주도

그림 8-3 **2016 10대 청소년 미디어 이용 조사**

* 지난 일주일간 이용한 미디어를 물은 결과(복수응답 허용)
* 자료: 한국언론진흥재단

그림 8-3과 같이 오늘날의 한국 청소년들은 network 세대의 의미를 넘어, 그 속에서 새로운 사이버문화를 창조하고 있고, 이를 바탕으로 전체문화의 변화 방향을 주도하는 문화의 주류세대라는 특징을 지니고 있다. 단순히 인터넷에 친숙한 세대라는 의미로부터 벗어나, 이제는 지금까지 존재하지 못했던 새로운 문화의 실천, 실험을 담당하고 있다. 특히, 인터넷망이 잘 구성되어진 한국사회의 기반을 이용하여 문화창출과 변동의 주역으로 등장하고 있다. 그러나, 한편으로는 가상공간에 종속되어 주체적 의미를 상실한 채, 가상과 현실을 혼동하는 극단적인 사례도 나타나는 등 사이버문화의 부작용 또한 체험하고 있는 세대이기도 하다. 최근에는 sns를 중심으로 문화의 변화가 더 일어나고 있다.

2) 청소년과 은어

"레알 아벌구야" 이 뜻은 real로 아가리만 벌리면 구라야라는 뜻이다. 청소년들은 은어와 말줄임을 시시때때로 한다. 패마(패밀리마트), 롯마(롯데마트), 미피(미스터 피자), 김천(김밥천국), 문상(문화상품권) 줄임말과 은어는 계속 진화하고 있다. 쌍테(쌍꺼풀테이프), 아라(아이라인), 화떡(화장으로 떡칠), 빼치(몸에 붙는 치마), 쌍수(쌍꺼풀수술), 안여돼(안경쓴여자돼지), 간지(세련된 멋), 미존(미친 존재감) 등 은어는 더 늘어나고 이에 따라 더 세대차이가 일어날 것이다.

청소년들은 왜 그럴까? 이유는 다음과 같다. 첫째, 언어 자체의 내재적 특성탓이다. 언어학적으로 원래부터 사람들은 경제적으로 말한다. 말을 줄여 쓰거나 뻐스나 썬(sun)처럼 경음화시켜 편하게 발음하는 것이다. ㄱㅅ(감사), ㅎㄷㄷ(후덜덜) ㅇㅇ(응) 뻐카(버스카드) 같은 신조어가 탄생한 게 그저 우연은 아닌 셈이다.

둘째, 은어의 양산을 가능하게 하는 기술적 환경 탓이다. 신조어 양산의 중요한 조건으로 인터넷이나 스마트폰 그리고 다중접속 온라인 게임 같은 멀티미디어 환경을 꼽을 수 있다. 여기서 언어를 둘러싼 일종의 속도전이 나타나고 어감이 나쁘지만 않다면 일생활에서도 보편화하는 경우도 있다. GG(굿게임의 약자였으나 지금은 헤어짐 또는 포기를 의미), 오나전이나 고나리(각각 완전과 관리의 반(半) 의도적 오타)같은 말들이 대표적이다. 게다가 취향이나 관심사를 중심으로 소집단 커뮤니티를 꾸리는 게 예전보다 쉬워졌다. 은어가 생성되기에 최적의 조건인 셈이다.

셋째, 세대적 주체성이다. 과거와 달리 요즘 10대들은 다른 집단에 대한 배타적인 태도가 유독 심하다는 지적도 있다. 또래집단 고유의 은어나 비속어를 사용함으로써 자신들만의 독자성을 유지하고자 하는 경향이 강하다는 것이다.

넷째, 앞의 모든 요인들을 촉진하는 문화적 유희성 탓이다. 언어유희도 10대들이 은어를 만드는 데 중요한 역할을 한다. 뻐까충(버스 카드 충전), 아다꽁(아다꽁, 아가리 닥치고 공부해), 대~박 같은 말은 어감 자체를 즐길 수 있는 데다, 이런 말들을 자기들끼리 나누고 있노라면 은밀한 즐거움까지 만끽할 수도 있다(김성윤, 2014).

은어는 오래전부터 있어왔다. 표 8-1은 1970년 은어 비속어이다.

표 8-1 1970대 은어 비속어(김성윤, 2014)

어휘 및 표현	의미	어휘 및 표현	의미
감기약, 썩은 물	술	어른과자, 삼국사기	담배
고전과 양서	막걸리와 양주	예배당, 인생강의실	술집
주다야짜	주간다방 야간쌀롱	야간강당	고고홀
고팅	고고미팅	비벼준다	고고춤을 춘다

EDPS	음담패설	함 받는다	화대를 받다
따오기	미니스커트	방한모	가발
대포,공갈,구라	거짓말, 협박	텄다	운이 좋다
유신머리	짧은 머리	작은집과 빨간집	경찰서와 교도소
재순이, 재돌이	재수생	고삥이	고등학생
해방	졸업	쪼아리스트	모범생
꼬장과 꽃감	교장과 교감	대부, 조즈	담임교사
고급인력, 자격증	유능한 교사	아가리	훈육교사, 담임교사
손금본다	학과선택	감기, 폐병, 암	각각1,2,3회
대파초 피웠다	예비고사탈락후 실종	찍싸다	실수하다

1970년 비속어는 사회적 분위기가 반영되었다. 은어 중에 술, 담배 은어들이 많다. 그것은 어른들로부터 자기들의 세상을 숨기기 위한 것이다. 또 선생님에 대해 많은 것이 청소년들의 저항적 태도가 숨어있는 것 같다.

표 8-2는 1980년대 은어와 비속어이다.

표 8-2 1980년대 은어와 비속어(김성윤, 2014)

어휘 및 표현	의미	어휘 및 표현	의미
볼펜과 사인펜	남자친구와 여자친구	재봉틀	수다스런 남자
죄수생	재수생	여물통	도시락
깡돌이	깡패	개목줄	넥타이
고기만두	임산부	뻥	거짓말
꺽다	술마시다	뿅가다	재미있다
살쿠다	여자를 꾀다	떡과 떡골	섹스와 성매매집결지
설왕설래	키스	버섯돌이, 조리퐁	각각 남녀성기
IBM	이미 버린 몸	PVC	포르노비디오가게

1980년대는 칼라tv가 보급되었고, 독재정권은 3S(sex, sports, screen) 정책을 펼쳤다. 뽕시리즈나 애마부인 시리즈가 대표적이다. 그래서 그런지 성과 관련된

은어가 많다. 성적 은어들에서는 섹스와 스크린으로 대변되는 문화정치 상황을 반영한 것이다.

표 8-3과 같이 1990년대 은어와 비속어에는 PC가 보급되며 축약어, 이모티콘, 구어적 발음표기 등이 등장한다(김성윤, 2014).

표 8-3 1990년대 은어와 비속어(김성윤, 2014)

어휘 및 표현	의미	어휘 및 표현	의미
안냐세요, 어솨여, 방가	안녕하세요, 어서와, 반가워요	꽈당, 발라당	황당함
^^, Y-Y,--	웃음, 졸림, 재미없음	ㅎㅎ, ㅋㅋ	웃음소리
글쿠, 일케, 글쿠나, 추카, 설, 셤, 쟈철, 멜, 넘	그리고, 이렇게, 그렇구나, 축하, 서울, 시험, 지하철, 메일, 너무	주글래, 시로, 마니, 조아, 추카	죽을래, 싫어, 많이, 좋아, 축하
범생이, 담탱이	모범생, 담임교사	왕따, 따순이, 따돌이	따돌림당하는 또래
돌따, 은따	돌려, 은근히 따돌림	야리다, 갈구다	째려보다
깨지다	모욕당하다	생까다	무시하다
센터까다, 빵, 다구리, 선빵, 원빵	결정타를 날리다, 때림, 집단으로 때림, 먼저때림, 한번 때림	짱	우두머리
좁밥	별 볼일 없는 사람	당근	당연
엄창, 엄포스	엄마창녀, 엄마포르노스타	콩, 깔	성관계, 애인
새끈하다	섹시하다	얼큰이	얼굴이 큰 사람
대갈장군	머리가 큰 사람	농다리, 곽다리	키큰 사람, 키작은 사람

출처: 김성윤(2014)

1990년대 역시 은어와 비속어는 그 시대를 반영하고 있고 청소년 문화는 학교와 결속되어 있다. 축약어가 많아진 것은 pc 세대에 이어 SNS으로 이어지는 지금도 무한히 발전하고 있다. 그러나 다른 세대랑 달리 학교의 문화는 그들에게 있어서 다른 것이 생겼는데 그것이 학교 또래 폭력일 것이다. 10대에게 학교란

짱에서부터 좁밥에 이르는 서열이 지배하는 약육강식이 되어버렸다.

청소년의 은어와 비속어는 다음과 같이 퇴행하고 진화한다. 첫째, 소실한다. 시대적 상황에 따라 유효기간이 다한 은어와 비속어들은 도태되기 마련이다. 이 경우 신진세대들은 선배세대들의 언어를 종종 비루한 것으로 취급하곤 한다. 예) EDPS 여물통, 대갈장군 등.

둘째, 존속한다. 해당 어휘가 지시하는 상황이 이후에도 유지되고 기존 어휘를 대체할 만한 게 없으면 그대로 존속된다. 이때 새로운 세대들은 앞 세대로부터 전승된 언어의 역사적 기원에 대해서는 망각하기 쉽다. 그래서 뜻도 모르고 사용하는 은어 비속어가 많아진다. 예) 떡, 엄창, 생까다 등

셋째, 정상화한다. 은어, 비속어라 여겼을 전도로 비정상적이었던 시대적 상황이 세월이 흘러 정상적인 상황으로 추인될 경우 해당 언어도 정상언어로 인정받게 된다. 물론 이 경우에는 해당 어휘의 사회적 위험수준이 낮아야 하고, 다른 언어로 대체될 필요가 없을 정도로 수월성도 갖춰야 한다. 예) 공갈, 뻥, 왕따 등

넷째, 신생한다. 추가적으로 새로운 시대상황이 등장하거나 기존 어휘를 대체할 만한 좋은 표현이 창안될 경우 새로운 은어 비속어가 생성된다. 이때 10대들은 새롭게 만들어진 어휘를 통해 새로운 시대, 또는 여전한 시대에 새로운 방식으로 대응해나간다.

요컨대 청소년들이 쓰는 언어란 시대의 산물이며 동시에 그들이 시대를 이해하는 방식이라 할 수 있다. 1970년 예비고사에 탈락한 청소년을 두고 왜 하필 '대마초 피웠다'하고, 까까머리 '고삘이'들은 왜 '유신머리'라 했을까, 5·18이후 임신부를 '고기만두'라고 하고 고문이 비일비재하던 시절에 넥타이를 '개목줄'이라 했던 걸 우연이라고만 할 수 있을까, 마찬가지로 교실붕괴 상황에서 학교폭력에 관한 은어들이 넘쳐났던 것도 결코 우연은 아닌 것이다(김성윤, 2014).

그림 8-4 **청소년들의 언어 사용**

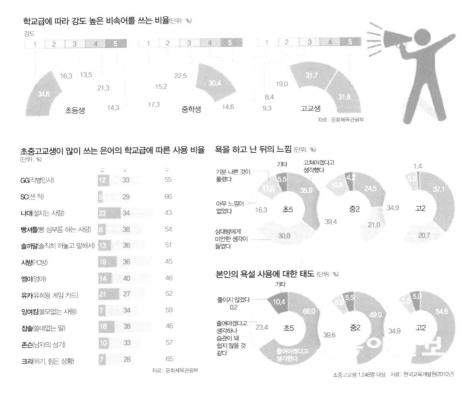

학교급에 따라 강도 높은 비속어를 쓰는 비율(단위: %)

초중고교생이 많이 쓰는 은어의 학교급에 따른 사용 비율
(단위: %)

GG(작별인사)	12	33	55
SC(센 척)	5	29	66
나대(설치는 사람)	23	34	43
빵셔틀(빵 심부름 하는 사람)	8	38	54
솔까말(솔직히 까놓고 말해서)	13	36	51
시방(PC방)	19	36	45
엠아(엄마)	14	40	46
유카(유희왕 게임 카드)	21	27	52
잉여킹(쓸모없는 사람)	7	34	59
잡솔(쓸데없는 말)	16	38	46
존슨(남자의 성기)	10	33	57
크레(위기, 힘든 상황)	7	28	65

자료: 문화체육관광부

욕을 하고 난 뒤의 느낌 (단위: %)

본인의 욕설 사용에 대한 태도 (단위: %)

초중고교생 1,248명 대상 자료: 한국교육개발원(2010년)

3) 청소년 또래문화

(1) 청소년 또래문화

청소년 또래문화란 청소년 집단이 공유하는 특징적인 행동방식의 총체로 간
주할 수 있다. 청소년들이 또래들과의 관계를 통하여 새롭게 만들고 습득하며 그
것의 가치를 나름대로 정당화는 모든 행동양식(이희연, 1994)을 말한다. 또래란
비슷한 연령의 청소년을 말하는데 청소년기의 특징 중 하나는 또래관계의 확장
이다. 아동기에는 자아형성에 부모의 영향력이 중요하지만 아동기를 지나 청소
년에 접어들면 또래관계 영향력은 강하게 드러난다. 청소년 시기에는 또래집단
을 통해서 가치관을 형성하고 행동준거의 자원을 얻게되어 청소년 개인의 자아
정체성 형성에 있어 또래집단이 갖는 중요성이 증가한다. 황혜정의 청소년의 연

구 결과에 따르면 청소년 시기에는 자신과 생각이 같고 믿을 수 있는 친구를 좋아하여 신뢰와 비밀공유가 친구를 결정하는 요인이었다(황혜정, 2002). 청소년 시기 또래관계는 그들의 사회적 발달에 중요한 요인이 된다. 또한 청소년들은 또래관계를 통해서 자신의 정체를 확인하고, 동질의식을 갖게 된다(Hecht, 1998).

청소년 시기에 또래집단의 기능을 보면, 첫째, 또래집단은 사회적 지원과 안정감을 제공한다. 부모로부터 독립과 의존사이의 스트레스 상황을 겪으면서 같은 또래들과 유사한 갈등상황을 겪고 있다는 동정적 피드백과 정서적 안정감을 제공받고 스트레스와 긴장해소에 도움을 받는다. 둘째, 또래집단은 준거집단으로서의 역할을 한다. 급격한 성장과 변화를 겪으면서 행동의 판단이나 모델이 될 기준을 찾게되고, 부모와의 갈등이나 학교생활에서의 일상적 스트레스는 동질감을 느끼는 또래들에게 이해받아 해소될 수 있다. 셋째, 또래집단은 보다 성숙한 인간관계를 형성할 기회를 제공한다. 청소년은 친구관계에서 무엇을 기대하고 무엇을 기대하지 말아야 하는지 또 성적 성숙과 함께 이성친구의 교제를 어떻게 해야하는지 배우게 된다. 넷째, 자신의 정체감을 추구하는 과정에서 또래집단은 중요한 역할을 한다. 새로운 역할을 시험해보고자 할 때 또래와의 상호작용을 통해 격려를 받을 수 있으므로 긍정적인 자아상을 형성하도록 촉진하게 된다(정옥분, 1988).

그러나 우리나라의 일반적인 청소년 또래문화와 달리 부모로부터 완전하게 독립하지 않고 부모 의존적 또래문화가 형성된다는 연구결과도 있다. 즉 우리나라의 경우, 심각한 학업 중심의 경쟁논리 하에서 부모에게 경제적/정서적으로 의지하고 있어 독특한 또래문화를 형성하는 것으로 보인다(김은정, 2009). 이를 이미리 외(2014)는 청소년 부모 자녀 관계의 새로운 모형으로 설명한다. 즉 종래는 부모와 또래집단이 분리되지만 새로운 모형은 부모는 중요한 지지체계이며 애착대상이 된다. 부모자녀관계와 또래집단이 동시적으로 청소년에게 영향을 미친다.

(2) 또래상담

또래상담이란 비슷한 연령과 유사한 경험, 가치관 등을 가진 청소년들이 일정기간 자신의 경험과 훈련을 바탕으로 또래 친구들의 고민을 상담해 주는 활동을 말한다. 또래멘토링은 나이많은 멘토가 나이 어린 멘티에게 실제적인 도움을 제공하는 동시에 자신의 성장에서 도움이 되는 것을 말한다. 또래멘토링은 교차 연령멘토링 멘토와 멘티의 연령차를 가정하고, 또래상담은 일정기간 교육을 받는 것을 전제한다. 그러나 여기에서 말하는 또래멘토링은 멘토와 멘티가 구분되는 개념도 구체적인 상담현장도 아닌 서로 상호도움을 주는 또래 상호작용에 초점을 둔다.

또래 프로그램의 효과는 이미 많은 선행연구에 밝혀졌다. 또래상담 프로그램이 의사소통에 도움을 주었다. 추석호(1987)는 고등학생들을 대상으로 한 또래상담 훈련 연구에서 훈련 집단의 청소년들이 인간관계와 의사소통 기술이 증가하는 것으로 나타났다. 이상희 외는 고등학생을 대상으로 한 또래상담자 효과 연구에서 또래상담자들의 인간관계가 변화하였음을 밝혔다(이상희·노선덕·이지은, 2000).

특히 어려움에 처한 대상자에게 또래멘토링 프로그램은 효과가 있었다. 김순규·이재경(2007)은 멘토링 프로그램이 빈곤청소년의 심리 사회적 적응에 영향을 미쳤다는 것을 확인했다. 나아가 저소득층 여중생의 스트레스와 자존감의 멘토링 프로그램은 스트레스를 유의하게 낮추고, 자존감을 향상시켰다(신윤희 외, 2012).

또한 멘토와 멘티 모두에게 멘토링 프로그램은 영향을 미쳤다. 멘토링 프로그램 효과검증에서 실직자녀들은 통제집단에 비해 대인관계기술, 자기유능감, 계획성, 학교생황에 대한 흥미에서 유의미하게 높은 점수를 받았고, 멘토역시 통제집단에 비해 긍정적 자아점수가 유의미하게 높았다(박현선, 2000). 또한 멘토링 프로그램은 멘토의 리더십을 향상시키고, 특히 리더십의 하위요인인 의사소통능력, 사고력에 효과적이었고, 멘토의 대인관계 능력의 하위요인인 심리사회적 지지, 경력개발 가이드, 역할모형제시 모두에 영향을 미쳤다(황은정 외, 2008).

(3) 또래압력

Rogenberg(2012)는 사회적 치유책이 얼마나 효과적이고 강격하며 실제로 활용할 수 있는가를 다양한 사례를 통해 설명한다. 그녀가 강조하는 것은 한마디로 연대의 힘이다. 연대의 힘은 인간의 한계로 인해 빚어지는 사회적 문제, 에이즈, 흡연, 가난과 폭력, 학력차별 등 모순되고 불합리한 구조를 또래의 연대를 통해

고질적인 문제 해결을 위한 구체적인 방법이다. 이를 그녀는 '손잡고 나아가기'라고 표현한다. 구체적인 사례를 살펴보면 불가촉천민이 사는 자왈케 마을의 바바이 사드라는 남편의 구타를 피해 도망쳐 나왔다. 그녀는 한 인도인 의사 부부가 설립한 농촌 건강 프로젝트에서 2주간 교육을 받게 된다. 교육받는 여성들은 변할 수 있다고 서로 격려하고 음식을 나누고 서로의 말에 귀 기울여 주고 자존감을 향상하게 된다. 바바이는 말한다. "잠케드에 왔을 때 저는 영혼이 없는 돌과 같았어요. 그들이 저에게 생명과 용기와 과감함을 불어넣어 줬어요. 비로소 인간이 된 거죠."

남아공의 에이즈 퇴치 운동도 있다. 원래 남아공에는 흑인의 에이즈에 관심이 없다. 그런데 문제는 에이즈 감염의 상당수가 10대 여성이라는 것이다. 이 프로젝트 이름은 '러브라이프'인데 음료수 스프라이트에서 착안하여 성이 개인의 상품이며 브랜드라는 인식을 갖게 하는 것이다. 이 프로젝트에 참여하는 이들은 서로 친밀감을 갖게 되었고, 성에 대한 다양한 이야기를 심도 있으면서도 즐겁게 토론하고 논의하며 해결방법을 강구하였다. 러브라이프 효과인지 모르지만 남아공에서는 에이즈 감염자가 줄었다.

미국의 담배회사들이 10대들의 흡연을 장려하기 위해 캐릭터를 만들어 10대 흡연율을 높였다. 10대들은 또래들과 회의를 열어 대기업에 이용당하기 때문에 흡연을 일찍 시작한다면서 대기업에 반항하는 금연운동을 시작한다. 이는 대기업에 반대하며 유혹을 거부하는 10대라는 소속감을 제공한다.

또 하나 세르비아의 오트포르 운동을 사례로 들 수 있다. 세르비아 독재정권에 맞서 저항하는데 오트포르는 오락이며 유흥이다. 예를 들면 정부군이 이동하면 10대 청소년이 군대를 따라가며 이동경로를 알려주는 것은 제임스본드 놀이가 된다. 경찰서에 잡혀가면 다른 조직원들이 경찰서 밖에서 피구도 하고, 그림도 그리고, 춤을 추며 풀려나기를 바라며 영웅을 기다리는 의식을 한다. 그렇게 되면 잡혀간 조직원은 두려움보다는 자부심과 용기를 얻는 것이다. 요컨대, 로젠버그는 또래가 주는 긍정적 압력이 이 사회를 얼마나 긍정적으로 변화시킬 수 있는가를 논의하도록 촉구한다.

그렇다면 우리나라의 현실은 어떠한가? 대학을 나와도 취직이 어려워 공무원 시험을 준비하고, 대학 졸업 후에 다시 교육을 받아야 한다. 그럼에도 고등학교까지는 보장 없는 미래를 위해 성적에 매달려야 한다. 자신의 문제에 대해 발언할 기회도, 배우는 교육과정에 대해서도 교육의 주체임에도 선택할 권한이 주어져 있지 않다.

청소년 인권에 대해 주장하는 것도 불법이다. 모든 것은 대학을 간 다음으로 유예되어있다. 그러나 정작 자신들의 문제로 어려움을 겪는 것은 청소년이다. 우리나라의 OECD 청소년 자살률은 평균을 상회한다. 또한 우리나라 사망률 1등이 자살이다. 굳이 신문기사가 아니더라도 상기한 우리나라 청소년 고민 1위는 성적문제이다. 성적이 문제가 되는 것은 대학이 불평등해서이고, 대학의 불평등이 이에 따라 소득과 사회적 지위의 불평등으로 이어지는 대학의 서열구조에서 비롯되기 때문이다.

내용정리

- 청소년은 아동과 성인의 특성을 부분적으로 가지고 있으면서 어디에도 속하지 않는 과도기적 존재로 신체적, 지적, 정서적인 면에서   의 상태에서   의 상태로 발달되어 가는 과정에 있다.

- 청소년기본법에서는 청소년의 연령을   세 이상   세 이하로 보며, 소년법에서는   세 미만을 소년, 민법에서는   세 미만을 미성년자, 청소년보호법과 청소년의 성보호에 관한 법률에서는   세 미만을 청소년으로 본다. 그리고 아동복지법에서는   세 미만을 아동으로 규정하고, 근로기준법에서는   세 미만을 근로소년, 공연법에서는   세 미만을 연소자, 형법에서는   세 미만을 형사미성년자로 규정한다.

- 발달이란   요인과   요인이 상호작용하여 나타나는 변화이다.

- 형식적 조작기에 속하는 청소년은   을 세워   하며, 현실적인 것뿐만 아니라 비현실적인 것에 대해서도   할 수 있게 된다.

- 콜버그가 제시한 도덕발달의 3단계는 도덕적인 행위를 다른 사람이   하는 행위를 말한다.

- 콜버그가 말하는 4단계에서의 도덕은   를 다하고   를 존중하고   를 유지하는 행동을 말한다.

- 에릭슨의 심리사회적 발달이론에 따르면 청소년은 5단계   대   에 속한다.

- 청소년 시기에 또래집단의 기능을 보면 첫째, 또래집단은   지원과   을 제공한다. 둘째, 또래집단은   으로서의 역할을 한다. 셋째, 또래집단은 보다 성숙한   를 형성할 기회를 제공한다. 넷째, 자신의   을 추구하는 과정에서 또래집단은 중요한 역할을 한다.

-      이란 비슷한 연령과 유사한 경험, 가치관 등을 가진 청소년들이 일정기간 자신의 경험과 훈련을 바탕으로 또래친구들의 고민을 상담해 주는 활동을 말한다.

—— 정답

미성숙 / 성숙
9 / 24 / 20 / 20 / 19 / 19 / 18 / 18 / 14
유전적 / 환경적
가설 / 사고 / 추론
칭찬
의무 / 권리 / 사회질서
정체감 / 정체감 혼미
사회적 / 안정감 / 준거집단 / 인간관계 / 정체감
또래상담

 **기출문제**

1. 보기에서 또래집단의 특성을 설명한 것만 골라 바르게 묶은 것은? (초 05)

> ㉠ 횡적 · 수평적 사회화가 이루어진다.
> ㉡ 공식적인 목표에 의해 구성된 집단이다.
> ㉢ 동지적 감정으로 종속관계를 이루는 집단이다.
> ㉣ 고유한 하위문화 또는 부분문화를 형성하기도 한다.

① ㉠, ㉡   ② ㉠, ㉣   ③ ㉡, ㉢   ④ ㉢, ㉣

2. 중고등학생의 일반적인 발달 특징을 바르게 설명한 것은? (중 01)

① 이상보다 현실을 중요시한다.
② 자아정체성을 확립하려고 한다.
③ 가설연역적인 사고를 하지 못한다 .
④ 친구와의 관계보다 부모와의 관계를 더욱 중요시한다.

3. 청소년기의 원만한 발달결과로 나타나는 사회심리적 특성으로 가장 적절한 것은? (중 00)

① 생산성   ② 근면성   ③ 신뢰감   ④ 자아정체감

〈문제〉

청소년기의 중요한 발달과제는 정체성 확립이다. 이와 관련한 Erikson의 평생발달 단계를 약술하고 특히 제5단계 정체성 발달단계를 강조하여 기술하고 우리나라 청소년 교육에 시사하는 함의를 논하시오. (행시 02)

SAS_Sudden Accident at School

<등교시간이 촉박한데 버스가 오지 않을 때>
옆에 같은 학교 학생이 있을 경우
같은 처지에 있는 학생이 있음으로 안심.
벌을 받을 때는 그 학생이 맞는 모습을 떠올리며 위로 삼는다.

<옆에 같은 학교 학생이 없는 경우>
아예 학교에 가지 않으면 되므로 안심.

<지각했을 때>
몇 분 늦었을 때
보통 선생님들은 시간을 철저히 지키지 않으므로 안심.

<10분 이상 늦었을 때>
빈자리가 둘 이상인지 확인하여 늦게 온 다른 녀석이 혼날 때 몰래 들어간다.
들키면 곱절로 맞으므로 낭패

<벌금을 걷을 때>
당장은 돈이 없다고 말한다.
일부러 상습적으로 지각하여 액수를 기하급수적으로 불린 뒤 액수나 너무 많아서 못 내겠다
고 버틴다.

<벌금으로 피자 등을 쏴야 할 때>
맞아 죽을 수 있으니 낭패, 몸을 팔아서라도 돈을 마련한다.

<학생부 선생님이 교문을 지키고 있는데 교칙 위반 사항이 없을 때>
인사를 하지 않아 본다. 얼굴을 기억해버리면 낭패.

(학교대사전, 2005)

이야기 나누기

이름:

유아 부모에게 가장 필요한 것은 무엇일까?

제9장

부모와 지역사회연계

01 | 부모의 중요성

1) 부모 및 가족의 중요성

유아교육의 중요한 목적은 유아들의 요구를 발달적이고 문화적인 면에서 적절한 방법으로 충족시키는 것이다. 이를 위해 선행되어야 할 사항이 바로 부모의 역할 정립이다. 유아교육에서 부모 및 가족이 차지하는 중요성을 정리하면 다음과 같다.

첫째, 유아가 가족 구성원으로서 정상적으로 자라기 위해서는 가족, 특히 부모의 역할이 중요하다. 왜냐하면 부모나 조부모 등의 일차 양육자가 제 기능을 훌륭히 다한다면 유아는 그들에게서 좋은 영향을 받아 바람직하게 자랄 것이기 때문이다.

둘째, 유아와 가족이 함께하는 경험은 유아뿐만 아니라 그 가족에게도 좋은 영향을 미칠 수 있다. 예를 들면, 유아의 문해발달을 돕는 방법에 대해 가족들과 같이 활동한다면 유아들은 문해발달을 이루게 되고 그 가족들은 유아의 발달에 미치는 가족의 중요성을 알 수 있게 된다.

셋째, 유아의 요구와 가족의 요구가 서로 다르지 않다는 것이다. 이러한 관점이 바로 유아교육에 있어 유아 가족의 요구를 충족시키는 방법으로서의 가족중심 접근이다(이수경 외, 2016).

2) 아버지의 영향

아버지는 과거와 달리 자녀들에게 직간접인 영향을 미친다. 아버지가 부모자녀 관계에서 어떠한 영향을 미치는지 살펴보면 다음과 같다.

첫째, 아버지－어머니－자녀의 형태를 들 수 있다. 예를 들어, 아버지는 어머니의 가사일을 분담하는 방식으로 어머니를 지원할 수 있다. 만일 어머니의 가사일을 덜어준다면 어머니는 그 시간만큼 더 자녀와 함께 놀아줄 수 있는 기회가 생기므로 어머니－자녀 관계가 개선될 수 있다.

둘째, 아버지－자녀－어머니의 형태를 들 수 있다. 예를 들어, 성급한 아버지의 영향을 받아 급한 성격의 자녀는 어머니에게 영향을 주어 어머니의 성향도 변화하는 경우로서, 아버지가 자녀에게 영향을 주어 어머니와 자녀의 상호작용에 영향을 미치게 된다.

셋째, 아버지－어머니의 관계가 자녀에게 영향을 주는 경우이다. 남편－아내 관계는 임신, 출산, 자녀의 성장기 동안 자녀에게 간접적으로 영향을 미친다. 예를 들어, 임신 중 남편이 그의 부인에게 쏟은 정성에 따라 그 어머니가 자녀를 대하는 태도가 달라질 수 있다.

넷째, 자녀의 특성이 아버지와 어머니 관계에 영향을 미치는 경우이다. 자녀의 성숙 정도와 심리상태는 부모들의 결혼관계와 관련이 있다. 민첩한 아이를 가진 아버지는 어머니를 더욱 긍정적으로 평가하며 성숙한 자녀를 가진 경우 결혼생활에 있어서 긴장과 갈등이 적게 나타나는 것으로 보고된다(권미량 외, 2001).

그림 9-1 **아버지와 아들의 역할**

출처: 동아일보

02 | 발달단계에 따른 부모의 역할

1) 태아기

임신과 함께 부모들은 새로운 역할과 환경의 변화에 대한 심리적 준비를 해야한다. 어떤 부모에게는 새로운 생명의 탄생이 기쁨일 수도 있지만, 한편으로는 여러 가지 이유로 기대하지 않는 임신일 수 있다. 이런 경우는 부부가 함께 임신을 긍정적으로 받아들이는 자세가 필요하다. 특히 임신 중에 경험하게 되는 신체적 변화와 출산에 대한 불안 등으로 우울을 경험하기 쉽다. 가족과 남편의 정서적 지원을 통하여 임산부가 편안한 마음으로 출산을 준비할 수 있도록 도움을 주는 것이 필요하며, 새로운 생명의 탄생에 따른 변화에 대해 부모의 인생계획을 다시 설계함으로써 부모가 될 마음의 준비가 필요하다. 자녀를 양육하기 위해서는 육체적 피로가 동반되므로 부부가 함께 양육과 가사분담 계획을 세워야 한다. 부부들이 각자 어떤 역할을 수행해야 할지 고민해 보고, 자녀양육에 대한 자료를 함께 찾아 정보를 나누는 시간이 필요하다.

2) 영아기

출생 후부터 약 3, 4주 정도의 신생아기에는 신체적 안정과 성장을 위한 배려가 가장 중요하므로 부모들은 생리적 보호에 집중해야 한다. 영아의 요구에 대한 양육자의 민감성은 영아와의 관계의 질을 결정한다. 양육자는 영아가 보내는 신호를 재빨리 알아채고 생리적 욕구를 충족시켜 주어 신체적, 심리적 안정감을 느낄 수 있도록 돌봄으로써 부모와 안정된 애착관계를 형성하도록 한다. 영아에 대한 양육행동이 적절할수록 영아는 양육자에게 신뢰감을 형성한다. 양육자가 영아에게 안정적이며 긍정적인 정서적 경험을 제공하는 것은 영아의 인성발달에 중요하다. 이 시기에 양육자가 일관성 있는 양육태도를 보이면 영아는 배고프거나 힘들 때 누군가 자신을 돌봐줄 것이라고는 믿음을 갖는다. 일관성 있는 양육태도에서 신뢰가 형성된 영아는 양육자와 떨어져 있어도 불안을 표현하지 않고 자신의 욕구가 즉시 만족되지 않아도 보채지 않고 기다릴 수 있다. 이 시기에 형성된 기본적인 신뢰감은 이후 성장에도 긍정적인 영향을 미쳐 또래, 동료, 배우자에게도 신뢰감을 형성하는 근원이 된다.

3) 유아기

유아기는 언어와 지능이 급속히 이루어지는 시기다. 유아의 언어발달을 위해서 유아가 듣고 말하는 것을 즐거워하고 상황에 맞는 언어를 익히며 기초적인 문해능력과 바르고 즐거운 언어생활태도를 가지도록 언어적 경험을 제공하는 것이 필요하다. 즉, 일상생활 속에서 다른 사람의 이야기를 주의 깊게 듣는 태도와 이해력을 기르고, 바른 태도와 정확한 발음으로 자신의 느낌, 생각, 경험을 말로 표현하도록 해야 한다. 이를 위해서는 주위의 사람들과 즐겁게 대화하고 여럿이 함께 의견을 나누는 경험을 가지며 글과 글자에 자연스럽게 친숙해지는 경험을 갖도록 기회를 제공하는 것이 필요하다. 이 시기는 자율성의 형성과 함께 자기주장이 강한 시기이기 때문에, '싫어', '아니야', '내가 할래'와 같은 말을 자주하고 무엇이든 자신이 소유하려 한다. 자신의 주장이 실현되거나 어떤 일을 성취했을 때 기쁨과 만족감을 가짐으로써 자율성이 발달하기도 하지만 그렇지 못하면 불쾌감과 불만을 가지면서 수치심이나 회의를 발달시키기도 한다. 또한 이후에는 수치심이 내면화되어서 자신의 결정을 믿지 못하고 불안해하는 강박적 행동이나 피해의식이 나타날 수 있다. 따라서 유아들이 적절한 방법으로 자기주장을 표현하여 바람직한 정서발달이 이루어질 수 있도록 도와주어야 한다(최민수 외, 2016). 영유아기 부모역할을 요약하면 그림 9－2와 같다.

그림 9-2 **영유아기 부모 역할**

출처: 사람과 인간 연구소

03 | 유아교육과 부모와의 관계

1) 민주주의 사회에서의 부모 역할

유아교육에서 부모의 참여는 다음과 같다.

(1) 부모의 권리

부모는 자녀들에 관한 법적 권한과 책임이 있다. 유아교사들은 부모가 자녀에 대한 책임을 제대로 지지 않을 경우 부모에게 책임을 완수하라고 추궁해 왔다. 그러나 교육에서 부모 참여의 원칙은 부모 권한의 중요성 또한 인정해야 한다는 것이다.

(2) 유아에 대한 부모의 영향

부모는 자녀의 첫 번째 교사이다. 특히 생후 3년 동안 가정에서의 경험이 유아의 학습에 결정적인 역할을 한다. 따라서 유아교육자들은 유아들이 유치원이나 어린이집에 오기 전에도 부모들을 지원할 필요가 있다.

(3) 민주주의의 원칙

민주주의 사회에 살고 있는 부모는 자신의 자녀를 어떻게 기를지를 선택할 자유가 있으며, 자녀들의 요구에 맞는 선택을 해야 할 막대한 책임 또한 지고 있다. 그러므로 유아교사들은 부모들에게 정보를 제공하여 부모들이 책무를 수행하는 데 도움을 줄 수 있어야 한다.

2) 유아교육기관과 가정의 연계

가정에서의 교육과 유아교육기관에서의 교육의 지속성과 연계성이 유아 발달에 중요한 영향을 미친다. 가정에서 유아교육기관 사이의 의사소통은 형식적인 교육을 시작하는 유아가 교육기관에 적응하는 것을 돕는데 결정적인 역할을 한다.

가정과 교육기관 사이의 연계성은 교육기관과 가정사이의 연결과 일치의 정도를 의미하며 가정과 유아교육기관과의 연결이란 가정과 교육기관과의 의사소통의 빈도를 의미한다. 일치의 정도란 가정과 교육기관이 자녀에 대한 가치관과 교육의 목적, 언어의 사용, 성인－유아간의 상호작용의 유형에서 어느 정도나 일치가 되는지의 여부를 의미한다.

가정과 유아교육기관 간의 연계를 증진시키기 위해서는 유아교육자들이 가정과의 연계를 위하여 생각하는 다양한 활동들에 관해 생각해 볼 필요가 있다. 모든 가정들은 유아교육기관 사이의 의사소통 방법을 간구해야 할 것이다. 가정과 유아교육기관 사이의 의사소통의 횟수가 증가하면 유아들이 경험하는 교육의 지속성이 동시에 증가할 것이다.

가정과 유아교육기관이 유아에 대해 갖는 기대와 교육관은 교육의 지속성에 많은 영향을 미치는 중요한 양상이다. 교사들은 그리 어렵지 않게 자신과 부모의 교육관과 유아에 대한 기대의 차이를 알 수 있다. 예를 들면 유아교육기관에서 교사는 유아의 자율성을 강조하여 스스로 자신이 선택하고 책임질 수 있는 능력을 중요하게 여기고 유아들이 스스로 자율성을 습득하기를 기대하는 경우가 많다. 반면 부모들은 자신들의 말에 자녀가 순종하길 바란다. 이러한 경우 부모와 교사간의 교육에 갈등을 경험하게 되는 것이다.

가정과 유아교육기관에서의 경험이 너무 많은 차이가 나는 경우, 많은 유아들은 갈등하고 교육에서 불이익을 경험한다. 유아교육기관과 가정의 경우 상호간의 존중의 정도와 힘의 균형이 이루어지고 상호존중의 분위기가 형성된다면 대부분의 경우 유아를 위하여 긍정적인 결과를 얻을 수 있을 것이다.

유아교육기관의 종사자들은 유아교육에의 부모의 참여가 기관을 돕는다는 것을 의미하는 것을 알아야 한다. 부모가 교육기관에 도움이 되어야 한다는 이러한 관점은 부모가 아니라 유아교육기관이나 교사가 힘을 가지고 있다는 것을 나타낸다. 그리고 유아의 부모와 가족을 중요하게 여기는 유아교육기관이라 하더라도 갈등상황이 없는 것은 아니다. 다만 부모와 교사가 서로 존중하며 운영되는 유아교육기관의 경우 갈등상황이 도리어 유아를 위하여 긍정적인 방향으로 발전할 수 있다는 것이다.

3) 유아교육기관과 부모와의 관계 필요성

유아의 전인적·균형적 발달을 도모하기 위한 유아교육이 보다 충실히 이루어지기 위해서는 유아교육기관과 가정과의 긴밀한 협조와 의견 교환이 있어야 한다. 가정교육과 유아교육이 원활한 조화를 이루기 위해서 교사는 유아들의 가정생활을, 그리고 부모는 유아의 학교생활을 알아야 한다.

(1) 자녀의 건전한 성장과 발달

이 세상의 어떤 부모도 자기의 자녀들이 바르게 자라 장차 훌륭한 사람이 되기를 바라지 않는 사람은 없을 것이다. 이러한 바램 속에서 부모들은 자녀들의 교육에 관심을 갖고 자녀들을 유아교육기관에 보낸다. 그러나 유아교육이 성공적으로 되기 위해서는 교사나 원장의 노력뿐만 아니라 유아교육기관에 대한 부모들의 관심과 협조가 필요하다. 부모들은 유아교육이 충실히 이루어질 수 있도록 그 교육에 참여하는 것이 바로 자기 자녀들의 건전한 성장·발달을 돕는 것이다.

(2) 가정교육과 유아교육의 일관성 유지

나이가 어린 유아일수록 주변 환경의 영향을 많이 받는다. 유아가 가장 많이 접하게 되는 부모나 교사는 유아에게 많은 영향을 미친다. 따라서 부모는 유아교육기관에서 유아들이 무엇을 배우고 어떻게 생활하는지 직접 관찰해 봄으로써 자녀들을 어떻게 가르치고 지도해야 할 것인가를 배워야 하며, 가정교육과 유아교육은 서로 일관성 있게 이루어져야 하며 이를 위해 부모들은 유아교육기관에 참여하여 보고 배우고 실천에 옮길 수 있도록 노력해야 한다.

(3) 가정과 유아교육기관과의 상호 신뢰를 도모

유아교육이 성공적이기 위해서는 교사와 유아 사이에 존경과 사랑에 바탕을 둔 상호이해가 있어야 할 뿐만 아니라 자녀들을 유아교육기관에 보내는 부모들과 교사 사이에도 상호이해와 협조가 절실히 필요하다. 이러한 상호이해나 협조는 서로가 서로를 믿는데서 우러나온다. 부모들은 교사를 믿고 자녀를 맡겨야 할 것이며, 교사들은 가정과 부모를 믿고 유아를 충실히 지도해야 한다.

(4) 유아지도에 필요한 정보를 상호교환

교사는 유아를 충실히 지도하기 위해서 유아의 개개인에 대한 신상을 충분히 파악하고 있어야 한다. 각 유아들의 가정환경, 부모와 자녀교육에 대한 관심도, 부모들의 자녀양육방법, 유아의 생활습관, 건강상태, 성장과정 등에 대해 자세히 알고 있어야만 유아들의 특성이나 개성에 맞는 지도를 할 수 있다. 그러기 위해서 부모와 교사 사이에 정보교환이 이루어져야 한다. 대화 또는 가정통신문과 같은 알림장이나 유인물을 통하여 정보교환이 가능하다.

(5) 부모에게 자녀교육에 필요한 지식이나 기술의 습득

부모들은 유아교육기관을 직접 방문하여 교사가 유아들을 지도하는 상황을 참관하여 관찰하거나, 지도하는 활동에 보조교사로서 참여하거나 더 나아가서 유아들을 직접 가르치는 교사로서의 활동을 해 봄으로써 자녀교육에 필요한 지식이나 기술을 습득할 수 있다. 또는 부모교육과 관련된 강의를 듣거나 실습해 봄으로써 자녀들의 발달 특징과 지도방법에 대한 지식이나 기술을 습득할 수 있다.

(6) 교사의 과중한 업무부담 감소

교사 대 유아의 비율이 높을 때 교사는 유아들을 지도하고 교육하기 힘들 뿐만 아니라 유아교육기관 운영이나 교육에 관련된 각종 서류의 정리, 지도에 필요한 학술자료 준비, 학급 환경 정리, 행사 준비나 진행 준비 등 과중한 업무를 처리해 나가는 데 상당한 어려움이 따르게 된다. 부모들이 유아기관에 참여하는 것은 교사의 과중한 업무무담을 덜어줄 뿐만 아니라 자녀교육에 필요한 지식이나 기술을 습득할 수 있다는 의미에서도 상당히 필요하다.

(7) 유아교육기관의 효율적인 운영

유아교육기관에서의 교육은 넓게는 그 지역사회의 문화적 요소 특히 지역사회 구성원들의 태도와 습관에 영향을 받고, 보다 직접적으로는 유아교육기관에서 자녀들을 보내고 있는 부모들의 영향을 받는다. 그러므로 유아교육기관에서의 교육이 효율적으로 수행되기 위해서는 지역사회인들 특히 부모들의 요구나 필요를 반영해야 한다(김진영 · 김정원 · 전선옥, 2010).

그림 9-3 **엄마역할 책**

04 | 유아 부모교육과 지역사회의 관계

1) 지역사회

(1) 지역사회의 개념 변화

지역사회라는 용어의 학문적 개념의 근원이 되는 커뮤니티(community)란 마술적 매력을 지닌 용어이며, 그 변화무쌍함으로 인하여 악명이 높은 개념이다. 이 용어는 우리말로 '지역사회'로 번역되기도 하고, 때로는 '공동사회체'로 번역되기도 한다.

커뮤니티라는 용어는 서구 영어권에서 14세기부터 사용되어 왔으며, '평범한 사람들' 또는 '일반시민'을 의미하였다. 16세기에는 '공통 요소를 지닌 어떤 특성'을 의미하거나, 국가와 대비되는 '시민사회'를 의미하기도 하였다. 산업화가 진행된 19세기 이후에는 더욱 광범위하고 복잡한 산업사회와 대비되는 전통사회의 지역성을 의미하였다. 그리고 커뮤니티는 유토피아적 방식의 집단생활을 의미하기도 하였다.

20세기에 들어와 지역사회의 개념은 대체로 지리적인 경계를 기준으로 언급되는데, 다소 모호하고 가변적인 특성을 지니고 있다. 우선 지역사회라고 정의할 수 있는 지역 범위를 어떻게 규정할 수 있는가의 문제가 제기되기도 한다. 교통과 정보통신 수단의 발달이 급속하게 진행되고 있는 21세기 정보화 사회에서는 전통적 의미의 지역경계가 무너지고 있다. 사이버공동체, 네트워크 공동체 등 새로운 지역사회의 형태가 나타나고 있으며, 글로벌 공동체의 형성으로 초광의의 지역사회의 개념이 등장하였다. 따라서 단순한 지역성을 강조하는 지리적 의미의 지역사회가 점차 그 의미를 상실하고 있는 것이 오늘날 정보화 사회의 실정이다.

지역사회의 또 다른 용어로서 공동체란 말은 공동의 관심과 이해관계를 기준으로 언급한다. 이러한 의미의 공동체는 직업, 취미, 활동 영역 등 기능적 기준에 기초하여 형성된다. 이 용어는 동질적 정체성에 기초한 강한 정서적인 어감을 갖고 있어서 때로는 사람들의 마음을 사로잡아 집단적 감정을 유발하는 마술적인 매력을 지닌다. 그리고 시대의 변천에 따라 의미가 변화하고, 사용하는 사람이나 집단의 의도에 따라 다른 의미를 갖기도 한다.

이에 따라 현대사회에서 지역사회의 의미는 지리적 특성을 넘어 기능적 특성이 강조되고 있다. 이와 같이 변화하는 사회에서 지역사회 개념의 특성은 다음과 같이 요약된다.

첫째, 지역사회의 개념은 역사적으로 그 의미가 변천하여 왔다. 산업화가 진행된 19세기 이전에는 일반시민, 시민사회, 전통사회 또는 유토피아적 집단생활의 의미를 지니고 있었다.

둘째, 20세기 이후 지역사회의 개념은 지리적 의미의 지역사회와 기능적 의미의 지역사회를 동시에 포괄적으로 함축하고 있다.

셋째, 공동의 관심과 이해관계를 강조하는 기능적 의미의 지역사회는 공동체라는 성격을 다양한 모습으로 발전하였으며, 그 사회적 의의가 부각되었다.

넷째, 급속하게 변화하는 21세기 정보화 사회에서 전통적 의미의 지역사회와는 다른 새로운 형태의 지역사회가 나타나고 있다. 사이버공동체, 네트워크공동체와 같이 지리적 공간을 초월하는 새로운 개념이 존재하며, 글로벌 공동체와 같이 초광의의 지역사회 또는 공동체 개념도 나타나고 있다(오정수·류진석, 2017).

(2) 지역사회의 구분

① 공동사회와 이익사회

지역사회의 개념과 연관된 가장 고전적인 개념은 퇴니스(Tönnies)의 개념으로, 그는 인간의 유대를 기준으로 지역사회를 공동사회와 이익사회로 나누었다.

게마인샤프트(Gemeinschaft)로 일컬어지는 공동사회는 자연스럽고 인격적이며 직접적인 만남이 전제된 사회관계를 기반으로 하고 있다. 게마인샤프트에서는 기능적 측면을 강조하는 개인들이 무엇을 했는가보다는 인격체로서 그들이 누구인가에 중점을 둔다. 이러한 관계는 정서와 감정에 기초를 두며 사람들의 선천적인 속성들이 인정되는 전인격적인 특성을 갖는다. 관습이 중요한 사회통제의 기반으로 작동되고, 개인의 목적이나 열망보다는 집단적인 관계가 더 중요하다.

반면, 게젤샤프트(Gesellschaft)로 일컬어지는 이익사회는 합리적 이해관계가 특징이다. 게젤샤프트에서는 의도된 관계가 중요하다. 집단의 이해관계가 개인의 이해관계 보다 우선하며, 개인들 간의 상호작용은 계약에 기초한 실용적 목적을 가진다. 사회적 응집력은 정교하게 된 노동의 분화로부터 시작되고 사회적 통제는 공식적인 법과 규칙에 기초하여 이루어진다. 공동사회와 이익사회를 비교 설명한 표 9-1과 같다.

표 9-1 **결합의지에 따른 공동사회(게마인샤프트)와 이익사회(게젤샤프트)**

공동사회(게마인샤프트)	구분	이익사회(게젤샤프트)
본질의지	결합의지	선택의지
무의식적, 자연적	형성동기	의도적, 인위적
가치관과 규범에 의한 합의	구성요인	계약과 절차에 따른 규칙
상호 이해, 친밀, 화합적	인간관계	타산적, 합리적, 경쟁적
가족, 농촌사회, 민족	예	주식회사, 도시사회, 국가

② 지리적 공동체와 기능적 공동체

또한 지역사회는 두 가지 내용으로 나누어 볼 수 있는데, 물리적 지리성 및 지역적 경계를 가진다는 것과 사회적·문화적 동질성이 있으며 집단행위와 상호 작용이 이루어진다는 것이다. 전자는 장소적 혹은 영토적 측면의 지역사회라는 용어로 일컬어지고, 후자는 비장소적 혹은 기능적 측면의 공동체로 불린다.

우선 지역사회를 지리적 공동체로 보면, 지역사회란 지리적 관련성을 기반으로 하여 주요한 사회 기능을 수행하는 사회단위 및 사회체계들의 결합이라고 보았다. 이들이 정의하고 있는 지역사회는 영토적 특성, 즉 지리적 경계가 명확히 구분되는 특징에 의해 정의된 것이다. 그러나 지리적 경계가 항상 행정의 경계와 일치한다고 보기는 어렵다. 따라서 앞서 설명한 지역사회에 대한 정의는 동일한 지리적 공간에서 그 공간을 기준으로 사회적·문화적·심리적 연계와 이해관계를 가지는 사회단위 또는 사회체계로 그 의미를 정의할 수 있다.

다른 하나는 지역사회를 기능적 공동체로 보는 견해다. 구성원 간의 일체감,

합의, 공통적인 관심과 가치 또는 공동생활양식 그리고 공동노력을 강조하며, 그 공동체의 다른 공동체를 구별할 수 있는 독특성을 강조한다. 현대사회는 전통사회와 달리 지리적 공간을 뛰어넘어 비영토적·기능적 측면이 강조된 다양한 공동체가 존재한다. 직업, 종교, 사회계층, 인종적 특성, 질병 등에 의하여 공동의 가치와 이해관계를 공유하는 다양한 기능적 공동체를 가정할 수 있다. 이러한 공동체가 지리적 경계를 가지는 지리적 공동체와 중첩될 수도 있다. 공동의 정체감과 문화를 가지고 서로 의지하며 살아가는 조선족 이주노동자들이 어떤 도시에 상당한 인구 비율을 차지한다면 이것은 기능적 공동체가 지리적 영역 내에 중첩된 것이라고 볼 수 있다.

뒤르껭에 따르면, 국가는 개인으로부터 매우 분리되어 있기 때문에 지역사회와 같은 매개단위의 도움 없이는 사회화의 기능의 성공적 수행이 어렵고 개인의 의식에 영향을 미칠 수 없다. 이는 지역사회가 개인과 사회를 연결하고 사회화시킬 수 없는 매개구조라고 보는 것이다. 따라서 지역사회는 정치적 실체로 볼 수 없으며 지역, 도시, 읍, 면, 근린지역 등으로 조직된다. 즉 지역사회란 지리적 영역에 기초하며 집합적 동질성을 가진 구성원들이 상호행동하여 공동의 욕구를 충족시키고 공동의 목적을 성취해 나가는 사회적 단위다. 그림 9-4는 지역사회 특징을 설명하고 있다.

그림 9-4 **지역사회**

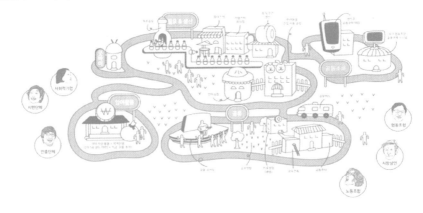

③ 가상공동체

가상공동체는 컴퓨터 매개 커뮤니케이션을 기본으로 하는 것으로 그 구성원이 지구상의 어느 곳에 거주하는 공동체의 일원이 되는 데 제약이 없다. 최근에는 이러한 가상공동체들이 시청각뿐 아니라 후각과 촉각까지 현실과 구분될 수 없을 정도로 묘사하게 되면서 현실과 가상현실 사이의 경계가 모호해지고 가상공동체가 더욱 확대될 것으로 예견한다.

하지만 가상공동체가 고전적 의미의 지역사회 기능을 수행할 수 있을까 하는 것에 대해서는 논란이 많으며 본질적으로 새로운 유형의 지역사회 개념으로 볼 것인지에 대해서도 합의되지 않았다.

따라서 가상공동체는 기존 지역사회와는 다른 느슨한 연대감을 가진 공동체로 보는 것이 적절하다. 때때로 가상공동체는 낙천, 낙선운동의 예와 같이 대단히 강력한 힘을 발휘하곤 한다. 이런 경우는 대체로 공공의 유대감을 가지고 있는 현실공동체가 존재하는 경우다. 실체가 있는 운동이 가상공동체를 통해 지지자를 확보한다며 그 힘은 급격히 증가하게 된다(이경은 외, 2016).

(3) 지역사회의 기능

① 생산 · 분배 · 소비 기능

지역사회 주민들이 일상생활을 영위하는 데 필요로 하는 재화와 서비스를 생산하고 분배하며 소비하는 과정과 관련된 기능으로 경제제도에 속한다. 현대사회에서 재화와 서비스를 생산하고 분배하는 기능은 주로 시장영역에 의해 이루어지고 있으나 정부를 포함한 각종 전문기관, 교육기관 등도 이러한 경제적 기능을 담당하고 있다. 이러한 제도는 개별적인 사회 구성원의 차원에서는 생산의 방법과 가족의 욕구 충족방법에 영향을 주며, 지역사회 전체의 차원에서는 사회 구성원들이 어느 정도 자립할 수 있는가를 결정짓고 또 건강한 생활을 영위하는데 필요한 재화와 서비스를 어느 정도 제공받을 수 있느냐를 결정하게 된다.

② 사회화의 기능

이는 사회가 향유하고 있는 일반적인 지식, 사회적 가치, 행동양태를 사회 구성원들에게 전달하는 과정으로 가족제도가 이에 속한다. 이러한 사회화 과정을 통해서 사회 구성원들은 다른 사회의 구성원들과 구별되는 생활양식을 터득하게 되는 것이다.

③ 사회통제의 기능

지역사회가 그 구성원들에게 지역사회의 규범에 순응하게 하는 것으로 정치제도가 이에 속한다. 모든 사회는 그 구성원들이 지켜야 할 법, 도덕, 규칙 등의 규범을 갖게 되는데, 이러한 규범을 준수하도록 하는 강제력이 결여된 경우 사회질서가 파괴되어 비행과 범죄가 만연되는 사회해체 현상을 경험하게 될 것이다. 사회통제의 일차적 책임은 정부의 경찰력과 사법권을 통해서 보편적으로 적응될 수 있는 법을 집행하는 강제력을 발휘한다.

④ 사회통합의 기능

이는 사회체계를 구성하는 사회단위 조직들 간의 관계와 관련된 기능으로 종교제도가 이에 해당한다. 특정 제도의 구성원이나 전 사회체계의 구성원들은 상호 간에 충성해야 하며, 사회체계가 정상적인 기능을 하기 위해서 어느 정도의 결속력과 사기가 필요하다. 앞서 살펴 본 사회화의 기능은 사람들에게 어떻게 행동해야 할 것인가를 가르쳐 주는 수단이고, 사회통제의 기능은 그러한 행동을 하도록 지배하고 강조하는 수단이라 한다면, 사회통합의 기능은 사람들 스스로 규범을 준수하며 바람직한 행동을 하도록 하는 것이다.

⑤ 상부상조의 기능

상부상조 기능은 지역사회 구성원들이 기존 사회제도에 의해 자신의 욕구를 충족시킬 수 없을 경우 강조되는 기능이며, 이러한 사회적 기능과 제도에 의해서 운영되는 것이 지역이다(우수명 외, 2017).

2) 유아교육기관, 가정, 지역사회의 동반자 관계

(1) 부모교육과 지역사회와의 연계 목적

① 교사와 부모의 관계

교사와 부모는 아동과 교육에 대한 깊은 이해를 하고, 유아들의 가능성을 개발할 수 있도록 교사와 부모가 연계하여 공동의 관심사와 좀 더 나은 프로그램과 교육의 기회를 창출하기 위하여 함께 노력한다.

② 교육기관과 지역사회 관계

교육기관은 지역사회에서의 금전적인 후원뿐만 아니라 자원봉사 등 어린이들에 대한 유아교육서비스 향상을 위한 다양한 후원과 유대관계가 지속적으로 있어야 한다.

③ 부모와 지역사회 관계

부모와 자녀 간의 따뜻한 신뢰감을 조성하기 위하여, 그리고 유아를 교육기관에 맡기는 고정관념에서 벗어나 더불어 지역사회와 함께하는 교육으로 발상을 전환하고자 함이다. 부모들에게는 보다 효율적인 부모역할을 할 수 있도록 다양한 기술을 키워 준다(김오남·류윤석·이유미, 2003).

(2) 유아교육시설과 지역사회 연계의 필요성

유아교육은 유아의 생존과 양육에 대한 유아의 복지권을 추구하는 것과 함께 여성, 가정 그리고 지역사회의 복지를 추구하는 복합적인 사회복지 서비스라고 말할 수 있다. 최근 유아교육에 대한 패러다임의 변화는 유아교육에 있어서 개인의 책임이 아닌 사회가 연계하여 책임을 지는 유아교육의 사회화 기능이 포함된다. 유아교육법 시행규칙 제23조에 의하면 지역사회 교류에서 "지역사회 인사의 유아교육활동에의 참여, 지역사회의 유아교육시설 활용, 유아교육시설의 지역사회 시설 활용, 대중매체를 통한 지역사회와의 의사소통 등을 통하여 효율적인 유아교육프로그램의 운영과 유아교육시설, 가정, 지역사회와의 공조체제와 책임분담을 도모함으로써 아동, 가정, 지역사회 모두의 복지에 공헌하도록 하여야 한다"고 규정하면서 지역사회서비스의 필요성을 강조하고 있다. 저출산으로 인한 문제로 출산과 양육을 장려할 수 있는 각종 지원 사업이 지역사회기관 내에서 활발히 이루어지고 있으므로 보다 적극적인 유아교육시설과 지역사회기관과의 연계가 필요하다고 볼 수 있다.

유아 발달 면에서 유아교육시설과 지역사회와의 관계는 유아를 둘러싼 생태학적 환경에 속하며 유아교육시설과 지역사회는 서로 끊임없이 상호작용하고, 각각의 기능에 상호 민감하게 반응하면서 발달해가는 유기체적 관계를 형성한다. 이는 지역사회의 자원을 활용하는 것에서부터 지역사회가 유아들이 생활하기에 편안하고 유익한 유아교육환경으로 변화해가며, 유아교육시설 또한 지역사회의 특성과 요구, 지지 및 지원에 따라 운영체계 전반에 영향을 받게 된다. 결국 유아교육시설은 지역주민의 의식고취와 복지 향상에 기여하여 지역사회 역시 친 유아적 양육환경을 조성함으로써 무엇보다 유아에게 있어 질 높은 유아교육이 가능하도록 만든다. 따라서 유아교육시설은 지역사회와 유아교육에 대한 연대의식을 갖고 긴밀한 협력을 취해야하며 지역사회의 자원을 최대한 활용할 수 있는 다양한 지역사회연계 프로그램을 개발하고 활용해야만 한다(김진영 · 김정원 · 전선욱, 2010).

(3) 유아교육시설과 지역사회의 연계 내용

유아교육기관과 가정, 그리고 지역사회는 모두 유아의 발달을 극대화시키는 과정에서 중요한 역할을 담당하는 주체이다. 이 세 가지 주체는 서로에 대하여 나름대로 다양한 관점을 가지고 있는데 특히 유아교육기관의 입장에서 유아와 가정, 그리고 지역사회를 어떻게 생각하고 있는가에 따라 교육의 효과에 많은 영향을 미치는 것으로 알려져 있다.

교육기관의 입장에서 유아의 가족과 지역사회를 유아교육기관과는 상호관련성이 없는 존재로 생각하는 경우, 유아를 기관과 교사에게 전적으로 위임하기를 원하고 동시에 부모들이 교육기관과의 사이에 적절한 연계가 이루어지지 않아 교육의 효과를 감소시키게 될 것이다.

유아교육기관이 유아의 가정과 지역사회를 유아의 교육효과를 극대화하는 과정에 매우 중요한 역할을 하는 것으로 인정하는 경우 이 세 주체는 서로를 상호 협력하는 동반자로 인식하여 유아를 위한 최선의 교육과정과 환경을 제공해 주기 위하여 함께 노력하게 될 것이다(김희진, 2008).

(4) 유아교육시설과 지역사회 연계활동 내용의 예

그림 9-5에서처럼 누리교육과정의 내용에 지역사회와 연계활동이 나와 있다. 이를 보다 구체적으로 살펴보면 다음과 같다.

① 보건소와의 연계

보건소에서 이루어지는 건강, 모자 보건사업으로서 뇌수막염 예방접종, 구강검진, 치아 홈 매우기, 모유 유축기 대여, 유아교육교사 무료 결핵검진 등의 유아교육과 관련된 지역사회 연계활동을 살펴봄으로써 적극적으로 이를 이용 및 활용하도록 전개할 수 있다.

② 아동상담소와의 연계

지역 내 아동상담소와의 지속적인 정보교류를 통해 유아교육시설 생활에서 부적응 행동을 보이거나, 발달상의 어려움을 겪고 있는 유아들의 문제와 욕구를 사정하고, 심리정서적 문제행동을 보이는 유아에 대하여 개별진단과 관찰을 통하여 유아의 상태를 파악하며 유아에게 적절한 상담 및 지역사회 자원 연계를 지원 받을수 있다. 또한 유아의 문제행동 상담 및 치료, 유아 학대에 관한 임시보호 및 관련교사교육, 자녀양육에 어려움을 느끼는 부모 상담의 제공 등을 지원받을 수 있다.

③ 주민자치센터와의 연계

구청 및 동사무소에서 이루어지는 특별활동, 예절활동 강사의 파견을 통한 연계활동 및 지속적인 주민의 자원봉사 및 참여연계활동을 마련할 수 있다.

④ 유아교육정보센터와의 연계

유아교육정보센터에서 이루어지는 유아교육정보를 살펴봄으로써 유아교육 관련 최신의 정보, 컴퓨터 및 교사 교육과 더불어 부모와 유아가 함께 할 수 있는 여행 및 견학정보 등을 제공 받을 수 있다.

⑤ 사회복지관계와의 연계

사회복지관에서 이루어지는 실버사랑지도 프로그램을 살펴보고 이를 활용한 노인 특별활동 강사의 파견을 통해 예절 및 다도교육, 도자기 굽기, 한자 배우기 활동 등을 지원받을 수 있다. 더불어 핵가족 시대에 조부모에 대한 예절과 공경 심을 배울 수 있는 활동을 정기적으로 이어나갈 수 있다.

⑥ 구청, 동사무소와의 연계

유아 클린 자원봉사자 등록을 통해 구청 동사무소와 연계하여 유아기관 골목 을 청소함으로써 내가 살고 있는 환경의 중요함과 더불어 이웃에 친근감을 나누 어 보는 활동이 이루어 질 수 있다.

⑦ 경찰서와의 연계

견학 및 경찰 파견교육을 통해 유아기부터 교통안전교육 등을 실시함으로써 우리에게 도움을 주는 기관에 대한 친근감을 가질 수 있다(김진영 외, 2010).

그림 9-5 연계활동

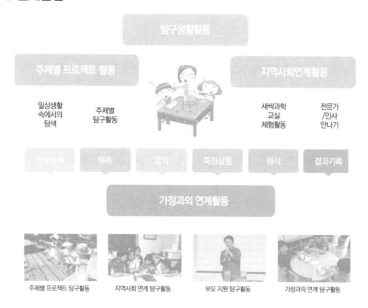

| 주제별 프로젝트 탐구활동 | 지역사회 연계 탐구활동 | 부모 지원 탐구활동 | 가정과의 연계 탐구활동 |

내용정리

○ _____ 는 과거와 달리 자녀들에게 직간접적인 영향을 미친다.

○ 태아기에는 여러 가지 이유로 기대하지 않는 임신일 수 있다. 이런 경우 부부가 함께 임신을 _____ 으로 받아들이는 자세가 필요하다.

○ 영아기에는 유아가 보내는 신호를 양육자가 재빨리 알아채고 생리적 욕구를 충족시켜 주어 신체적, 심리적 안점감을 느낄 수 있도록 돌봄으로써 부모와 안정된 _____ 관계를 형성하도록 한다.

○ 유아기는 _____ 의 형성과 함께 _____ 이 강한 시기이기 때문에 '싫어' '아니야' '내가 할래'와 같은 말을 자주하고 무엇이든 자신이 소유하려 한다.

○ 민주주의 사회에서 유아교사들은 부모들에게 정보를 제공하여 부모들이 _____ 를 수행하게 해야 한다.

○ 가정에서의 교육과 유아교육기관에서의 교육의 _____ 과 _____ 이 유아발달에 중요한 영향을 미친다.

○ 유아의 전인적 균형적 발달을 도모하기 위한 유아교육이 보다 충실히 이루어지기 위해서는 유아교육기관과 가정의 긴밀한 _____ 와 _____ 이 있어야 한다.

○ 지역사회라는 용어는 시대에 따라 _____ 하였고 현대사회에 지역사회의 의미는 _____ 특성을 넘어 _____ 특성이 강조되고 있다.

○ 지역사회의 기능은 다음과 같다. 첫째, _____ 기능, 둘째, _____ 의 기능, 셋째, _____ 의 기능, 넷째, _____ 의 기능, 다섯째, _____ 의 기능이 있다.

○ 유아 발달 면에서 유아교육시설과 _____ 의 관계는 유아를 둘러싼 _____ 환경에 속하며 유아교육시설과 _____ 는 서로 끊임없이 _____ 하고, 각각의 기능에 상호 민감하게 반응하면서 발달해가는 _____ 관계를 형성한다.

—— 정답

아버지
긍정적
애착
자율성 / 자기주장
책무
지속성 / 연계성
협조 / 의견교환
변천 / 지리적 / 초광의적
생산 · 분배 · 소비 / 사회화 / 사회통제 / 사회통합 / 상부상조
지역사회 / 생태학적 / 지역사회 / 상호작용 / 유기체적

 **기출문제**

1. 지역사회에 관한 설명으로 옳은 것은? (사회복지사 1급 13회)

   ① 모든 지역사회는 사회이나, 모든 사회가 지역사회는 아니다.
   ② 지리적 개념은 사회문화적 동질성과 상호작용성에 기초한다.
   ③ 퇴니스는 지역사회를 공동사회와 기계적 연대사회로 구분하였다.
   ④ 인구구성의 사회적 특수성을 기준으로 하여 시, 군, 구로 구분할 수 있다.
   ⑤ 상보상조 기능은 지역사회 구성원에게 법규 순응을 강제한다.

2. 외국인 노동자 공동체와 유사한 공동체의 내부에서 나타날 수 있는 특징으로 옳지 않는 것은? (사회복지사 1급 12회)

   ① 지리적 공간을 공유할 수 있다.
   ② 정체성을 공유한다.
   ③ 공동의 관심이 있다.
   ④ 상호작용이 줄어든다.
   ⑤ 비공식적 특성이 있다.

3. 지역사회에 관한 기능주의 관점을 설명한 것으로 옳은 것을 모두 고른 것은? (사회복지사 1급 14회)

   ㉠ 사회는 항상 불안하다고 전제한다.
   ㉡ 조화, 적응, 안정, 균형을 중시한다.
   ㉢ 소수 엘리트에 의한 주도적 가치판단을 중시한다.
   ㉣ 사회변화가 점진적으로 이루어진다고 전제한다.

   ① ㉠, ㉡, ㉢   ② ㉠, ㉢   ③ ㉡, ㉣   ④ ㉣   ⑤ ㉠, ㉡, ㉢, ㉣

—— 정답은 본 서 뒷 페이지에 수록되어 있습니다.

용어정리

학부모: 교사들이 가장 두려워하는 존재, 이 두 세력은 서로 매우 경계하는데, 교사가 학부모에게 전화하면 학부모가 긴장하고 학부모가 교사에게 전화하면 교사가 긴장한다. 평상시엔 교사가 우위를 점하나 학교에서 사고나 불상사가 일어나 학부모들이 분노하면 아무도 말릴 수 없다.

학부모 소환: 학생부 혹은 선생들이 써먹는 강력 신공 중 하나. 정말로 소환하는 사태로 번지는 않는다 해도 선생들은 이것을 무기로 학생을 위협할 수 있으며 정말 소환한다면 낭패. 선생들이 학부모 앞에서 막말을 할 수는 있겠지만 이에 대한 파급효과가 문제가 된다.

집: 언제부터인가 "집에 다녀오겠습니다"라는 인사가 더 어울릴 정도로 잠만 자게 되는 곳

면담: 담임이 사용하는 최강의 압박 기술. 그 강도에 따라 두 가지로 분류할 수 있다.
> ① 학생과의 1:1면담 : 학생이 기민하게 대처하여 무조건 잘못했다고 빌어 모면할 수 있다.
> ② 학부모 면담: 아예 걸리지 않도록 하는 것이 좋다. 그 외로 고3 때의 입시 관련 면담이 있다.

공생관계: 학생, 학부모, 교사의 삼각관계를 지칭한다.

(학교대사전, 2005)

이야기 나누기

이름:

가장 불합리한 교육정책은 무엇인가?

제10장

교육정책

01 | 교육정책의 개념과 특성

1) 교육정책의 개념

정책은 다음과 같은 개념적 속성을 포함하고 있다.

첫째, 정책이란 목적 지향적 활동이다. 어떤 결과를 산출하기 위한 의도적 활동이 아닌 무의도적인 활동이나 우연적 결과는 정책과 무관한 것이다.

둘째, 정부에 의해 이루어지는 체계적인 활동이다. 정책은 개인의 계획이나 방침이 아니라 법률이나 공적 활동 등에 의해 이루어지고 조직적 활동을 통해 체계적으로 집행되는 결정인 것이다.

셋째, 실제로 이루어지는 활동이다. 일에 대한 계획은 정책이라고 할 수 없으며, 적어도 의도된 목적 달성을 위한 실제적인 행동 과정을 포함하고 그를 의식적으로 추진해야만 정책이라고 할 수 있는 것이다.

넷째, 공공성을 가지고 있다. 정책은 그 추진 결과로 영향을 받게 되는 국민들의 이익을 고려하고, 그에 합치되어야 하는 것이다.

다섯째, 권위를 바탕으로 한다. 정책은 공익에 기초한 국민의 동의를 바탕으로 국가가 정치권력을 동원하여 강제하는 결정이고 활동인 것이다.

이러한 정책의 개념은 교육정책에도 그대로 적용할 수 있다. 즉, 교육정책은 간단히 말해 교육에 관한 정책이기 때문에 교육에 대한 권위적 결정 혹은 교육목표 달성을 위한 수단의 선택 등 여러 가지 관점에서 정의할 수 있다. 따라서 교육정책은 전술한 정책의 속성을 포함시켜 포괄적으로 말하면, 교육목적의 달성을 위해 정부가 공익과 국민의 동의를 바탕으로 강제하는 체계적인 활동으로 구성된 교육에 관한 지침 혹은 의사결정이라고 말할 수 있다(윤정일 외, 2015). 물론, 이러한 교육정책에 대한 정의는 구체적인 교육상황에서 다음과 같은 내용을 함축하고 있어야 한다.

첫째, 정치적 과정을 통해 결정되는 국가의 통치 작용이다. 교육정책은 정치권력에 의해 특정한 목적 달성이나 산출을 위해 결정되는 통치행위의 의미를 갖는다. 다만, 민주국가에서는 그 공권력의 행사가 국민의 동의에 기초해야 한다는 원칙이 있다.

둘째, 교육제도와 그 운영에 관한 기본 지침이다. 교육정책은 그를 통하여 수립되거나 개편·운용되는 교육제도의 지침이 된다. 그러나 때로는 교육제도가 법규나 관습에 의한 교육활동의 틀이기 때문에 반대로 교육정책의 기반이 되기도 한다.

셋째, 교육문제 해결을 위한 대안의 선택이다. 교육정책은 교육문제의 해결을 위한 적절한 수단을 강구하는 일, 즉 여러 가지 수단 혹은 대안 중에서 가장 합리적인 대안을 선택하는 과정이라고 할 수 있다.

넷째, 교육이념의 구현이다. 교육정책은 교육목적의 실현을 위한 수단을 강구하여 교육 발전을 도모함으로써 궁극적으로 교육이념을 구현하는 역할을 한다. 그러나 때로는 교육정책이 교육이념에 대한 결정 작용을 할 수도 있다(강창동, 2014).

2) 교육정책의 특성

교육정책은 교육목적의 달성을 위해 정부가 공익과 국민의 동의를 바탕으로 결정한 교육에 관한 기본적 지침을 말한다. 따라서 교육정책은 교육목적의 실현을 위해 정부가 정치적 과정을 통해 선택한 문제해결 수단이고, 교육문제 해결을 위한 방안의 모색이라는 특성을 가진다.

행위의 측면에서 의사결정이라는 특징, 형성 혹은 과정의 측면에서는 정치적 과정이라는 특징을, 효과의 측면에서 교육목적의 실현이라는 특징을 가진다. 이러한 특징을 구체적으로 살펴보면 다음과 같다.

(1) 행위의 측면: 의사결정

교육정책은 정책 행위라는 측면에서 정부가 수행하는 교육에 관한 공적인 의사결정이라는 특징을 가진다. 이러한 공적인 의사결정은 다른 종류의 정책과 마찬가지로 다음과 같은 몇 가지 특성을 가진다.

첫째, 교육정책은 본질적으로 합리적이고 목적 지향적인 특성을 갖는다. 즉, 교육정책은 국민의 이익에 부합되도록 교육운영의 지침을 제시하려 하는 의도적·계획적 활동이고 가치 지향적 활동이기 때문에 선택과 결정에 있어서 타당성과 합리성을 가장 기본적인 특성으로 삼는다.

둘째, 교육정책은 교육문제의 해결을 위한 대안을 제시한다는 의미에서 과학적인 문제해결 과정을 기반으로 한다. 과학적 문제해결 과정은 합리성을 추구하기 위하여 일정한 절차나 단계를 거치는 것이 보통이다.

셋째, 교육정책은 최적의 대안을 채택하는 일이라는 점에서 최적화를 지향하는 선택행위라는 특성을 갖는다. 물론, 대안의 결정 과정에서 최선의 선택을 하는 것이 가장 좋지만, 여러 가지 사정으로 그것이 항상 가능하지는 않기 때문에 때로는 차선의 길이나 차차선의 길에 만족하지 않으면 안 되는 경우도 많다. 따라서 선택행위는 현실 가능성의 차원에서 많은 제약을 받으면서도 그중에서 최적화를 추구하게 되는데, 이것이 교육정책의 본질적 측면을 이룬다.

(2) 형성 혹은 과정의 측면: 정치적 과정

교육정책은 그 형성 과정에서 정치적 과정을 통해 이루어지고, 정치·행정체제를 통해 수립·추진되기 때문에 본질적으로 권력의 문제와 깊은 관련을 맺는다. 따라서 이러한 정치적 과정은 다음과 같은 몇 가지 특징을 가진다.

첫째, 교육정책은 필연적으로 정치적 과정, 곧 역동적인 권력관계를 통해 형성되고, 심의·합법화되는 과정을 거치기 때문에 그 형성과 추진은 정치권력과 밀접한 관련을 갖는다. 일반적으로 권력이란 어떤 개인이나 집단이 다른 개인이나 집단에 대하여 미치는 영향력을 의미한다. 정책과 관련하여 보면, 그것은 어떤 개인이나 집단이 정책결정과 그 집행과 관련하여 다른 개인이나 집단에 대하여 미칠 수 있는 영향력을 의미한다고 볼 수 있다. 이때 그 권력을 행사하는 사람은 특정의 개인일 수도 있고 어떤 조직체나 집단일 수도 있다. 따라서 교육정책을 권력관계의 측면에서 분석하고자 할 때는 이들 주요준거인과 준거집단의 행태에 주목할 필요가 있다.

둘째, 정치권력의 행사와 관련해서는 사회적으로 승인된 권력의 속성과 그 행사방식이 어떠한 것인가를 이해하는 것이 중요하다. 교육정책을 정치적 과정으로 볼 때, 이를 이해하는 방식은 사회의 가치체제나 문화 혹은 행태에 크게 의존한다. 그러나 분명한 점은 민주주의를 신조로 하는 현대사회에 있어서는 자유와 평등의 실현, 기본적 인권과 같은 국가운영의 기본원리에 그 과정이 제약된다. 따라서 교육정책이 정치적 과정을 통해 이루어진다는 말은 자유민주주의 사회에서는 공공적 이익과 국민의 동의를 바탕으로 이루어진다는 의미를 내포한다. 즉, 교육정책은 그 형성과정에서 국가의 기본 이념과 교육이념을 토대로 한 국민의 이익 실현과 동의를 통해 이루어진다는 속성을 가지고 있다.

(3) 효과의 측면: 교육목적의 실현

교육정책은 교육활동을 이끌고 조장하며 지원하기 위한 기본 지침을 제시하려는 근본적인 목적을 가지고 있다. 따라서 교육정책의 특성은 그것이 교육에 어떠한 효과를 가져왔느냐 하는 측면에서 고찰할 필요가 있다. 이것은 다음과 같은 세 가지 측면에서 고찰할 수 있다.

첫째, 교육정책이 교육목적의 실현에 얼마나 기여하였는가 혹은 기여할 수 있는가 하는 점이다. 즉, 교육정책은 교육의 성장, 교육기회의 확대와 균등화, 교육의 질적 향상과 수월성 증대 등 교육 내적 조건의 성장과 발전에 얼마나 기여하느냐에 따라 평가할 수 있다는 것이다. 교육정책은 적어도 교육목적 실현을 통해 교육에 의해 영향을 받는 대다수 사람의 이익과 복지증진에 기여해야만 그 의미와 가치를 가진다.

둘째, 교육정책은 교육의 외적 조건을 정비하고 교육의 환경을 개선하는데 얼마나 기여하였는가를 살펴봄으로써 그 타당성과 효율성을 평가할 수 있다. 즉, 교사, 시설, 재정 등의 조건을 정비하고 교육운영의 환경 요인을 정비·개선하는 정도에 따라 교육정책의 기여도를 판단할 수 있다. 이러한 외적·환경적 조건의 개선은 교육의 내적 조건과도 직결되기 때문에 교육력의 신장과 교육 발전에도 기여할 수 있다. 그리하여 교육정책은 교육의 내적·외적 조건을 정비하고 확충함으로써 교육의 발전을 도모한다는 특징을 가진다.

셋째, 교육정책의 성과를 교육의 국가 발전과 사회 발전에 대한 기여도에서 찾을 수 있다. 예컨대, 교육이 경제성장이나 사회적 통합에 얼마나 기여하였고, 또 기여할 수 있는가 하는 측면에서 교육 발전의 지표를 찾고, 그에 비추어 교육정책의 성과를 평가하려는 입장이 있다. 물론, 이 경우도 교육의 발전이나 교육환경의 정비·개선과 무관한 것은 아니지만, 교육을 그 자체로 독립시켜 보는 것이 아니고 국가 사회와의 연관 속에서 보고자 하는 점에서 차이가 있다.

따라서 교육정책의 특성은 이와 같이 여러 각도에서 다양한 준거와 척도로 조명되고 평가된 후 이해되어야 한다. 어떤 단일의 준거와 척도만으로 교육정책의 효과나 영향을 이해하기는 어렵다(주삼환 외, 2010).

02 | 교육정책의 가치

교육정책의 본질을 논의하는 데 있어서 중요한 요소는 교육정책이 추구하는 기본적 가치가 무엇이냐에 관한 것이다. 가치의 문제는 개인과 집단, 사회와 국가에 따라서 차이가 있으며, 그것은 한마디로 말해서 역사적·사회적 소산이라 할 수 있다. 그럼에도 불구하고 자유민주주의를 신봉하는 국가·사회에는 일련의 공통된 가치체계가 존재하고 있으며, 그것은 논리적으로나 경험적으로 도출 가능한 일이다. 교육정책의 목표 및 성과면으로 양분하고 각기 추구하는 기본적 가치를 살펴본다.

1) 과정면에서 추구되는 기본적 가치

우리나라의 교육정책 수립과 집행의 과정에서 추구되는 기본적 가치로서 다음을 들 수 있다.

(1) 적합성

적합성이란 교육정책이 그 시대의 사회적 요구에 부응하고 있는 정도를 의미하는 것이다. 자율화·개방화 시대의 교육정책이 통제의 강화와 폐쇄성을 지향하는 것이 된다면, 그것은 시대의 흐름에 역행하는 것이 될 것이다. 교육의 질을 높이고자 하는 교육정책이 교육재정을 약화시키는 것이 된다면, 그것은 그 목표에 부합되지 못할 것이다. 교육정책은 교육의 목표에 부합되고 시대와 사회의 요구에 부응하는 것이 되어야 한다.

(2) 합리성

합리성은 교육정책의 수립과 집행 및 평가의 과정에서 합리성이 존중되어야 하며, 지성의 원리, 과학적 문제해결 방식이 존중되고 계획의 논리가 존중되어야 함을 의미한다. 실제적으로는 이치에 맞고 상식이 통하는 것임을 뜻한다고 보아도 좋을 것이다.

(3) 민주성

민주성이란 전횡과 독단을 배제하고 책임과 권한을 분산시키며, 조직 구성원의 참여의 폭을 넓히는 것을 의미한다. 이는 오늘의 시대적 정신으로서는 경우에

따라서는 사회적 합의에 도달하기 위한 시간과 정력의 낭비를 가져올 수 있음에
도 불구하고, 좀 더 대국적 안목에서 요구되는 기준이 되고 있다.

(4) 효과성

효과성은 목표성취의 정도를 의미한다. 표방된 목표를 어느 정도 달성했느냐
는 좀 더 구체적으로 교육성장의 극대화, 교육환경과 여건의 개선, 교육의 국가
발전에 대한 기여의 증대 등 관련된 지표에 의하여 표시될 수 있을 것이다.

(5) 능률성

능률성이란 교육 및 교육행정조직에 있어서 조직구성원의 심리적 욕구를 충
족시키는 정도를 의미한다. 통념상 투입을 극소화시키거나, 산출을 극대화 시키
는 뜻에서의 경제적 효율성을 의미하는 경우도 있으나, 그러한 통념과는 뜻을 달
리한다.

(6) 책무성

책무성은 교육정책을 수립하거나 집행한 사람들이 그들이 속하는 집단이나
공동체에 대하여 스스로의 행동을 책임지고 설명할 수 있음을 말한다. 공정성·
책임의식·준법정신 등이 그 기저에 깔려 있는 것으로서, 공익 우선의 정신과 논
리에 입각하여 사물이 처리되었음을 떳떳이 밝히고자 하는 것이다.

2) 목표와 성과 면에서 추구되는 가치

교육정책은 교육활동을 위한 수단이며, 교육활동 자체의 발전을 위한 봉사활
동으로서의 성격을 띠고 있다. 따라서 교육정책은 교육활동이 추구하는 목표에
따라서 몇 가지 공통된 목표를 가진다. 교육정책의 목표와 성과 면에서 추구되는
주요 가치를 생각해 보면 다음과 같다.

(1) 형평성

형평성이라 함은 균형·공정·평등 등과 상통되는 개념이다. 모든 국민에게 교육에 접근할 수 있는 기회를 균등하게 보장하며, 나아가서 교육이 여건에 있어서 균등화를 꾀하고자 하는 것이 곧 교육에 대한 기회균등의 원리이다. 빈곤한 영재에게 장학금을 지급하며, 도서와 벽지·수복지구와 접적지구·광산지구 등에 역차등의 정책을 적용하여 도리어 우선적인 혜택을 제공하는 시책을 펴나가는 따위는 그러한 적극적 차등시책이 사회정의에 적합한 것이라는 논리에 입각한 것이며, 적극적으로 형평과 기회균등을 추구하고자 하는 뜻이라 할 수 있다.

(2) 수월성

수월성이란 교육의 성과가 훌륭히 나타나는 정도를 의미한다. 곧 그것은 학생들의 학업성취도가 뛰어나다거나, 덕성이나 운동과 예능 등에 있어서 뛰어난 기량의 향상을 보여 준다거나 함을 의미한다. 교육의 질이 향상되고 내실화를 꾀한다는 말로써 표현되기도 하는 것으로서 교육정책은 궁극적으로 그러한 교육목표의 구현에 봉사하고자 하는 것이라 할 수 있다. 우수한 교사를 확보하고 충분한 재원을 마련하는 등 시책의 목표는 궁극적으로는 교육 본연의 목표를 추구하며, 교육의 수월성 확보에 있다고 하는 것도 모두 같은 논리이다.

(3) 자율성

자율성이란 어떠한 개인이나 기관이 스스로 결정하고 선택하는 자주적 결정의 정도를 의미한다. 동시에 그것은 스스로 결정한 결과에 대해서는 책임을 진다는 자기책임을 의미하며, 자기책임을 수반하는 자기결정은 자기통제와 자기규율을 수반한다는 논리가 성립됨으로써, 마침내는 자주결정·자기책임·자기규율의 삼위일체를 이루는 것임을 의미하는 것이라 할 수 있다. 따라서 결과에 대한 책임을 수반하지 않는 결정이나 자기통제와 규율을 수반하지 않는 결정이란 자율성이 될 수 없으며, 우리들이 현실에서 보는 자율성이 흔히 그러한 무책임한 것이거나 무질서한 것일 수 있다는 사실 또한 간과할 수 없다.

(4) 공익성

공익성이란 곧 공공의 이익을 앞세운다는 뜻이다. 사회를 구성하는 대다수의 일반이익을 추구하며, 소수 특권층의 이해관계에 사로잡히거나 일부 사람들에게 특혜를 주는 것은 공익에 위배한다는 것이며, 사회정의의 개념에서 멀어진다는 뜻이다. 구체적으로 무엇이 사회의 공익에 부합되느냐의 구체적 기준에 대해서는 시대와 사회에 따라서 변동이 있을 수 있으며, 항구불변의 가치기준이 있는 것은 아니라고 할 수 있다.

그러나 교육은 국민 대다수의 일반 이익에 관련되는 것인 만큼, 국민 대다수의 복리추구와 복지증진을 위하여 운영되어야 하며, 일부 소수특권자들의 이익을 옹호하는 것이 되어서는 안 되고, 파당적인 이해관계에 의해서 정책이 좌지우지될 수 없다는 것이며, 이른바 정치적 중립성의 개념도 그러한 의미에서 옹호, 견지되고 있는 것이라 할 수 있다(주상환 외, 2010).

03 | 교육정책의 내용

교육정책의 내용을 일률적으로 구분하여 확정적으로 말하는 것은 매우 어려운 일이다. 교육정책이란 일반적으로 각국의 교육이념이나 사회문화적 차이 등에 따라 교육정책의 내용이 변환되기 때문이다. 그런데 교육정책의 내용을 분류하는 방법에는 여러 가지가 있을 수 있는데, 크게 나누어 영역별 분류와 기능별 분류로 나눌 수 있다.

그런데 우리나라의 교육정책을 분류해 본다면 그 내용은 다음과 같이 구분할 수 있다.

1) 교육목표정책

교육활동에는 교육목표 면에서 제시하는 기본지침이 있다. 교육목표나 단위과제를 근간으로 그 실천에 관한 기본지침을 교육목표정책이라 부른다. 우선, 교육법에서 교육목표정책을 찾을 수 있다. 교육법 제1조에는 교육이념과 교육목적이, 이러한 목적을 달성하기 위하여 교육법 제2조에는 교육방침이 진술되어 있다. 또한 교육법에서 각급학교의 교육목표정책을 찾을 수 있다.

2) 교육과정정책

모든 교육활동은 학교의 교육과정에 따라 전개된다. 이때 교육과정이란 학교에서 의도적으로 학생들에게 제공하는 학습경험의 전부라고 할 수 있다. 이러한 교육과정의 제정과 운영에 관련되는 일체의 정책을 교육과정정책이라고 부른다. 학교의 교과활동·특별활동·생활지도를 포함하며, 이들은 다시 학습경험으로 조직되어 학생들에게 제공된다. 따라서 교육과정정책에는 교육부에서 고시되는 각급학교의 교육과정 구성과 교과용 도서 발간 및 기타 학습교재 발간과 관련되는 국가나 지방공공단체의 기본방침을 포함한다. 교육부에서 고시된 각급학교의 교육과정에는 교육목표의 편제, 교과활동의 목표 및 내용, 특별활동의 목표 및 내용 등이 포함되어 있다. 이 외에도 교육청에서 교과과정 운영과 관련되는 기본지침의 개발은 교육과정정책이라 볼 수 있다.

3) 교육자원정책

학교에서의 교육과정 운영은 교육자원에 크게 의존한다. 교육과정 운영의 정도는 교육자원 규모와 그 활용 정도에 의하여 결정된다고 할 수 있다. 교육자원은 바로 교육과정을 얼마나 잘 운영할 수 있는가를 결정하는데 핵심적인 요소가 된다. 여기서의 교육자원은 교육과정 운영에 필요한 인적·물적·재정적 자원 등을 망라하여 부르는 용어이다. 교육자원 측면에서 중요한 것은 그것을 어떻게 확보하고, 배분하여 활용할 것인가에 초점을 둔다. 이러한 교육자원의 확보, 배분 및 활용에 관련되는 정책을 교육자원정책이라고 부른다. 교육자원에는 인적·물적·재정적 자원 이외에도 학교를 둘러싸고 있는 지역사회의 각종 교육자원을 어떻게 활용하느냐 하는 과제도 중요한 교육자원정책이 될 수 있다.

4) 교육제도정책

학교에서 교육목표는 교육과정에서 구체화되고 교육과정은 교육자원을 근거로 운영되어, 교육목표는 결국 교육제도의 관리를 통하여 실현된다. 각급학교를 포함하는 교육제도의 교육적 결과는 이들의 지원, 조정 및 통제를 통하여 나타난다. 이러한 교육제도 관리에 관한 정책을 교육제도정책이라고 할 수 있다. 교육제도정책에서는 학교교육제도 운영, 사회교육제도 운영을 포함하는 전체 국민교육제도라는 차원에서 교육체제를 살펴야 하며, 각급학교 교육제도의 성과를 분석하여 제도 개선을 도모함은 물론 사회교육의 성과를 분석하여 계속 교육을 발전시켜야 할 것이다. 특히 교육의 생산성은 교육제도의 관리에서 나오는 결과이다. 따라서 교육제도정책에서는 평생교육 차원에서 교육제도 전체의 운영을 살펴야 하며, 각급 학교교육이 체계적으로 연결되어 소기의 목표를 도달되고 있는가를 파악해야 할 것이다(윤정인 외, 2003).

04 | 신자유주의 교육정책

1) 신자유주의의 특징

신자유주의는 다음과 같은 세가지 특징을 갖고 있다. 첫째, 자원배분 기제로서 시장의 효율성에 대한 절대적인 믿음이다. 둘째, 모든 경제관계에서 시장원리의 확대, 즉 자유무역과 자유로운 금융자본의 이동을 가능케 하는 대외개방과 자유화, 탈규제가 요청되며, 공공영역에서도 시장논리와 경쟁원리가 강조된다. 셋

째, 경제정책에서 균형재정을 지향하는 긴축 위주의 재정통화정책, 소득재분배
보다는 자본축척을 위한 감세 위주의 조세정책이 강조된다. 현실세계에서 신자
유주의로 이행은 시대별로, 국가별로 다양하게 나타나고 있기 때문에 대처의 영
국이나 레이건의 미국을 표준으로 신자유주의 여부를 정태적으로 판단해서는 안
된다(김천기, 2016).

신자유주의 이념과 경제적 특징은 표 10-1과 같다.

표 10-1 **신자유의 이념적 측면과 경제적 측면(강창동, 2014)**

이념적 측면	경제적 측면
• 개인의 자유	• 작은 정부
• 자유경쟁원리	• 시장경쟁 원리
• 경쟁의 효율성	• 공기업의 민영화
• 공정한 기회의 제공	• 개인의 사유재산권 보장
• 합리적 선택과 책무성	• 정부 규제의 철폐 내지는 축소

신자유주의는 시장이 선이며 국가는 악이라 보고 이런 시장을 통해 모든 사
회문제를 해결하려고 하였다. 신자유주의는 신의 절대적 도구가 아니라 인간이
만들어 낸 편의적인 도구에 불과하다(강창동, 2014).

신자유주의는 국가철회를 주장하지만 그것은 어디까지나 특수한 사회부문에
한정된 것이며 오히려 광범위하게 국가가 개입하고 있으며, 단지 개입의 형태만
달라졌을 뿐이다. 서구사회에서 신자유주의가 시장에 대한 국가개입에 반대한다
고 했을 때 그것은 복지국가를 타깃으로 삼은 것이지, 기업의 자본의 축척을 위한
국가의 역할을 부정하는 것은 아니었다. 신자유주의국가는 기업의 국제경쟁력을
높인다는 명목으로 산업혁신정책을 실행하고 노동의 유연성을 시행하는 한편, 사
회적 약자에 대해서는 철퇴를 휘둘렀던 것이다. 따라서 국가개입은 무조건 신자
유주의적이지 않다고 판단하는 것은 오류를 범할 가능성이 높다(김천기, 2016).

2) 신자유주의 교육관

신자유주의는 개인의 자유로운 선택과 경쟁을 중시하면서 정부의 규제나 시장 개입 대신 시장 자체의 자유로운 경쟁을 중시한다는 흐름이다. 한 국가 안에서는 수요자 중심이나 민영화를 강조하면서 수요자의 선택권과 자유경쟁을 중시했으며, 국제적으로는 세계화나 자유무역협정 등으로 전개되었다. 요컨대 신자유주의 교육정책은 공교육을 개인의 자유로운 선택과 경쟁에 맡기려 한다(김병욱, 2013).

신자유주의 교육관을 정리하면 다음과 같다.

첫째, 교육의 시장경쟁이 교육의 질을 높인다.

둘째, 교육 소비자는 자유로운 존재며, 합리적인 선택을 한다.

셋째, 교육 소비자는 원하는 학교를 선택할 자유로운 권리가 있다.

넷째, 단위학교는 교육 소비자가 원하는 질 높은 교육을 제공한다.

다섯째. 단위학교는 정부의 규제 없이 자율적으로 관리, 운영할 수 있다.

여섯째, 단위학교는 학업성취, 즉 교육적 결과에 따른 책무성을 가진다.

일곱째, 실패한 단위학교는 시장원리에 의해 교육시장에서 퇴출될 수 있다.

여덟째, 다수의 범재보다 한 명의 천재를 위한 수월성 위주의 엘리트교육을 지향한다(강창동, 2014).

신자유주의 교육학자들은 국가 교육정책이 협의적 교육 문제에 집중한 나머지 노동, 산업, 과학기술, 문화 등에서의 인적 자원 개발과 같은 범국가적 차원의 문제에 소홀했고 한국 교육체제의 자기 혁신 능력과 책무성이 부족했다고 비판했다.

이에 따라 한국 교육개혁의 과제로 다음 같은 것을 제시한다.

첫째, 21세기를 위한 전문지식과 정보 능력, 민주시민의 소양과 의사소통 및 협동성을 위한 협력적 사회능력, 그리고 평생학습 능력의 소유자를 길러야 한다.

둘째, 한국의 낮은 지식투입 지수와 낮은 지식성과 지수를 선진국 수준으로 올려야 한다. 한국교육의 비효율성은 대졸자의 46.5%가 자신의 교육 수준보다 낮은 첫 일자리를 잡았으며, 대졸자의 37.4%가 자신의 전공과 무관한 분야에 취업하고 있다는 데서도 나타난다.

셋째, 학교 선택권을 확대하기 위해 자율학교를 늘린다.

넷째, 교장초빙 공모제를 도입하여 낙후지역 학교의 교육력을 높인다. 2006

년 9월부터는 전체 학부모회의나 학교운영위원회의 추천과 교육감의 승인으로 교장을 뽑을 수 있다(김병욱, 2013).

3) 신자유주의 교육정책의 예

(1) 자율형사립고등학교

자율형사립고등학교(이하: 자사고)는 자율과 경쟁의 원칙에 따라 운영되도록 한다는 신자유주의적 발상의 예이다. 자사고 설치의 명분으로 건학이념이나 교육의 다양화와 특성화를 들고 있지만, 국가교육과정과 현 입시경쟁구조에서 다양화와 특성화는 사실상 허울 좋은 명분에 불과하다. 자사고가 다양화와 특성화를 추구한다고 해도 그것은 어디까지나 일류대학 진학률을 높이기 위한 것일 수밖에 없다. 학벌주의 사회에서 자사고가 명문대 진학률에서 성공적이지 못하면 살아남기 어려운 것이 현실이다(김천기, 2016).

그림 10-1에서 보는 것처럼 자사고와 일반 고등학생의 학업성취도에서는 월등히 차이가 있었다. 아무리 내신에 있어서 자사고가 손해를 본다하더라도 서울대 입학자의 출신 고교 배경에도 자사고, 과학고, 외고 등은 정시에서 높은 합격률을 보였다. 따라서 자사고는 단순히 선발의 자율성이라는 선택권의 차원에서 이야기될 수 있는 성격이 아니다. 자사고 문제야말로 개인주의와 능력주의의 근간을 허무는 일일 뿐만 아니라 계급의 세습과 연관된 중요한 사회적 문제이다(김천기, 2016).

한국에서 자사고에 대한 호감이 중상류층에서 강하게 나타난다. 자신들의 사회경제적 수준에 맞는 학교를 만들어 달라는 것이다. 자사고에 찬성하는 쪽의 주장은 이렇다. 모든 사람에게 똑같은 공사립학교에서 교육을 받도록 하는 것은 획일적 평등주의다. 우리사회는 계급적 분화가 급속히 일어나고 있고, 계급에 따라 사회경제적 삶이 다르다. 따라서 학부모가 자녀교육에 자신의 경제적 능력에 상응하는 지원을 하는 것을 부정적으로 볼 필요가 없다. 차별화된 양질의 학교교육을 받게 하고 싶어 하는 중산층 학부모의 욕구를 좌절시키려는 것은 시대착오적 발상이라고 비판을 한다(김천기, 2016).

그림 10-1 일반고 자사고 고1학업성취도 평균 및 서울대 입학 현황

일반고·자사고의 고1 학업성취도 평균(단위: 점)

21.01 202.15 223.16 25.76 194.93 220.69

2010년 2013년

학업성취도 평균은 국어, 영어, 수학에
대한 성취도평가 점수를 100~300점
으로 환산해 평균낸 것
자료:서울시교육연구정보원

3년간 서울대 입학자의 출신 고교 유형별 현황(단위: 명, ( )안은 합격자 배출 학교 수)

일반고(1070)
수시 3765 정시 1485
입학자 수 5281
정시 비율(%) 28.1

자사고(49)
967 887
1854
47.8

외고·국제고(37)
762 415
1177
35.3

과학고·영재학교(26)
809 28
937
3

예·체고·기타(27)
526 9
535
1.7

자료: 서울대

그러나 그림 10−2에서 보는 것처럼 자사고 학생의 가정이 더 많은 교육비를
지출하고 있다. 이미 자사고를 통해서 계급 재생산을 하는 것으로 보인다. 여타
의 학교는 평준화의 틀로 묶어 놓고 자사고에만 선발권을 부여하여 우수학생을
독점할 수 있게 하는 것 자체가 특혜라는 비판을 면하기 어렵다. 그뿐만 아니라
자사고는 평준화 제도의 보완책이라 하지만 과거 비평준화 제도하의 입시명문
공립학교 보다 후진적이다. 공립학교는 그 성격상 자사고처럼 계급 차별적인 학
교는 아니었기 때문이다(김천기, 2016).

그림 10-2 일반고 자사고 교육비 비교

자사고와 인근지역 일반학교 납입금 비교 (자사고 / 일반학교)

광양제철고 104만 2,000원 / 101만 1,000원
상산고 390만 600원 / 130만 200원
민족사관고 281만 7,600원 / 90만 6,493원
포항제철고 115만 1,466원 / 103만 2,466원
해운대고 441만 5,400원 / 147만 1,800원
현대청운고 283만 1,320원 / 141만 5,660원

자료: 교육개발원, 2005

자사고와 인근지역 일반학교 월 평균 사교육비 비교 (자사고 / 일반학교)

광양제철고 32만 6,000원 / 49만원
상산고 42만 4,000원 / 40만 3,000원
민족사관고 104만 5,000원 / 30만 2,000원
포항제철고 39만 3,000원 / 36만원
해운대고 55만 7,000원 / 46만 6,000원
현대청운고 35만 9,000원 / 41만 4,000원

학교 유형별 월 평균 가구 소득(서울 지역)(단위: %)

구분		200만 원 미만	400만 원 미만	600만 원 미만	800만 원 미만	1천만 원 미만	1천만 원 이상
일반고	2010년	12.2	32.2	33.3	11.5	4.4	6.4
	2011년	14.4	33.7	28.7	12.2	4.6	6.4
자율형 사립고	2010년	8.1	20.1	32.1	16.2	10.0	13.5
	2011년	8.4	18.8	28.0	18.3	11.1	15.4
특목고	2010년	1.6	8.3	33.6	22.3	13.4	20.8
	2011년	2.7	7	29.7	18.6	16.0	23.2

자료: 유기홍 의원실 · 사교육 걱정없는 세상

(2) 교원평가

신자유주의 부상과 함께 평가가 문제해결의 효율적 수단으로 광범위하게 사용되고 있다. 평가적 국가라는 용어가 시사하고 있듯이, 국가는 단위학교 경영의 자율성을 강조하면서도 평가라는 기제를 통해 교육을 통제하는 경향이 점증되어 왔다.

교원평가가 책무성을 위한 것이든 전문적 능력의 향상을 위한 것이든, 교원평가는 두가지 한계가 있다. 첫째, 교원평가의 타당성이다. 교원평가가 타당하다는 주장은 평가자가 주장하는 객관적 사실이고, 교원능력개발의 목표달성에 효과적이고, 교원을 평가하는 것이 올바르고 정당하며, 평가자가 진실하다는 근거에서 비롯한다. 둘째, 어떻게 하면 피평가자가 평가자의 주장을 수용함으로써 수업개선에 노력을 갖는가이다.

교원평가가 수업개선에 효력을 갖기 위해서는 다음 네 가지 조건이 있어야 한다. 첫째, 피평가자가 되는 교사는 관찰과 평가의 대상이 아니라, 상호이해를 위한 의사소통의 참여자가 되어야 한다. 둘째, 평가에 대해 평가자와 피평가자 간의 상호 주관적 이해와 인정이 필요하다. 셋째, 의사소통을 통해 도달된 동의가 필요하다. 여기서 동의는 규범적 정당성, 명제적 지식의 일치, 정직함에 대한 상호적 신뢰의 세 차원을 포함한다. 넷째, 필요할 때 평가자는 피평가자의 비판을 견딜 수 있는 설득력 있는 근거를 제시하겠다는 보증을 떠맡아야 한다. 동의가 평가자와 피평가자 간 후속 상호작용에 대한 구속력 또는 책무를 갖게 하는 데는 이러한 보증이해가 필요하다(김천기, 2016).

4) 유아교육에서 신자유주의 교육정책

신자유주의가 추구하는 규제철폐, 자율화, 자유경쟁, 소비자 중심의 선택 부여 등의 접근 방식은 한국교육정책에도 지속적으로 반영되어 시장자유주의에 입각한 교육의 자율화와 교육수요자 중심의 구조조정 그리고 효율성 향상을 위한 계기를 마련해 왔다. 유아교육 선진화 추진 계획 또한 이러한 신자유주의라는 특정한 이론적 견해가 유아교육 정책 방향 설정의 지도 이념으로 작용하고 있다.

유아교육 선진화 추진계획 속의 종일제 특성화 프로그램의 운영 및 실시를 통한 교육과정 자율화와 사립유치원 지원 확대를 통한 책무성 확보의 내용은 신자유주의에 입각한 교육개혁의 연속선상에 놓여 있다고 해도 무방할 것이다. 현재 추진되고 있는 구체적인 정책 추진 계획을 그 밑바탕에 자리하고 있는 이념의 틀 안에 놓고 볼 때, 비로소 이 세부적인 계획의 각 요소들 간에 존재하는 암묵적인 관련성을 파악할 수 있게 된다.

따라서 유아교육에서 신자유주의 교육정책은 다음과 같은 것을 충분히 고려해야 한다.

첫째, 단위 유치원과 교사의 재량권 및 의사결정권이 확대되어야 한다. 공립과 사립유치원이 처해 있는 상황이 다른 현실 속에서 정부가 지속적으로 지원을 확대하여 보다 높은 수준의 책무성을 요구하는 단계에 이르려면, 제도의 근본 취지를 살리고 또한 유아교육의 특성에 맞게 유치원에서는 교육이 지역과 기관, 그리고 학부모의 요구에 따라 보다 다양하게 이루어질 수 있도록 기본과정과 종일제 프로그램 운영에 대한 전면적인 자율권을 유치원과 교사에 부여해야 할 것이다. 이를 위해선 다소 획일화된 유치원 교육과정과 교사에 대한 평가 지표 또한 지속적으로 개선시켜 나갈 필요가 있다.

둘째, 수요자 요구에 대한 진단과 유아교육 실천 윤리가 확보되어야 한다. 현재 우리나라 유아교육분야에 있어서 책무성 확보란 공공성의 확보와 결부된 논리지만, 유아교육의 구조를 들여다보면 현실 모순적인 논리라는 것이 쉽게 드러난다. 공공성의 개념은 수요자가 아닌 우리 사회의 구성원들에게 유치원이 하는 역할과 그 성과에 대해 설명하는 것이지, 수요자의 주관적인 기대 수준에 따라 선행학습의 장으로 만들어야 한다는 의미는 분명 아닐 것이다. 따라서 악화가 양화를 구축하는 현상처럼 정상적인 운영을 하고 있는 양질의 프로그램들이 오히려 피해를 보는 모순이 있을 수 있다.

셋째, 교사의 전문성이 신장되어야 한다. 책무성의 강조는 교육의 중심이 교사와 같은 교육전문가로부터 학부모를 포함한 교육수요자에게 그 중심이 옮겨가는 탈전문화의 의미를 포함한다. 따라서 유아교육을 통해 성취해야 할 내용에는 학문적 기초능력뿐만 아니라 유아기의 모든 발달 영역이 고려된 유아중심적으로 통합적인 교수─학습이 요구된다. 그동안 유치원 교사에게 요구되는 교사 전문성 및 교사발달의 내용은 탈전문화시대를 맞이하여 그 의미가 완전히 달라져야 한다.

넷째, 초등교육과 연계의 범위와 한계가 설정되어야 한다. 장애유아에 누리과정이 없는 것처럼 초등교육과 연계의 범위와 한계가 설정되지 않아 유아교육에서 책무성을 따질 수 없는 현실이다. 따라서 구체적인 논의를 통해 초등교육과 연계의 범위와 한계가 설정되어야 한다.

다섯째, 유치원 책무성 평가 체제가 수립되어야 한다. 유치원에서 이뤄지는 평가도구 및 평가결과를 어떻게 활용해야하는 구체적인 지침이나 측정결과 해석이 없기 때문에 더 나은 발전을 기대할 수 없다. 또한 평가자체가 또하나의 교사의 업무가 되어 평가가 과정보다는 결과중심으로 이뤄지는 것도 문제이다(정지현, 2011).

5) 신자유주의 교육관의 한계

신자유주의 교육정책은 교육을 비인간화시키고 황폐화시킨다는 점이 가장 큰 문제다. 경쟁과 평가, 그리고 그에 따른 재정 지원은 외형적 평가와 형식적 평가에 의존하고 있다. 평가결과에 따른 차등지원은 명목상 효율성 추구를 목표로 하고 있지만, 실은 교육부서의 학교자체의 자율적 평가가 우선되어야 한다(김병욱, 2013).

신자유주의 교육의 한계는 다음과 같다.

첫째, 교육시장의 상품화로 인한 비인간화 교육이 성행할 수 있다.

둘째, 그림 10-3에서 보는 대로 학생 간 수월성 위주의 성적 중심경쟁이 치열할 것으로 예상된다.

셋째, 학교 간에 교육상품의 질을 높이기 위한 학업성취 경쟁이 촉진된다.

넷째, 교육의 시장경쟁에서는 사회적 배경이 높은 학생이 유리하다.

다섯째, 빈민 지역의 학교는 학업성취 경쟁력의 저하로 폐교될 가능성이 크다.

여섯째, 빈곤한 학생은 경제적 이유로 통학 거리가 먼, 좋은 학교를 선택하기 어렵다.

일곱째, 교육시장의 공정성은 학업성취 수준이 낮은 학생의 보상교육에 대해서 부정적이다.

여덟째, 단위학교의 시장적 경영을 위해 경영자인 교장에게는 자율성과 권한이 집중되지만, 상대적으로 교사의 자율성과 권한이 약화된다.

아홉째, 교육의 시장경쟁에 의해 공교육의 본질을 훼손하여 공교육 단위학교의 양극화를 파생시켜, 단위학교 간에도 교육 빈곤의 악순환을 초래할 수 있다(강창동, 2014).

그림 10-3 **무한경쟁을 유도하는 신자유주의 교육정책**

05 | 누리과정

1) 유아교육의 공교육화

유아교육에 대한 국가적인 투자는 교육 기본권, 교육 복지, 교육 투자의 관점에서 국제적인 지지를 받고 추진하고 있다. 표 10-2와 같이 OECD 주요 국가들은 최근 유아교육의 공공성을 강화하기 위하여 무상교육을 확대하고 있으며, 지원 대상의 범위도 전략적으로 확대하여 투자하고 있다. 교육과 복지 분야의 선진국인 프랑스, 독일, 노르웨이, 핀란드 등 외국의 유아교육정책과 지원 역시 유아교육에 대한 기본 철학을 바탕으로 일관성을 보이고 있다(김병만, 2016). 하지만 그동안 우리나라의 유아교육정책, 특히 국공립과 사립을 아우르는 측면에서의 국가적 교육지원정책 도입시도는 요원했다(송기창, 2011).

표 10-2 경제협력개발기구(OECD) 국가별 유아 무상교육 시간

스웨덴	모든 3~6세 유아에게 1일 3시간, 연간 525시간 무상
영국	모든 3~4세 유아에게 주당 15시간, 연간 38주 무상(5세는 의무교육, 2세는 저소득층, 입양, 장애아까지 확대)
뉴질랜드	모든 3~5세 유아에게 1일 최대 6시간, 주당 20시간 무상
호주	모든 4세(5세는 초등 취학) 유아에게 주당 15시간, 연간 40주, 600시간 무상
프랑스	모든 3~5세 유아에게 1일 6시간, 주당 24시간 무상
핀란드	모든 6세 유아에게 1일 4시간 무상, 0~5세는 저소득층 유아에게만 종일제(1일 최대 10시간 이하) 무상

현재 우리나라 유아교육정책의 방향은 국가가 유아교육의 질을 관리하고 재정을 지원하는 공교육 체제를 확립하는 것이다. 이를 위해 유아교육 공교육 체제 확립안은 초등학교 취학 전 유아들의 교육을 공교육 체제 안에 원칙적으로 포함하고, 교육과 보호 서비스가 함께 제공하도록 새로운 형태의 유아교육 체계를 기본방향으로 구축해 놓고, 이를 실현하기 위해 정부에서는 '3~5세 연령별 누리과정'을 정책적으로 도입하여 유아교육의 질적 수준을 제고하고 있으며 행정지원 체제를 강화하고 있다(김병만, 2016).

정부에서는 국가 수준의 만 5세 공통과정인 '누리과정'을 2011년 5월 2일 도입 및 시행하였고, 이후 2012년 7월 교육과학기술부와 보건복지부에서는 3, 4세 누리과정을 제정하여 만 3세부터 5세 유아 모두를 대상으로 하는 '3~5세 연령별 누리과정'을 고시하였다. 그 결과 2013년 신학기부터 현재까지 모든 유치원과 어린이집에서 전면적으로 시행하고 있다. 이를 통해 국가적 차원에서 유아교육과 보육 제도와 정책을 정비하고자 하는 노력으로 유아교육과 보육을 통합한 질 관리 체제를 마련하게 되었다(박은혜 · 신은수, 2012).

유아교육의 공교육화는 유아기 때부터 벌어지는 학력의 격차를 해소하기 위해 국가가 적절하게 개입하는 행위라고 볼 수 있다. 사회양극화에 따른 유아기 교육의 양극화 현상은 우리 사회의 기혼 여성의 경제 활동 참여율 증가, 핵가족화와 가구당 자녀 수 감소 등 가족구조의 변화, 조기교육의 중요성 대두, 정보화 시대의 도래 등 다양한 사회 변화와 함께 발생하게 되었다. 최근에는 이러한 교육양극화가 무분별하게 확산되어 교육의 첫걸음이라고 볼 수 있는 유아기에서부터 상당한 격차가 나타나는 것을 볼 수 있다. 유아기부터 벌어진 학력의 격차는 시간이 지날수록 누적되는 경향이 있으므로 이러한 교육격차의 원인을 이해하고 해소하기 위한 방안을 마련하고 적절하게 개입하는 것이 중요하다(손수민, 2013).

누리과정은 그림 10−4에서와 같이 유아에게 필요한 기본능력과 바른 인성을 기르고 민주시민의 기초를 형성하는 것을 목적으로 하는 국가수준의 유아교육과정이다. 여기에는 우리나라 만 3~5세 유아의 발달과 교육에 필요한 목표와 내용을 공통적으로 담고 있고, 재원 중인 기관의 유형에 상관없이 누구나 동일한 교육을 받아야 한다는 기본 가정을 기초로 마련된 새로운 패러다임의 국가수준 교육과정이다(김병만, 2016).

그림 10-4 **누리교육과정 구성**

2) 누리과정 재원 쟁점

누리과정은 미취학 유아 지원책의 또 다른 복지 포퓰리즘이라는 반발을 마주하게 되었다. 또한 누리과정의 시행에 따라 늘어난 유아교육의 지원 규모와 재정

그림 10-5 **중앙정부 보육·**
유아교육 예산추이

(단위: 원, 지방 분담분 제외)

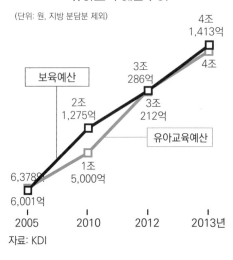

자료: KDI

수요에 맞는 재원이 확보되지 않은 상황에서 수많은 이해 관계자들 간의 갈등이 늘어나고 있다(김병만, 2016).

그림 10-5에서 보는대로 재정수요 예측의 어려움과 재원 확보의 어려움, 누리과정에 따른 재정 수요를 지방교육재정교부금으로 일괄 이양함에 따른 세수부족 등 재정지원 구조상의 문제점 뿐 아니라, 일선 교육현장 재정의 운영과 시행상의 문제점 또한 산재해 있다(김병만, 2016).

무상보육비지원은 누리과정 재원 쟁점의 핵심이다. 그림 10-6과 같이 선거국면을 의식한 한나라당에서는 0세부터의 전면 무상보육을 내세우면서, 3~4세의 교육비 지급 추진으로 이어졌고, 0~2세의 영아에 대한 양육수당의 추진까지 가져왔다. 무상복지 추진과 관련된 예산 문제가 짚어졌고, 정부에서도 계층 차등적인 무상보육안을 내놓으면서, 시도교육청이 교육환경개선사업비를 반영하지 못할 정도로 예산이 부족하다는 주장을 하였지만 대선을 앞두고 0~5세 전면 무상보육이 실시되게 되었다(손수민, 2014).

그림 10-6 **누리과정 재정은 어떻게 되나?**

결국 모든 영유아에 대한 무상보육, 양육비 지원이라는 지원금 분배라는 이슈가 영유아교육에 내포된 교육적 문제에 대한 논의를 불가능하게 만들어버렸다. 특히 영아 무상보육에 내포된 영아발달의 위험성에 대한 우려는 정책결정과정에서 주요하게 고려되지 않고 있다. 0~5세 모든 영유아 개인에 대한 지원금의 분배로 인한 보육의 과소비가 나타나는 등 인간발달의 관점에서 영유아기에 대한 관심은 찾아볼 수 없게 되었다. 영유아들에게 어떤 유형의 보육서비스를 제공해야 하는가를 결정할 때 가장 우선적으로 고려되어야 할 요인은 이들이 무엇을 원할 것인가와 무엇을 필요로 할 것인가라는 영유아의 권리에 대한 유엔 아동 권리위원의 권고를 생각해보아야 한다(황옥경, 2013).

3) 유보육 통합에 따른 문제점

표 10-4에서처럼 유아교육과 보육의 이원화는 교육기관과 사회복지기관이라는 서로 다른 틀의 출발점이다. 동일한 연령대의 유아를 대상으로 유사한 기능을 담당하지만 그 틀이 다름으로 인해 관리 및 행정체계, 법적 근거 및 규제환경, 재원, 교사자격 및 양성체계 등이 이원화되어 있어 많은 문제점이 있다.

누리과정은 유보육 통합을 통해 현존하는 유아교육과 보육 간의 격차, 유아교육, 보육 내에서의 격차를 해소하고 영유아에게 제공하는 서비스의 질을 높이겠다는 취지이다. 그런데 양질의 교육, 보육 서비스는 교사의 질에 달려 있다. 보육교사는 고등학교만 졸업해도 할 수 있는 반면 유아교사는 전문대 이상을 졸업해야 하며 보육교사는 학점제인데 반해 유아교사는 학과제이다. 이 차이를 어떻게 해야 할 것인가? 누리과정을 실시하는 교사의 질을 어떻게 확보할 수 있을까(이정욱, 2014)?

표 10-3 유치원·어린이집 현황 비교

구분	어린이집	유치원
근거 법률 및 성격	영유아보육법(사회복지시설)	유아교육법(교육시설)
관리부처	복지부–자치단체	교육부–시도 교육청
이용대상 및 현황	0~5세, 총 42,527개소, 1,487천명	3~5세, 총 8,538개소, 614천명
운영시간	12시간(7:30~19:30)+시간연장	3~5시간(오전)+시간연장(선택)
교사자격·양성	보육교사 1·2·3급 (고졸이상, 학점제)	유치원교사 1·2급 및 준교사 (전문대졸 이상, 학과제)
시설기준	1층 원칙, 놀이터 3.5㎡/명 등	1, 2층, 놀이터 160㎡(4명 이하) 등
교육비·보육료	광역단체장 결정(비용상한제)	원장자율 결정(인상율 통제 예정)
정부지원 총액	총 8.3조원 (국비 4.1조원, 지방비 4.2조원)	총 4조원 (지방교육재정교부금)
정부지원 보육료 (학부모/시설)	0세 75만 원, 1세 52만 원, 2세 40만 원, 3~5세 22만 원 (39/36) (35/17) (29/11) (22/0)	
교육·보육내용	공통 누리과정(3~5세)	
	표준보육과정(1~2세)	–

 **내용정리**

- 정책의 개념적 속성은 첫째,   이란 목적 지향적 활동이다. 둘째,   에 의해 이뤄지는 체계적인 활동이다. 셋째,   이루어지는 활동이다. 넷째,   을 가지고 있다. 다섯째,   를 바탕으로 한다.

- 교육정책의 특성은 행위의 측면에서 보면   이라는 특징을 가진다. 형성 혹은 과정의 측면에서 볼 때   과 밀접한 관련을 갖는다. 효과의 측면에서 보면   를 가져왔는가 고찰하는 것이다.

- 교육정책의 가치를 과정적 측면에서 바라보면 적합성, 합리성,   , 효과성, 능률성,   을 생각할 수 있다.

- 교육정책의 가치를 목표와 성과의 측면에서 바라볼 때,   , 수월성,   , 공익성 등이라 할 수 있다.

- 교육정책의 내용은 교육목표정책,   , 교육자원정책,   등으로 구분할 수 있다.

- 신자유주의 교육관은 교육의   이 교육의 질을 높인다. 교육   는 자유로운 존재이며, 합리적인 선택을 한다. 교육 소비자는 원하는   를 선택할 자유로운 권리가 있다.   는 교육 소비자가 원하는 질 높은 교육을 제공한다. 단위학교는 정부의   없이 자율적으로 관리, 운영할 수 있다. 단위학교는   에 따른 책무성을 가진다. 실패한 단위학교는   에 의해 교육시장에서 퇴출될 수 있다. 수월성 위주의 교육을 지향한다.

기출문제

1. 농어촌 초등학교의 소규모화에 따라 정보는 소규모 학교의 통폐합을 추진 중이다. 다음 중 통폐합의 가장 주된 이유는 무엇인가? (초추 99)

① 교육재정의 효율화   ② 지역공동체의 존속

③ 학생의 사회적 정체감 형성   ④ 지역 주민의 학교선택권 보장

2. 교사들의 대화내용과 공교육의 개혁방향에 대한 관점을 가장 적절하게 연결한 것은? (초등 10)

> 김교사: 학교에 대한 국가의 획일적 통제와 학교의 비효율성이 문제입니다. 수요자의 선택권과 학교 간 경쟁을 강화하고, 민간 주도의 교육서비스를 확대해야 합니다.
>
> 정교사: 그런 방식은 계급 간 교육 불평등을 더욱 심화시킬 뿐입니다. 교육 불평등을 줄일 수 있는 대책을 세워야 해요. 지배집단의 관점에 치우친 교육과정도 수정해야 해요.
>
> 최교사: 저는 학교교육이 학습자의 자율성을 억압하는 것이 문제라고 생각해요. 누구나 자율적으로 학습할 수 있도록 학교를 '학습조직망'으로 대체하는 것이 문제해결의 열쇠가 될 수 있을 것 같아요.

	김교사	정교사	최교사
①	신자유주의	신마르크주의	탈학교론
②	신자유주의	포스트모던주의	생태주의
③	포스트모던주의	신자유주의	탈학교론
④	포스트모던주의	탈학교론	생태주의
⑤	탈학교론	신마르크주의	생태주의

—— 정답은 본 서 뒷 페이지에 수록되어 있습니다.

'엄마가'를 금지 단어로 한 이유

교실에 아이들이 '엄마가'를 자주 입에 올리는 상황을 보면 알 수 있다.

숙제 검사할 때

받아쓰기를 세 번 써오기로 한 다음 날, 숙제를 검사하는데 가람이가 두 번씩 써오지 않았다. 이유를 묻자 가람이는 당당한 표정으로 말했다.

"엄마가 세 번은 너무 많다고 두 번만 쓰랬어요."

이런 상황에서 '엄마가'는 아이가 책임을 회피할 수 있게 해주는 강력한 무기가 된다.

준비물을 안 챙겨 왔을 때

교실에서 '엄마가'라는 단어가 가장 빈번하게 출몰하는 상황이다.

"엄마가 깜박 잊고 안 챙겨주셨어요."

"우리 엄마가 바쁘다고 오늘 사준댔어요."

"엄마가 준비물을 잘못 넣었어요."

수업시간에 공부할 때

올바른 젓가락 사용법을 배우는 시간, 젓가락을 11자가 되게 나란히 잡고, 집게손가락과 가운뎃손가락을 이용해야 한다고 설명하자, 한아이가 젓가락 두 개를 X자 모양으로 잡는 게 맞다고 주장하기 시작했다.

"여기 교과서 그림을 봐, 이렇게 잡는 거라고 되어 있잖아."

"아니에요! 우리 엄마가 젓가락을 이렇게 잡는 거라고 했단 말이예요."

초등학교 1학년의 사생활 중에서 (김지나, 2014)

이야기 나누기

이름:

성인학습자가 유아교사를 하는 것은 왜일까?

제11장

평생교육

01 | 평생교육의 등장과 시대적 배경

1) 지식기반사회의 도래

지식기반사회는 인간의 내면화된 지식, 즉 '인간고유의 지식'을 핵심개념으로 삼는다. 여기서 지식이란 정보나 텍스트와 달리, '사람의 머리 안에 있는 것'이다. 저장된 메시지에 해당하는 텍스트라든가 텍스트를 이용하는 과정을 포함하는 정보는 사람들 개개인의 가공과 구조화의 노력에 의해 지식으로 전환된다(한승희, 2005).

따라서 지식기반사회는 암묵적 지식을 포함하는 지식의 형성은 물론, 공유와 확산이 가능하도록 하는 구조를 만드는 일을 자신의 과제로 삼는다. 이러한 지식기반사회에서 지식은 생산성을 높이는 데 기여한다. 지식은 생산성과 혁신의 근원으로서 사회구조를 변화시키기 때문에 중시된다. 인간의 학습은 혁신을 낳는 지식을 생성하는 사회의 중심적 활동이다. 사회 전반에 대한 학습의 요청은 평생교육을 전면화하는 중요한 계기이다(김병욱, 2013). 표 11-1은 지식 패러다임 비교이다.

표 11-1 세가지 사회 패러다임 비교

구분	전통사회	산업사회	지식기반사회
문명사적 구분	농업혁명	산업혁명	디지털혁명
교육목적	상부계층: 관조 하부계층: 교화	보편적 능력으로서 이성의 구사 (지식·기술활용) 탈전통(낭만주의)	개인 욕망의 무한 충족 (지식·정보의 창출)
제도교육의 장	학교(schole) 소수를 위한 교육	공교육의 확립 대중교육	공교육체제 존속: 교실붕괴현상
교육받는 사람	상황고착적 인간 (문명의 전수자)	상황적응적 인간 (산업기술인력)	상황주도적 인간 (학습하는 개인)
교육방법	도제제도 일대일 방식(tutorial)	강의 등 대중교육 일대 다 방식	가상(사이버)교육 다대 다 방식
가르치는 이	카리스마적 존재	분업화된 교사	교학상장(敎學相長)
교육조직	군주의 시녀	수직적 조직	탈집중화 구조
교육형태	가정·도제교육	대중화된 학교교육	평생교육

2) 포스트모던적 인식론의 출현

디지털 이미지는 이미지가 아니라 정보의 조합이며, 이런 점에서 디지털 이미지는 수정·변조가 자유롭다. 디지털 상황에서 어떤 이미지/소리도 쉽게 복제되고 간단한 조작에 의해 변조가 가능하므로, '원래의 상태'란 사실상 존재하지 않는다.

교육학적으로 보면, 이와 같은 사이버의 잠재적 특성은 새로운 진리관의 의미를 가진다. 정보의 축적, 복제, 변조가 쉬워짐으로써 자료를 소장하거나 암기하는 일은 큰 의미를 가지지 않는다. 웹에서 검색어만 입력하면 얻을 수 있는 정보를 따로 저장하거나 굳이 암기할 필요는 없다. 이는 교육적 인식론과 교과내용의 구성이라는 측면에서 변화를 초래하는데, 이러한 변화를 통칭하여 '포스트모던적 인식론'이라고도 부른다(한준상, 2002).

학교의 논리적 정당성을 제시하던 모더니즘적 인식론에 대한 비판은 학교 이외의 교육을 요청한다. 평생교육에서 주창하는 성인학습자의 생활중심교육이란 그 근저에 학교와는 다른 진리관을 전제로 삼는다. '절대적 진리와 가치'를 거부하고, '지식인이나 지배자가 아닌 보통 사람들의 경험'을 중시하는 입장은 학습자의 편에서 필요한 내용을 학습자 주도적으로 선택하여 학습하는 평생학습의 기반이 된다(김종서 외, 2003).

<용어정리>

포스트모더니즘은 모더니즘에 대한 거부에서 출발한다. 원래는 건축, 문학 등에서 출발하여 이성, 주체, 시스템, 보편성 같은 모더니즘의 특징을 거부하고 해체, 탈중심, 다양성, 이질성을 지향한다.

포스트모너니즘의 특징을 요약하면 다음과 같다. 첫째, 반합리주의이다. 인간이 이성적이고 주체적이기를 바라는 것은 인간을 속박하기 위한 허구이며 자아는 우연적, 타율적, 분열적, 모순적이므로 결코 합리적일 수 없다. 다시 말하면 인간의 행위나 태도는 우연한 것이며 언제나 일관될 수 없고, 행동과 사고가 합치되기 보다는 모순적이라는 것이다. 예컨대, 한 작가가 원고료를 받지 않고, 어떤 르포를 기고했는데, '다시 이런 일을 할 것이냐?'는 질문에 '머리로는 아니요 하지만 입으로는 예 할 것 같아요'라고 말하는 것처럼 인간의 행동은 언제나 이성적이거나 합리적인 것은 아니다.

둘째, 상대적 인식론이다. 서양의 전통적인 지식관은 고정불변이며, 보편타당하다는 합리적 지식관이다. 그러나 포스트모더니즘은 보편타당한 지식은 없으며 모든 인식활동은 자아의 주관에 따라 상대적이라고 주장한다. 또한 인간해방, 역사 진보 등과 같은 큰 이야기(대서사)보다는 지엽적인 작은 이야기에 관심을 갖는다. 예컨대, 여성 및 성차별문제, 인종문제, 빈민문제, 왕따 문제, 반려동물 문제 등이 그 예이다.

셋째, 형이상학을 거부한다. 제일 원인, 절대적 기원 등은 의미가 없다. 따라서 정전(正典, 변하지 않는 규칙, 자[尺] 또는 척도, 표준을 의미)같은 원칙은 없다. 특정기준으로 고급문화, 저급문화를 규정하는 것은 부당하며 하나의 문화를 다른 이에게 강요한 것 또한 부당하다. 차이의 인정과 존중이 포스트 모던적 사고방식이다. X세대, 힙합바지, 레게머리, 동성애 등이 그 예이다.

넷째, 지식과 권력은 상호의존적 관계이다. 권력이 지식을 생산하고, 권력과의 관계를 전제하지 않는 지식은 존재하지 않는다. 이를 위해 지식과 권력의 관계를 관찰한다. 반공교육, 학문중심교육과정이 그 예이다.

다섯째, 유희적 행복감의 향유, 다국적 자본의 소비를 부추기고, 소비를 하는 것이 덕이라는 강박관념으로부터 벗어나 자신과 자기 주변에 대한 실험적 유희적, 감성적 접근태도를 갖는 것이 바람직한 삶의 모습이라고 주장한다. 패러디 문화, 짝퉁 문화(빈곤, 파마, 나이스) 등가 그 예이다(목영해, 2010).

3) 학교 패러다임의 한계

학교는 원시사회부터 존재하던 '여러 교육'을 근대사회의 형성과 함께 '독점적 교육'으로 흡수, 병합하였다. 그러나 학교는 교육뿐만 아니라 학생 보호, 사회적 선발, 교화의 기능 등을 담당하는 복합적인 기관이다. 학교는 명목상 교육을 하는 기관이지만, 그 안에서 일어나는 일은 교육일 수도 있고 교육이 아닐 수도 있으며, 그 기능을 중심으로 본다면 학교는 때로 학습자 개인의 성장과 발전을 상당히 저해하기도 하는 기관이다.

학교가 교육을 조망하는 방식을 이론화한 '학교 패러다임'은 사실상 교육의 본연적 가치와 상당한 거리를 가지게 된다. 예컨대 교육이 시험을 위한 것이라는 도구적 교육관, 성과중심적 교육관 등은 반교육적이라고 볼 수 있다.

학교 패러다임이 교육의 본질에서 멀 뿐 아니라 경직적이기 때문에 사회의 변화에 적극적으로 대처하기는 어렵다. 이렇게 학교 패러다임이 교육의 본질을 규명하지 못한 채 오랜 세월에 걸쳐 교육학의 중심 역할을 해 왔기 때문에, 평생교육은 단지 교육기간이나 교육환경의 변화 차원뿐만 아니라 교육 자체의 본질을 규명하기 위한 학문적 소명을 가지게 되었으며, 학문담론으로서의 의의를 가지게 되었다(한숭희, 2005).

4) 교육의 민주화

평생교육이 등장할 수 있었던 또 하나의 이유는 사회의 민주화로서 '학습자'라는 위치가 새롭게 조명을 받게 되었기 때문이다. 사람들은 시민과 개인으로서의 의식이 증대되어 자신의 권리에 대한 감수성이 증대하였고, 다양해지는 학습자들의 학습욕구를 경직된 국민교육체제를 가지고는 담아낼 수 없게 되자 국가

교육체제가 위기에 처하게 된 것이다.

최근에 들어서는 학습자, 즉 학생, 학부모, 주민의 학습자로서의 의식도 함께 높아지고 있다. 학습자는 자신이 원하는 학습을 제공받을 것을 요구하며, 시민 역시 학습권을 기본권의 일환으로 인식하기 시작하였다. 평생교육은 이러한 주인의식에 기반하여 학습자 중심적 교육의 일환으로 등장한 것이다(김종서 외, 2002).

02 | 평생교육론의 기여

1) 주체적 학습자관

학습자가 주체적 존재라는 시각은 평생교육론의 핵심을 이룬다. 평생교육론은 전통적인 학습이론이 그 속에 담지 못하고 있는 학습자의 주체성과, 학습과 관련된 학습자의 능동성 혹은 주도성 등을 최대한 보장하고 설명할 수 있도록 학습에 대한 새로운 논의를 전개할 수 있게 하기 위한 시각을 제공한다(한준상, 2002).

2) 학습권의 부상

대부분의 학자들은 '평생학습'을 인간의 기본권의 하나로 인식하고 있다. 평생교육은 국민 모두의 학습권(the right to learn)을 보장하는 사회적 장치이며, 그에 따라 포괄적인 교육개혁의 시각을 열어 주는 단초였다(김병욱, 2013). 학습권은 기본적으로 읽고 쓸 권리, 탐구하고 분석할 권리, 상상하고 창작할 권리, 자신의 세계를 읽고 역사를 쓸 권리, 교육자원에 접근할 권리, 개인 및 집단적 기능을 발전시킬 권리를 그 내용으로 삼는다. 교육권에서 학습권으로의 시각의 변화는 기존의 학교교육과는 다른 방식의 개념, 연구영역, 연구방식, 실천 등을 요청한다.

03 | 평생교육 관련 법과 제도

1) 평생교육법 개정의 배경과 주요 내용

2007년 11월에 개정된 새로운 「평생교육법」은 국가 및 지방자치단체의 평생학습 진흥정책 책무 강화, 중앙·광역·기초자치단체 단위의 추진체 정비, 평생교육 총괄적인 집행기구로서 '평생교육진흥원'의 통합, 운영, 문해교육 프로그램 지정 및 학력인정 등 교육 소외계층 지원 등을 강화하였다. 주요 내용으로는 평생교육의 개념 및 영역의 명확화, 평생교육 기본계획의 정기적 수립, 평생교육진흥원 설립 등 각종 평생교육 추진체제의 정비, 평생학습도시 및 평생학습도시협의회의 법적 근거 마련, 평생교육센터, 학점은행센터, 독학학위검정원을 통합한 평생교육진흥원의 운영규정, 국가 차원의 학습계좌제도의 도입·운영 강조, 평생교육사의 채용 및 배치에 관한 법적 근거 강화, 평생교육기관 설치자의 사회적 책무 강화, 학교 경영자의 평생교육 운영 책무 강화, 문해교육 프로그램의 설치·운영 및 학력 인정 강화 등이 있다.

2) 평생교육법의 주요 내용

(1) 평생교육의 개념

평생교육이라함은 학교교육을 제외한 모든 형태의 조직적인 교육활동을 의미한다(제2조 제1항).

(2) 평생교육의 이념

첫째, 모든 국민은 평생교육의 기회를 균등하게 보장받는다.

둘째, 평생교육은 학습자의 자유로운 참여와 자발적인 학습을 기초로 이루어져야 한다.

셋째, 평생교육은 정치적, 개인적 편견의 선전을 위한 방편으로 이용되어서는 아니된다.

넷째, 일정한 평생교육과정을 이수한 자에게는 그에 상응한 사회적 대우를 해야 한다.

(3) 교육과정

평생교육의 과정, 방법, 시간 등에 대하여는 특별한 규정이 없는 한 이를 실시하는 자가 정하되 학습자의 필요와 실용성을 존중하여야 한다.

(4) 학습휴가 및 학습비 지원

국가, 지방자치단체 기타 공공기관의 장 또는 각종 사업의 경영자는 소속 직원의 평생학습기회를 확대하기 위해 본인의 동의를 얻어 유급 또는 무급의 학습휴가를 실시하거나 도서비, 교육비, 연구비 등 학습비를 지원할 수 있다.

(5) 경비보조

첫째, 국가 및 지방자치단체는 평생교육의 진흥에 필요한 경비를 보조할 수 있다.

둘째, 경비보조는 학습자에 대한 직접 지원을 원칙으로 하여야 한다.

3) 평생교육사 제도

「평생교육법」에 따르면, 평생교육 현장의 효율성과 전문성을 강화하기 위하여 평생교육의 기획, 운영, 평가 등을 담당하는 전문인력 양성과 배치, 그리고 연수를 제도화하기 위한 국가자격으로 평생교육사를 규정하고 있다. 평생교육사 양성은 대학과 양성기관에서 평생교육 관련 과목을 일정 학점 이상 이수한 자에게 평생교육사 자격을 부여하도록 되어 있다. 또한 전문성 있는 평생교육사의 양성을 위하여 구체적인 과목이 선정되고 실습이 강화되었다. 평생교육사의 이수과정은 대학 및 평생교육기관의 양성과정과 진흥원의 승급과정으로 구분하였으며 자격기준도 이전보다 강화되었다. 평생교육사에 대한 연수는 진흥원장 및 시 도 진흥원장이 실시하는 것을 원칙으로 하고 국가 및 지방자치단체는 연수에 필요한 경비의 일부를 연수 실시기관의 장에게 지원할 수 있도록 하였다. 주요 평생교육 추진기구의 경우 이전보다 평생교육사의 배치 대상 및 기준을 강화하였다(한승희, 2005).

4) 평생교육을 위한 시도

(1) 학점은행제

학점제는 학교에서뿐만 아니라 학교 밖에서 이루어지는 다양한 형태의 학습경험 및 자격을 학점으로 인정하고, 학점이 누적되어 일정 기준이 충족되면 학위취득도 가능하게 하는 제도이다. 이 학점은행제를 통해 개인은 자신의 학습경험을 학점으로 인정받고, 이러한 학점을 누적하여 학사학위 또는 전문학사학위를 취득하고, 대학졸업학력 또는 전문대학졸업학력을 인정받을 수 있다.

(2) 교육계좌제

그림 11-1에서와 같이 교육계좌제는 성인들이 개별적으로 취득한 다양한 교육과 학습경험을 종합적으로 누적 기록·관리하고, 이를 객관적으로 인증함으로써 국민의 평생교육, 특히 취업자의 계속교육을 촉진하기 위해 제안한 제도이다. 교육계좌는 각 개인이 받은 학교교육과 학교 밖에서 그리고 학교를 졸업한 후에 경험한 다양한 교육과 학습활동을 누적 기록하는 일종의 국민 '종합교육학습기록부'라고 할 수 있다. 교육계좌제에 대한 논의는 5·31교육개혁안을 중심으로 이루어졌다. 이러한 교육계좌제는 학점·학력인정, 취업 및 인사를 위한 자료, 금융기관대출시 신용 정보를 위한 자료 등으로 활용될 수 있을 것이며, 국민의 생애 학습을 설계하고 지원하는 데에도 활용될 수 있을 것이다. 또한 국가의 인적자본 축적을 강화하고, 국민의 실질적 학습권을 보장하며, 교육복지 수준을 향상시키는데에 기여할 것으로 기대된다. 한국에서 교육계좌제는 2001년부터

2002년까지는 학점은행제에 학습자로 등록한 사람들을 대상으로 시범적으로 운영되고, 2003년 이후부터는 교육계좌 개설을 원하는 개인의 성명, 주민등록번호, 장, 주소 등의 신상 정보와 학력, 자격증, 직장교육훈련 및 이수한 평생교육과정의 정보가 수록된다. 학점은행제와 교육계좌제는 학교 밖에서의 학습활동을 인증한다는 점에서 동일한 제도로 이해될 수 있다. 그러나 학점은행제가 대학교육과정에 준하는 표준교육과정을 근거로 일부 평생교육기관들의 교육이수 결과를 대학의 학점에 준해 인정해 주고 있는 반면에, 교육계좌제는 모든 국민의 총체적인 교육경험을 누적적으로 기록, 관리, 인정하는 포괄적 제도이다.

그림 11-1 **평생학습계좌제**

※ 내용 중 점선(…)은 추진 예정 사항

(3) 직업능력인증제

직업능력인정제는 직업인으로서 갖추어야 할 기초직업능력(직무 기초 소양 및 직업 수행 능력)을 분야별·수준별로 기준을 설정하여, 객관성·타상성·신뢰성이 보장되는 측정을 통하여 해당 능력의 소지 여부를 공식적으로 인정해 주는 제도이다. 직업능력인정제도의 도입 목적은 개인의 기초직업능력을 측정하여 직업선택 및 기업의 인사관리에 신뢰도 높은 자료를 제공하고 이를 통해 개인의 직업능력을 함양하고 평생학습사회·능력사회로의 전환을 꾀하는 것이었다. 한국에서는 1996년 신교육체제 수립을 위한 교육개혁위원회 2차 교육개혁과제에서 기존의 자격제도와 달리 모든 직종에 필요한 공통 기초능력을 측정하고 이를 공인해 주는 직업능력인정제의 도입을 제안하였다.

(4) 시간등록제

"대학이 보다 많은 성인들에게 교육기회를 제공하기 위한 방안으로 전일제 학생(full-time student)외에 추가로 학생들을 모집하여 교육을 제공하는 제도"로서 이미 선진국 대학에서는 보편적으로 활용되고 있다. 시간등록제는 기본적으로 학습자 개인의 사정에 따라 대학에 시간제로 등록할 수 있는 제도로서 직장과 학업을 병행할 수 있다는 특징이 지닌다. 시간등록제가 제대로 실시되기 위해서는 대학정원정책의 자율화, 대학 간 상호학점인정제, 학점은행제의 조기도입, 학점 당 등록제 등의 전제조건이 해결되어야 한다.

(5) 독학학위제도

1990년 정부는 "독학자에게 학사학위 취득의 기회를 부여함으로써 평생교육의 이념을 구현하고 개인의 자아실현과 국가사회의 발전에 기여함을 목적으로 한다"는 취지하에 이 제도를 도입하였다. 이 제도는 대학에 진학할 수 있는 자격은 갖추었지만 경제적 시간적 제약으로 대학에 진학할 수 없는 사람에게 정규대학에 등록을 통해서가 아니라 자학자습을 통해 대학학위를 취득하게 하려는 제도이다(김종서 외, 2003).

04 | 지역공동체와 평생교육

1) 지역공동체 평생교육의 개념

지역공동체 평생교육(local community lifelong education)이란 일정한 지역을 기반으로 지역주민들이 주도적으로 지역문제 해결, 지역정체성 확립, 공동체 의식 함양 등을 추구하는 평생교육을 말한다. 그런 면에서 지역공동체 평생교육은 '지역성'과 '공동체성'을 동시에 추구하는 평생교육이라고 할 수 있다. 이러한 지역공동체 평생교육은 지역공동체가 가지고 있는 본질적인 가치의 회복과 더불어 지역문제의 주체적인 해결을 추구한다. 또한 지역공동체 평생교육은 학교교육의 차원에서 벗어나 평생교육의 차원에서 지역사회를 조망한다는 점에서 기존의 '지역사회교육'보다 분명한 의미를 가지며, '지역사회교육'에 비해 공동체성을 보다 부각시키고 있다는 점에서 그 차이가 있다. 즉, 지역공동체 평생교육은 기존의 '지역사회교육'을 초월하여 총체적인 지역공동체를 지향하며, 지역사회 내 다양한 조직의 네트워크를 통해 지역의 자립성과 생태환경의 보존을 추구하는 평생교육활동이라고 할 수 있다(한승희, 2005).

2) 지역공동체 평생교육의 요소 및 구현 양상

지역공동체 평생교육은 평생교육을 통한 지역공동체의 발전과 지역공동체를 통한 평생교육의 발전을 동시에 추구하는 활동이라고 할 수 있다. 이를 보다 세분화하여 제시하면 다음과 같다.

첫째, 모든 지역공동체 구성원의 성숙을 위한 평생교육

둘째, 지역공동체의 지속적인 성장을 위한 평생교육

셋째, 지역공동체의 주체적인 참여에 의한 평생교육

넷째, 지역을 우선적인 내용으로 하는 평생교육

다섯째, 지역의 인적·물리적 자원을 우선적으로 활용하는 평생교육 등이라고 할 수 있다.

그리고 이 각각의 양상은 지역공동체 평생교육이 되기 위한 최소한의 특징이라고 할 수 있으며, 위의 요소들을 골고루 많이 포함하고 있을수록 질적인 면에서 보다 더 지역공동체 지향적 평생교육이라고 할 수 있다(양은아·김재웅, 2003).

3) 지역공동체 평생교육 발전을 위한 향후 과제

그동안 지역을 기반으로 하는 평생교육은 주민들의 자발성이나 공동체성을 우선적으로 추구하기보다는 지역이 가지고 있는 실용적인 가치를 우선적으로 활용하는 데 관심을 두었다고 할 수 있다. 그러나 이러한 접근방식으로는 지역공동체 계층 간의 빈부격차, 환경오염, 자원고갈 등의 근본적인 문제들을 해결할 수 없다. 따라서 진정한 의미의 지역평생교육은 지역성과 공동체성을 동시에 고려해야 할 것이다. 이런 관점에서 볼 때 지역을 기반으로 그 지역의 주민들이 지역을 위해 앞장서고, 지역 안에서 성장하며, 지역 안에서 상부상조할 수 있도록 하는 지역공동체 지향적 평생교육의 재정립이 시급히 요청된다.

이와 같은 지역공동체 평생교육은 그동안 우리들 삶의 밑바닥 속에서 그 생명력을 끈질기게 유지해 왔다. 산업사회로 접어들면서 지역이 단지 행정구역의 의미밖에 가지지 못하고, 대부분의 평생교육이 그와 같은 편의상의 행정구역에 의해 형식화될 때도 지역공동체 평생교육은 지역공동체의 삶 속에서 그 명맥을 이어 왔다고 할 수 있다. 지역공동체 평생교육은 우리가 다시 되살려야 할 평생교육의 진정한 원형이자 현대의 여러 문제를 해결하기 위한 중요한 매개가 될 수 있다. 따라서 지역공동체 평생교육에 대한 지속적인 연구와 실천이 요구된다(손승남, 2015).

4) 실제사례

(1) 다른 나라에서 실시하는 지역사회 중심의 부모교육 프로그램

지역사회기관에서 부모교육 프로그램, 유아교육 및 유아교육 프로그램, 성인교육프로그램, 평생교육 프로그램을 실시하여 부모가 참여하는 것이다.

지역사회 중심 부모교육 유형은 가정 · 학교 · 지역사회를 상호의존 체계로 간주한다. 이 프로그램은 생태계 관점에서 출발한 것으로 교육의 개혁과 더불어 부모의 지역사회 참여 및 아동과 가족발달을 촉진시키는 서비스를 제공하는 장기적이고 종합적인 것이다

첫째, BEEP(Brookline Early Education Project) **프로그램**: 출생에서 학령 전 연령까지의 아동을 대상으로 학교가 중심이 되어 가정과 지역사회 기관들을 연관시켜 주는 프로그램이다. 대학교 소아과 병원과 협력하여 부모가 출생부터 학령 전 연령 아동에 대한 정보는 물론 아동을 위한 프로그램은 도서 · 팸플릿 · 영화 · 강의 · 워크숍 등을 통하여 얻도록 하는 방법을 사용한다.

둘째, 어머니와 영아를 위한 프로그램: 위싱턴 대학 부속병원에서 실시한 프로그램으로 준전문가가 부모들에게 강의 · 토의 · 워크숍 등에 참여하도록 한다.

셋째, 부모와 교사 협력 프로그램: 유아교육과 성인교육 프로그램을 병영했다.

넷째, 세인트 폴(St. Paul)**의 아동 병원에서 실시하는 프로그램**: 어린환자의 부모를 격려하기 위해 매주 놀잇감을 보내준다.

다섯째, 부모–아동 학습센터: 지역사회에 이미 설치되어 운영되고 있는 도서관을 이용하여 아동들의 형식적인 읽기학습 이전 준비단계의 활동을 제공함으로써 미래의 학교수업에서의 성공은 물론 부모와 아동에게 함께 도서관 이용의 창의적인 경험을 제공해 주고자 하는 프로그램이다.

여섯째, 부모교육 모델: 위싱턴 주에서 실시한 부모교육 모델은 부모들이 부모역할의 실제적인 기능 습득의 기회를 접해 봄으로써 아동행동에 관한 기술과 지식을 습득하게 하려는 독특한 성격을 띤 프로그램이다.

일곱째, 가족과 지역사회: 영국에서 지역사회교육의 일부로서 실시되었는데, 지역사회 주민들이 보다 효율적인 부모의 역할을 수행할 수 있도록 돕는다.

(2) 우리나라에서 실시하는 지역사회 중심의 부모교육 프로그램

여성단체(YWCA 연합회, 전국 주부교실 등)에서 부모교육 프로그램을 실시하는데, 그 방법은 주제에 따라서 강의, 세미나, 토론회, 연찬회 등으로 실시한다. 그러나 이러한 여성단체의 프로그램은 여성의 의식화 교육과 권익신장을 중심으로 이루어지고 있으므로 체계적인 부모교육 프로그램으로 보기 어렵다.

또한 한국구화학교에서는 장애아와 그들의 어머니에게 모자 연수 프로그램을 실시하고 있으며 서울장애인종합복지관에서도 사회교육의 일환으로 부모교육을 실시하는데 장애아의 치료교육과 부모를 교사화하는 장애아 부모교실을 갖는다. 1994년 10월 경상남도 진양군 금산면에 '들꽃 어린이집'이라는 유아교육시설이 개설되었는데 설립자들은 진양군의 여성 농민 모임인 '들꽃만남'의 회원들이었다. 목적은 농촌부부의 취학 전 자녀들을 부모가 농사짓는 시간 동안 안심하고 맡길 수 있도록 하기 위해서였고 경남 진양군 금산면을 중심으로 하는 지역사회의 아동들을 대상으로 하여 그의 부모들도 함께 교육하였다. 도시형 지역사회 평생교육 부모교육 프로그램은 성미산 마을학교가 있는데 성미산 마을학교는 유아·청소년 교육을 바탕으로 마을 가꾸기를 하는 것으로 이후 마을 교육 공동체의 모델이 되고 있다.

지역사회 중심 부모교육 프로그램을 가족의 통계적 요인은 물론 가족의 인지적·정서적 요인을 강조하며 이 유형은 사회에서 영향력 있는 역할을 수행하는 부모를 대할 때 자녀들이 의식·무의식적으로 그들의 행동을 따르고 닮고 스스로와 동일시하려고 노력하게 된다고 한다(최현자, 2003).

── <참고자료> 꿈C프로젝트, 문산마을배움터, 마을학교 운영과정 내용

　문산마을은 삶과 예술, 배움과 나눔 공동체를 꿈꾼다. 항아리에 메주를 이용해 장을 담그시는 문산경로당 김** 어르신은 "그냥 어깨너머로 배웠지." 어르신의 어깨너머 세상에는 무엇이 있는 지 궁금하다. 솜씨가 좋은 마을의 이모와 삼촌들은 생활 속 경험과 기술을 나누며 함께 성장한다. 마을 배움터 꿈C프로젝트, 마을학교 꿈C(마을주민), 마을학교 톡톡(어린이 청소년)은 궁금한 내 용을 서로 질문하고 답을 구하며, 배움과 나눔공동체의 즐거움이 되는 마을학교로 연결된다.

길에서 배운다
나의 꿈 참여자 소개

길에서 배운다
마을길 나들이, 봄 들꽃 그리기

구비길을 만드는 전계엽
할아버지 인터뷰

길에서 배운다
나눔꿈지역아동센터

도서관에서 만난
김병하 작가의 평화이야기

최철님의
삼각산 나무이야기

가. 마을학교 꿈C

　마을주민이 참여하는 마을 배움터는 감성잡기, 문산마을촛불, 토닥토닥 인권사랑방, 솜씨언 니, 생태학교, 청춘학당, 배배우프로젝트, 변신나이트, 마을작가발굴프로젝트, 행복한 씨앗을 키 우는 문산마을 배움터이다. 마을학교 꿈C는 서로의 꿈을 존중하며, 즐거운 마을의 삶과 문화를 꿈꾼다. 서로에 대한 예의를 배우며, 희미해진 마을공동체 문화를 회복하고 마을 꿈지기를 양성 한다.

　다음은 마을학교 꿈C 프로그램이다.

　1) 감성잡기: 사진의 기술 '감성잡기' 나를 찾는 여행

　사진의 이해와 촬영 이론 및 실기, 다양한 사진의 기술을 배우는 감성잡기는 마을 사진동아 리이다. 사진작가 김인숙님의 열정과 회원들의 정성으로 이루어지며, 출사, 전시회 그리고 마 을 다큐사진을 촬영하고 있다. 아름다운 마을사람과 마을길, 마을문화제, 텃밭 등 기록하며 아 름다운 마을공동체를 상상한다.

2) 솜씨언니: 어깨너머 세상을 배우는 '솜씨언니'

퀼트, 조각보, 소잉 바스켓, 매듭, 조각보, 요리 등 마을교육공동체와 솜씨언니 강사를 연계하여 확대 모색하고 있다. 마을 나눔 장터와 체험 학습터를 운영한다. 솜씨학교는 배움과 나눔을 실천하는 솜씨언니들의 동아리다.

3) 무지개합창단: 마을, 희망을 노래하는 '무지개합창단'

희망을 노래하는 무지개합창단은 가족으로 이루어져 있다. 합창연습과 마을공연을 통하여 노래로 희망의 메시지를 전달한다. 마을합창단은 다양한 문화예술 활동으로 이어진다. 2015 오월가족음악회 대상수상, 가족음악극공연, 인권송 UCC를 제작하여 배포하였다. 문흥중앙초 어린이 학부모가 참여하는 무지개합창단(2기)활동은 마을학교 톡톡 운영(마을교육공동체 2017)이다.

4) 청춘학당: 마을에서 배우는 '청춘학당', 어르신들의 삶과 문화, 함께하는 즐거운 몸놀이

문산경로당 어르신들은 청소년들과 어린이에게 마을이야기를 전승한다. 청춘사진관, 마을길, 당산나무와 우물, 마을이야기 등을 전해준다.

5) 생태학교: 생태여행, '나무가 좋다!' 마을 공원 숲 가꾸기, 가족나무심기. 코딱지 텃밭과 논

마을길 생태여행을 통해서 마을의 환경과 공간을 공부하며 자랑한다. 삼각산 소풍, 당산나무, 마을 둘레 길은 마을의 놀이장소 교육의 장소가 된다. 감자, 양파, 고추, 상추 수확, 모내기, 벼 베기, 고구마, 배추심기, 김장하기 등 마을텃밭은 마을 놀이터이다.

6) 토닥토닥 인권사랑방: 마을 꿈지기의 토닥토닥 사랑방 '토닥토닥 인권사랑방'

인권감수성, 가치 벼르기, 차별과 차이, 생활 속 인권이야기, 소수자 이야기, 세계인권선언문, 마을약속, 인권마을, 실천 활동을 모색하는 인권사랑방이다.

7) 문산마을촛불: 안전한 사회, 마을길 순례 진실을 찾는 마을행동이다.

8) 변신나이트: 변**, 신**님이 운영하는 밤마을 문산마을 문화 활동이다. 영화, 음악, 여행, 아빠모임 등을 진행한다.

9) 배배우프로젝트: 몸으로 이야기하는 연극이야기이다. 배우고 배워서 배우되기로, 자신의 이야기를 몸짓 말짓으로 연기하는 치유활동이다.

10) 마을작가발굴프로젝트: 권**, 나**, 기** 등 마을작가 발굴 및 빛나는 보석처럼 반짝이는 마을의 숨어 있는 예술가를 발굴하는 인재 발굴 프로젝트이다.

솜씨언니: 어깨너머 세상을 배우는 솜씨 배움터

감성잡기: 사진의 기술, 마을과 사람을 기록한다

청춘학당: 어르신들의 삶과 문화예술 배움터

토닥토닥 인권사랑방:
마을약속, 인권수다방

문산마을촛불:
안전한 사회, 마을길 순례

생태학교: 마을길생태여행,
마을텃밭, 코딱지 논

나. 마을학교 '톡톡'_문산마을교육공동체

문산마을학교 '톡톡'은 어린이 청소년의 꿈과 희망, 감성을 톡톡 건드려 스스로 성장하는 배움터다. 마을과 학교가 함께 배우며 소통과 협력으로 어린이 청소년의 성장을 마을에서 함께 책임지고 돕는다.

마을활성화, 청소년의 적성과 소질을 계발하고 인권과 평화, 마을, 더불어 살아가는 마을공동체와 정의로운 민주시민으로 육성을 목적으로 한다.

1) **청소년 생활의 기술**: 마을의 이모와 삼촌이 선생님이 되어 마을의 경험을 배우고 나눈다. 마을 삼촌과 이모가 준비하는 생활의 기술은 다림질의 기술, 바느질의 기술, 미용의 기술, 사진의 기술, 뚝딱 요리 기술, 수납정리의 기술, 삶, 응급처치의 기술, 캠핑 불 피우기 기술, 자연놀이 기술, 평화의 기술, 운동화 끈 묶기, 구두닦이 기술, 기후변화와 적정기술 등이다. 처음에는 쑥스러워 하던 아이들은 금세 '이건 어떻게 해요?' 라며 호기심을 드러낸다. 마을길에서 만나면 꼭 인사를 나눈다. 이모가 되어 잔소리도 한다. '여기서 뭐해?' 하며 서로에게 관심을 갖는다. 생활의 기술은 단순한 기술이나 강습을 넘어 마을의 이모와 삼촌이 나서서 삶과 예술, 마을 공동체 교육적 기능을 회복하고 아이들의 성장을 돕는다.

2) **무지개합창단**: 희망을 노래하는 가족합창단으로, 가족이 모여 희망을 노래한다. 세월호 공연, 가족음악회 대상수상, 마을주민 활동가가 직접 지은 가사에 합창단 선생님이 작곡을 하여 인권송을 제작하여 배포했다. 학부모와 어린이, 마을과 학교가 무지개합창단의 하모니를 만들어낸다. 2017년 문흥중앙초등학교, 2018년 문흥초 무지재합창단 운영으로 지금까지 학부모와 어린이가 아름다운 하모니를 만들어 가고 있다.

3) **마을기록반**: 마을 사람, 역사, 공간을 인터뷰, 기록을 홍보한다. 만나고 싶은 마을 주민에 대하여 이야기하고 인터뷰 할 사람 정하기, 간단한 인터뷰, 인터뷰 내용 정리 발표하기로 팀별 인원은 5~6명으로 하고 각자 역할을 나누어 참여한다. 인터뷰 질문, 녹취 풀기, 글로 정리하는 다양한 파트의 역할을 한 번씩은 해볼 수 있도록 한다. 인터뷰하고 글로 정리하여 연말에 인터뷰집을 발간하는 것을 목표로 한다.

4) **마을멘토, 나도작가반**: 마을에 살고 있는 작가와 함께하는 글쓰기이다. 생활글, 동화창작, 시창작, 방송작가로 구성한다.

5) **솜씨체험활동, 바느질, 뜨개질, 매듭, 요리등 탄력주간운영:** 솜씨 강사가 된 마을 이모들이 솜씨를 나눈다.

6) **창의적 자원봉사:** 진로체험 자원봉사활동인 창의적 자원봉사이다. 교사를 꿈꾸는 청소년들이 스스로 프로그램을 준비하여 마을도서관, 지역아동센터 등에서 초등학생을 대상으로 활동하는 프로그램이다.

7) **공동체놀이, 예술놀이, 자율동아리 전통예술 맛보기문화예술체험 및 놀이, 체육대회, 교과연계:** 학년초 서로 낯설어 하는 청소년들과 '풋낯한우리 옴살만들기'활동(용봉중. 전통연희놀이 연구소), 학교 체육대회와 연결하여 '기억을 찍는 사진관'(용봉중, 문흥초. 감성잡기), 문흥앙초 한마음축제에 결합한 '인권놀이터', '자원순환놀이체험' 등 학교 축제와 체육대회를 통해 공동체 문화예술프로그램을 운영한다.

8) **동아리, 자유학기제:** 마을의 자원을 활용하여 소중한 경험을 나누고 지원하는 학교 교과연계 마을교육이다. 어린이 청소년의 창의적인 활동과 마을 공동체 학습의 장으로 활용되어 마을 구성원으로 관계 맺기를 이어간다. 마을과 함께하는 생태 문화예술교육이다. 마을주민이 참여하고 있는 동아리활동과 자유학기제는 학교예산으로 마을 강사를 파견하여 진행 중이다.

[문산마을학교 톡톡] 프로그램 소개

① **문흥초, 용봉중에서 이루어지는 생태텃밭(학교텃밭) 동아리**
우리가 먹는 먹거리가 식탁으로 오기까지 얼마나 많은 다양한 활동들이 있는지 직접 체험하는 활동이다. 업싸이클링을 활용하여 텃밭 공간을 새로운 놀이터로 꾸며본다. 농약과 화학비료, 비닐을 사용하지 않고 친환경농사로 작물을 재배한다. 수확한 작물을 친구들과 이웃들에게 나누는 활동을 통해서 사회적 주체성을 키운다(문흥초, 용봉중).

② **솜씨언니 바느질**
손 바느질로 다양한 소품 만들기, 집중력과 시간내에 작품을 완성해서 성취감을 얻을 수 있다. 부엉이 쿠션, 카네이션 볼펜, 목 베개, 필통, 곰돌이 커피 방향제, 다용도 주머니, 핸드폰 거치대, 매직파우치 or 카드지갑, 크리스마스 소품 등 마을 솜씨언니의 도움으로 바느질 수업이 진행된다. (용봉중, 문흥중, 우산중, 문흥중앙초)

③ **환경동아리: 기후변화, 자원순환교육, 자원재활용 체험 학습**
환경 골든벨, 자투리 천의 부활 이어폰 정리선, 랄랄라라~ 장까지 침투하는 초미세먼지, 학교에 버려지는 온도를 찾아라, 종이와 플라스틱의 환상적인 만남, 캔을 활용한 적정기술, 나는 실천가 '내 말 좀 들어줘~', 줄일수록 좋아요 음식물 쓰레기, 질풍노도의 쓰레기 등 용용C 강사단의 도움으로 수업이 진행된다(용봉중).

④ **인권동아리**
공부를 잘 해야만 좋은 학생일까?(차이, 차별), 광주학생인권조례, 읽어는 봤나요?(학생 인권), 옷도 내 맘대로 못 입나요?(신체의 자유), 욕하는 것도 표현의 자유일까?(표현의 자유), 인구의 10%, 장애인을 만나기 어려운 이유(장애인 인권), 당신은 사랑받기 위해 태어난 사람

(성소수자 인권), 거북선을 만든 사람은 이순신이 아니라구?(노동 인권), 이세돌과 알파고의 다른 점은?(인권감수성), 동화 속 인권 한 장면(마무리, 평가)

⑤ **마을길생태미술여행–생태문화예술 자원을 활용하는 미술여행**
온 마을이 교육배움터가 되어 내가 살고 있는 마을의 생태자원을 조사하여 생태세밀화를 통해 기록한다. 학교 숲과 마을길을 통해 자연에 대한 예의를 배울 수 있다(용봉중, 문흥중).

⑥ **마을 사진반**
스마트폰으로 담는 학교와 마을길, 사진을 찍고 감상하며 사진의 힘과 주변에 대한 깊이 있는 이해와 통찰력을 높인다.

⑦ **연극놀이반**: 마을의 연극배우와 함께하는 연극놀이 동아리(용봉중)이다.

⑧ **뜨개동아리반**
코바늘기본 배우기, 코바늘 잡는법, 코바늘 부호익히기, 사슬뜨기등 익히기, 짧은뜨기, 빼뜨기 익히기, 짧은뜨기를 이용하여 팔찌만들기, 삼각모티브뜨기, 원형고리 만들기, 한길긴뜨기 익히기, 가랜더 만들기, 모티브로 가랜더 만들기, 목걸이 만들기, 원형뜨기 익히기, 원형뜨기를 이용한 목걸이 만들기, 사각모티브 뜨기, 한길긴뜨기를 이용한 모티브뜨기, 사각모티브, 모티브뜨기, 돗바늘로 마무리, 미니덮개 만들기, 모티브 잇기 등 마을 솜씨언니의 도움으로 뜨개질 수업으로 진행된다(문흥중, 문산중, 우산중).

⑨ **문화예술동아리 전통예술놀이체험반**
문정여고 자율동아리 전통놀이체험동아리, 사물놀이반(문흥중앙초), 마을이야기로 만드는 마당극(용봉중). 교사 규방공예동아리활동(문정여고).

9) **공유냄비**: 음식나눔활동, 자연과학고 조리과, 솜씨언니, 지역사회보장협의체(문흥2동), 북구종합자원봉사센터 등이 있다.

10) **청소년마을기획단**: 마을청소년 운영위원회. 문산마을 청소년대표자회의

청소년 생활의 기술

마을멘토 글쓰기

마을기록반

창의적 자원봉사

무지개합창단

동아리, 자유학기제

05 | 성인학습자로서 유아교육

1) 배경

최근에는 많은 성인들이 전문분야에서의 직업을 찾거나 자신의 전문분야에서 지속적인 능력을 함양하기 위해 학령기가 지난 나이에도 계속교육에 참여하고 있다. 이러한 성인 계속 교육의 유형 가운데 하나로써 사이버대학, 학점은행제 및 방송통신대학 같은 원격 교육을 통한 유아교사양성과정에 참여하는 성인학습자들이 급증하고 있으며, 인터넷 확산 같은 정보통신기술의 발달과 더불어 웹기반 원격교육이 가능해 짐에 따라 성인학습자의 계속교육 참여는 더욱 가속화되고 있다. 이러한 측면에서 교원양성과정에 유아교사로서 성장해가는 성인학습자의 교수학습과정에 대한 다양한 논의들이 확대될 필요성이 있다(한민경, 2009).

2) 여성 성인학습자와 유아교육

남성 중심과 권위주의라는 사회구조적 현실상황에 학령기에 대학 진학을 하지 못한 채 꿈을 포기하거나 좌절의 맛을 경험한 여성 성인학습자는 평생교육 참여보다 정규 학위를 취득할 수 있는 정식 4년제 혹은 2년제의 대학으로 진학욕구를 나타내는데, 이는 단순히 교양이나 취미 활동을 위한 교육의 기회뿐만 아니라 교육의 결과로서 자격증이나 학위를 취득하고 인정받기를 원하는 것으로 볼 수 있다. 이러한 여성 성인학습자의 진학 요구와 맞물려 2010년도에는 전국 유아교육과가 있는 102개 전문대학 중 54개 전문대학에서 특별전형으로 정원 외 만학도 및 성인재직자를 선발한 것으로 보고하였다. 이러한 과정을 통해 여성 성인학습자는 유아교육과를 입학하게 되는데, 실제로 유아교육과는 독특하게 타과에 비해 연령층이 다양한 것으로 나타났다(최예린, 2011).

3) 성인학습자로서 유아교육의 필요성

성인학습자가 유아교육을 선택하는 이유와 필요성은 다음과 같다.

첫째, 성인학습자가 유아교육과에 입학한 동기는 전문성을 향상시키기 위하여, 교육자로서 인정받기 위한 것이다. 즉 성인학습자들은 현실적이며 구체적인 요구와 자신이 처한 환경을 바탕으로 전문성 향상을 위해 변화하려고 노력한다.

둘째, 성인학습이 유아교육현장에서 실제적인 도움을 제공하고 대인관계가 증진되고, 정보를 공유하며 자신의 새로운 진로를 개척하고, 자신의 전문성을 개발하여 유아교육기관에서 자신의 능력을 발휘할 수 있다.

셋째, 성인학습자는 교육과 가사를 겸해야 하거나 교육, 가사, 직업을 겸해야 해서 학습시간의 부족이나 이해력과 암기력에 어려움이 있을 수 있다. 그러나 인지적 학습능력이 떨어질 수 있으나 과거 육아의 경험으로 정서적 학습능력은 청년 학습자보다 뛰어날 수 있다(우채영·권정해·김판희, 2014).

🗑 내용정리

- ◎   는 암묵적 지식을 포함하는 지식의 형성은 물론, 공유와 확산이 가능하도록 하는 구조를 만드는 일을 자신의 과제로 삼는다.
- ◎ 포스트모던사회에서는 절대적   와   를 거부하고 지식인이나 지배자가 아닌 보통 사람들의 경험을 중시한다.
- ◎   은 단지 교육기간이나 교육환경의 변화 차원 뿐만 아니라 교육 자체의 본질을 규명하기 위한 학문적 소명을 가지게 되었으며, 학문담론으로서의 의의를 가지게 되었다.
- ◎ 평생교육은   에 기반하여 학습자 중심적 교육의 일환으로 등장한 것이다.
- ◎ 2007년 11월에 개정된 새로운   은 국가 및 지방자치단체의 평생학습 진흥정책 책무 강화, 중앙, 광역, 기초 자치단체 단위의 추진체 정비,   총괄적인 집행기구로서   의 통합 운영,   프로그램 지정 및 학력인정 등   지원 등을 강화하였다.
- ◎ 평생교육을 위한 시도에는   ,   ,   ,   등이 있다.
- ◎   은 일정한 지역을 지역주민들이 주도적으로 지역문제 해결, 지역정체성 확립, 공동체 의식 함양 등을 추구하는 평생교육이다.

 **기출문제**

1. 평생교육의 특징을 설명한 것으로 맞지 않는 것은? (초 01)

   ① 연령 제한이 없는 계속교육을 강조한다.
   ② 학습자의 자기주도적 학습을 강조한다.
   ③ 교육에 있어서 융통성과 자율성을 존중한다.
   ④ 전문교육을 배제한 교양교육과정을 운영한다.

2. 성인학습의 원리로서 틀린 것은? (중 04)

   ① 수동적인 참여보다는 능동적인 참여가 학습을 향상시킨다.
   ② 내재적 동기는 영속적이고 포괄적인 학습을 가능하게 한다.
   ③ 학습에 대한 부적강화가 정적 강화보다 효과적이다.
   ④ 성인의 학습에 대한 준비도는 선행학습의 정도에 의해 영향을 받는다.

3. 다음 중 평생학습의 중요성과 가장 밀접하게 관련되는 현상은? (중 06)

   ① 학력인구의 증가   ② 사회병리 현상의 확산
   ③ 지식기반사회의 도래   ④ 학교교육의 위기

4. 학습계좌제(교육계좌제)에 대한 설명으로 가장 적절한 것은? (초 09)

   ① 학습자 스스로 독학을 하여 일정 시험을 통과한 자에게 학사학위를 부여하는 제도이다.
   ② 여러 직종에서 공통적으로 요구되는 직무기초소양과 직무수행능력을 평가하여 인증하는 제도이다.
   ③ 저소득층 성인의 직업능력개발을 장려하기 위해 교육비를 지원하는 제도로서 일종의 평생교육복지제도이다.

④ 인적 자원의 효율적 계발, 관리를 위해 개인의 일생에 걸친 총체적 학습경험을 종합적으로 누적하여 집중 관리하는 제도이다.

⑤ 학교 안팎의 다양한 학습경험과 자격을 학점으로 인정하고 학점이 누적되어 일정기준을 충족하면 학위취득을 가능하게 하는 제도이다.

5. 다음에서 설명하는 학력인정제도는? (영양 07)

　　모든 사람이 원하는 교육을 학교에서 뿐만 아니라, 학교 밖에서 이루어지는 다양한 형태의 학습과 자격을 학점으로 인정하고, 학점이 누적되어 일정 기준을 충족하면 학위취득을 가능하게 함으로써 궁극적으로 열린교회사회, 평생학습사회를 구현하기 위한 제도이다.

① 조기졸업제　　　　　　　② 학점은행제
③ 검정고시제도　　　　　　④ 문하생학력 인증제도

〈문제〉

학교가 현대사회의 교육적 욕구를 제대로 충족시키기에 한계가 있다는 지적이 대두되어 왔다. 그 연장선상에서 학습사회에 관한 논의가 전 세계적으로 확산되고 있다. 이와 관련하여 '학습사회'의 개념, 학교교육의 문제를 극복할 수 있는 가능성, '학습사회'의 이상이 갖는 현실적 한계를 각각 기술하시오. (행시 11)

시험잡영(試驗雜詠)

김형두

앗차!
시험문제를 보니 한숨이 먼저 나네
어젯밤에 한번 더 볼걸!

연필은 가졌건만
종이는 하얗을 뿐
시계의 바늘은 좀 잡아 놓았으면

아아 종을 친다 어쩌나
하나도 못 쓴 답안을 낼라니
기가 막히네 울고 싶으이.
그래도 좋아 끝났으니
오늘 저녁은 또 극장이다.
그러나 시골 갈 일이 큰 일

<학생> 1929.7

이야기 나누기

이름:

유아교육연구 중에 연구되어야 하는 것은?

제12장

유아교육연구방법론

01 | 연구란 무엇인가?

1) 상식과 연구

상식이란 많은 사람이 공유하는 공통된 인식이고, 연구란 문제를 해결하기 위하여 체계적이고 과학적인 방법을 이용하고 그러한 방법에 의해 도출된 결과를 말한다. 연구는 기존의 존재하는 상식 또는 사실들을 입증하는 것이다.

2) 과학연구

비과학적 방법은 어떤 현상에 대한 의문이 생길 때 이에 대한 해답을 보다 빨리 친숙한 방법에 의해 찾고자 한다. 전통, 권위적 대상, 상식에 의존하여 심각한 오류가 발생한 가능성이 높다. 여기서 위 세가지가 왜 오류가능성이 높은지를 설명할 필요가 있다.

우선, 전통은 과거 이러한 문제들이 어떻게 분석되고 해결되었는가를 통해서 해결책을 찾고자 하나, 과거와 현재 상황 간 괴리가 클 때 오류 가능성이 높아진다.

둘째, 권위적 대상은 주어진 문제에 대한 전문가의 의견을 수렴하는 것인데 어떤 전문가를 선택했느냐에 따라 달라진다. 예컨대, 4대강 문제역시 어떤 전문가의 의견을 따르느냐에 따라 의견이 상당히 다르다.

셋째, 상식에 의존하는 것은 전통이나 권위적 대상으로부터 해결책을 못 얻었을 때, 문제에 관한 논리적 사고를 통해 해답을 찾고자 하나 정보의 신뢰성에 따라 오류 가능성이 높아진다.

한편 과학적 방법은 주로 연구에서 사용하는 것인데 주어진 의문에 대한 해답을 찾고 문제를 해결하기 위해 사용하는 구체적인 전략, 타당성 있는 사실과 관계의 규명에 초점을 둔다. 여기서 사실이란 단순히 공정한 관찰에 의해 얻어진 동의사항으로 상황과 사건 이해에 도움을 주는 것을 말한다. 그러나 사실 자체가 진리나 해결책은 아닐 수 있다. 또한 의문의 해결을 위해서는 다양한 사실 간의 관계 정립이 필요한데, 사실 간의 관계 정립이 과학적 방법의 가장 중요한 특징 중 하나이다. 연구자에게 선택된 현상을 변화, 통제하거나 예측할 수 있는 힘을 제공한다.

3) 연구의 기본 성격

연구목적은 사회와 자연의 사실과 현상을 고도의 압축된 이론으로 설명, 묘사하여 현상에 대한 사실을 앎으로써 앞으로 일어날 일에 대한 대비나 통제를 하는 것이다.

연구의 특징은 다음과 같다.

① 문제해결과 관련된다.

② 원리와 이론의 정립으로 현상과 사실을 예측한다.

③ 실증적인 증거에 기초하여야 한다.

④ 정확한 관찰력과 서술에 의한다.

⑤ 조직적이고 체계적이어야 한다.

⑥ 전문지식이나 경험을 보유하여야 한다.

⑦ 객관성이나 논리성을 유지하여야 한다.

⑧ 문제 지향적이어야 한다.

⑨ 지속적이어야 한다.
⑩ 연구결과가 왜곡되지 않아야 한다.

4) 연구의 방법

(1) 양적연구

양적연구란 실증주의 등장으로 인해 출현하였는데, 많은 양의 객관적 자료를
분석하는 것이다. 양적연구의 절차는 가설을 설정하고 실재 및 유사한 상황을 설
정한 다음, 자료를 수집하고, 수집자료를 분석하여 잠정적으로 서술된 가설로 참
거짓을 규명한다. 한계점은 특정 이론에 의지해 연구를 시작, 진행한다는 것이
다. 따라서 특정 이론에 구속되고 자료 수집이 가능한 연구만 가능하다. 복잡한
사회현상을 연구하는 데에서는 연구방법에서 한계가 있다.

유아교육에서 양적연구는 여러 가지 방향에서 이뤄지고 있다. 예를 들어, 곽
현주 · 김명하(2016)는 학교폭력 관련 교육에 대한 유아교사의 인식과 요구분석을
하였는데 유아교사 192명(유치원교사 93명, 어린이집교사 99명)을 연구대상으로,
유아교사가 어린이집 교사에 비해 폭력경험이 유의미한 것으로 어린이집교사가
유치원교사보다 유아기관 폭력에 대해 유의미하게 심각한 것으로 인식하였다.

(2) 질적연구

질적연구는 후기 실증주의에 영향을 받았는데 다양한 연구방법의 필요성이
제기되어서이다. 연구 내용, 대상, 시기에 따라 적절한 방법이 따로 있다. 연구자
의 개개인의 연구, 능력에 따라 심도 있는 원인 규명 파악이 중요하다.

질적연구는 사람의 삶과 그들이 구축하는 사회적 실재의 있는 그대로의 본모
습이 무엇이며 사람들이 이 실재를 어떻게 해석하는지 그래서 그 의미가 무엇인
지를 자연스러운 상황 속에서 밀도 있게 살펴보는 것이다. 또한 개인의 삶의 구체
적인 모습과 그 속에서 그가 주관적으로 의미를 창출해 내는 과정 및 그 의미를
개별기술적으로 밀도 있게 탐구하려는 노력이다. 이를 위해 연구 참여자의 생생

한 목소리와 그 현장의 과정과 맥락을 있는 그대로 기술하는 것으로 내부자 입장
에 이해하려는 관점이다. 따라서 질적연구는 연구참여자의 체험 이야기를 통해 그
체험 세계와 이에 관한 그의 관점을 이해하고 재구축하고자 한다(김병욱, 2018).

예를 들어, 손수민(2010¹)은 만3세 한국인 유아가 미국 유치원 적응에 대해
민생지 연구를 실행하였는데, 그에 따르면 미국 유치원에 적응하지 못하는 아이
들의 학부모가 영어실력 향상에 관심이 있었기 때문에 아동의 초기 적응에 대해
자녀를 이해하지 못하였고, 영어로 인한 또래 관계 형성에 어려움이 있었음을 지
적하였고, 나아가 교사의 적절한 개입을 받지 못해서 좌절감과 상실감을 경험하
였음을 보고하였다.

(3) 양적연구와 질적연구의 관계

표 12-1 양적연구와 질적연구

구분	양적연구	질적연구
실재의 본질	인간의 특성과 본질에 대한 실재 존재-변인들에 대한 객관적 연구	객관적인 인간의 속성과 본능이 존재하지 않음-총체적 연구 필요
연구자와 연구 대상 간의 관계	연구자, 연구대상 간 거리를 유지해야 객관적 자료 수집 가능	연구 대상과 밀접한 관계를 유지해야만 연구의 타당도 높일 수 있음
일반화	가능	불가능 결과는 특정 연구 상황에만 적용
인과관계	원인 결과 분석 가능-행위 현상을 인과관계로 설명	인과관계 설명이 어려우므로 상호작용 관계로 분석
가치	객관적으로 자료를 수집, 결과를 도출-가치중립적	연구자의 가치에 영향을 받으므로 가치중립적이지 않음
연구방법	조사방법, 실험 설계, 관찰법	관찰법

표 12-1과 그림 12-1과 같이 양적연구는 심리학, 행동심리학에서 변인이 통
제 가능하거나 실험실에 주로 이뤄진다. 질적연구는 인류학, 민생지학 같은 변인
통제가 불가능하거나 자연상태에서 주로 이뤄진다. 그러나 반드시 이분법적인
아니고 최근에는 혼합연구도 이뤄지고 있다.

그림 12-1 질적연구와 양적연구

자연주의적, 비통제적
발견지향적, 탐색적, 서술적, 귀납
내부자적 시각
타당성 있는, 깊이있는 자료
동태적 현상, 과정에 주목
해석주의적 입장

질적 연구

양적 연구

인위적, 통제적
가설연역적
외부자 시각
신뢰성 있는 반복가능성
정태적, 결과에 주목
실증주의적 입장

02 | 교육연구의 종류

1) 민생지연구

민생지연구란 특정 집단 내의 사회적 행동을 조사하고 설명하고자 하는 목적의 연구를 말한다. 소수의 연구대상을 직접적이고 상세하게 조사하는 것을 그 특징을 한다. 예컨대 00유치원의 세 유아의 일과는 어떠한가를 살펴보기 위해 하루 종일 추적하면서 상세하게 기록하는 방법이다.

이 연구는 관습, 가치관, 통신형태를 공유하는 사회적 환경 내에서 일어나는 행동을 포괄적으로 분석할 수 있다. 자료를 수집하는 데에는 집단구성원, 사물, 환경, 주어진 상황 안에서의 다양한 패턴들을 사용한다. 연구 방법상 비실험연구, 질적연구가 여기에 해당되고 관찰을 수행하는 연구자의 지각과 주관적인 해석에 의존하는 경향이 있다.

2) 역사연구

역사연구란 특정 과거의 상황, 사건, 인물에 관해 탐구하는 것이다. 예컨대, 2014 누리과정은 어떤 특징과 배경을 지니고 있는가를 문헌과 인물, 사건을 중심으로 파악하는 것이다.

이 연구는 당시의 역사적 기록문, 신문, 사진 등, 교과과정은 어떻게 짜여 졌는지, 어떤 장소에서 교육이 이뤄졌는지를 조사한다.

3) 기술(서술)연구

기술연구란 현재의 인물, 상황, 사건에 대한 자세한 묘사를 목적으로 하는 연구를 말한다. 예컨대 현재 00유치원 학생의 특징과 출신배경에 대한 연구가 있다.

이 연구에서 민생지 연구는 특정인, 소수인에 대한 상세한 정보를 목적으로 하는데 민생지 연구는 행동과 말과 제스쳐에 대한 상세한 정보 분석이 이뤄질 수 있다. 기술 연구는 비실험연구에 해당하고 성격에 따라 질적, 양적, 혼합의 형태로 이뤄진다. 자료수집은 신문이나 사진을 포함한 기록이다. 그러나 역사연구와의 차이는 현재를 중심으로 연구한다는 것이다.

4) 실행연구

실행연구란 교육상황에서 일어나는 여러 문제의 해결을 위해 연구자와 교사가 공통으로 진행되는 연구가 많다. 예로 졸업 포트폴리오 심사제도를 실시하는 것이 전공교과 성취도를 증진시킬 수 있는가를 들 수 있다. 학습현장에서 개선되어야 할 면이 발견된 경우 구체적 문제를 발견하고 가능한 해결책을 마련, 적용하여 그 결과를 평가하는 실행연구를 실시한다. 또한 연구결과를 학습상황에 즉각적으로 적용하여 주어진 학습상황을 개선하고자 하는 것에 목적이 있다. 그러나 문제의 학습상황 이외 다른 학습상황의 개선여부에는 관심을 두지 않고 연구결과의 일반화에 한계가 있다.

5) 평가연구

평가연구는 교육결과의 성취여부를 분석하는데 목적이 있다. 대규모의 교육과정 개편과 교재개발, 교육과 관련한 의사결정을 내리기 위해 실시한다. 예로 '초등 영어교육 실시가 학생영어 말하기 능력에 어떤 영향을 미쳤는가?' 혹은 '7

차 교육과정 시행이 학업성취도 증진에 효과적이었는가?' 따위를 들 수 있다.

6) 상관연구

상관연구는 두 가지 혹은 그 이상의 변인 간에 관계가 어느 정도 존재하는가를 알아보는 것을 말한다. 실험연구와 차이점은 변인의 조작 처치 없이 변인 간의 관계만 알아보는데서 다르다. 예로 공학도의 컴퓨터 선호도와 학업성취 사이에는 어떤 관계가 있는가?를 들 수 있다. 한 가지 변인 값이 올라갈 때 다른 변인 값이 올라가면 정적상관, 한 변인 값이 오를 때 다른 변인 값이 떨어지면 부적상관이라고 한다. 대체로 양적연구이며 비실험연구에서 분석된다.

7) 인과비교연구

인과비교연구는 상관연구에 비해 인과관계에 추론하는 것이 가능하다. 실험연구의 원인으로 믿어지는 무언가를 조작하는 것과는 다른데, 이미 나온 결과를 두고 역추적하여 그 원인을 알아보고 할 때 분석된다. 예로 폐암 발병 환자와 정상 집단의 평소 스트레스와 음주, 흡연, 운동 여부를 조사·비교하는 연구를 들 수 있다.

8) 실험연구

실험연구는 원인이라 믿어지는 변인을 실험적으로 조작 후 이로 인한 변화를 기록하는 것을 말한다. 실험연구는 실험집단과 통제집단을 구분하고 이들의 변화가능성을 살펴보는 것이다. 실험집단은 실험조작이나 처치를 하는 집단, 통제집단은 실험집단의 비교집단을 말한다. 실험연구에서 중요한 것은 실험－통제집단을 무선할당했는가인데 교육학에서 무선할당이 어려운 부분이 있다. 예로 연구 대상자를 강의식수업과 토론 수업 두 집단으로 무선할당 후 학업성취도를 비교하는 것을 들 수 있다. 대체로 양적연구로 실시하고 독립변인(원인)과 종속변인(결과)에 초점을 둔다. 이 연구는 다른 연구에 비해 변인 간 인과관계에 대한 보다 확실한 증거를 제공해준다.

9) 준실험연구

준실험연구는 실험연구가 교육학분야에서 수행하기 어려운 점을 고려하여 많이 이뤄지는 연구방법이다. 절차와 방법은 실험연구와 동일한데 이미 형성된 집단(학습정도의 단위)을 실험집단과 통제집단으로 나누는 것이다. 실험연구이지만 무선할당을 하지 않기 때문에 준실험연구로 일컬어지는 것이다. 예로 '1반은 강의식 수업, 2반은 토론식 수업을 할 때 학업성취도의 차이는 어떠한가?'를 들 수 있다. 가능한 한 방법 내에서 실험연구의 상황 재현하여 연구를 진행한다.

03 | 연구계획서

1) 개념 및 필요성

연구계획서란 진행할 연구과정을 서술한 계획서, 서론과 연구목적, 중요한 이론적 배경, 연구대상, 측정도구와 검사방법, 도구와 연구절차, 예상되는 가설 등을 포함하는 전반적 계획을 말한다.

연구계획서는 다음과 같은 이유로 필요하다. 첫째, 연구계획서 작성 단계에서 예상되는 문제점을 수정하고 대비책 마련이 가능하다. 둘째, 절차 방법의 체계화이다. 설정된 주제에 대한 구체적 연구 절차와 방법을 체계화하여 연구 실행이 가능하게 한다. 셋째, 전문가의 조언을 들 수 있다. 지도교수, 지도위원, 전문가로부터 연구계획서를 보여줌으로 조언과 제언을 들 수 있다. 넷째, 심사를 통한 지도가 가능하다. 연구계획서 심사를 통해 전공분야와 연관성, 연구수행의 가능성, 연구결과에 대한 응답 가능성, 학문분야에 대한 공헌도 등을 확인할 수 있고, 연구의 문제점, 제한점 등과 해결책을 제시하는데 도움을 받을 수 있다. 다섯째, 시간, 난이도, 경비 고려이다. 논문의 진행속도가 느리다거나 시간이 없다고 해서 연구계획서를 쓰지 않을 경우, 연구목적이나 일정이 달라질 수 있다.

2) 연구계획서의 작성

연구계획서에는 다음과 같은 것이 포함된다.

① 서론

연구의 시작이자 논문의 도입부분을 말한다. 특히 연구의 목적과 필요성이 가장 강조되는 부분이다. 즉 왜 논문을 수행해야 하는지 어떤 문제가 해결되고, 왜 중요한지 전략적으로 독자를 설득해야 한다. 이를 위해 시, 격언, 기사같은 일반적인 사실을 기술하는 것으로 보통 시작한다. 선행연구의 문제점을 비판적으로 서술하고 문제를 해결하기 위해 새로운 이론이 필요하다거나 시사점을 제시하기 위해 연구가 이뤄져야 한다는 것을 강조한다.

② 이론적 배경

이미 수행된 관련 연구들이 있는지 어떤 이론적 배경에 의해 그 연구문제를 도출해내었고, 알아보고자 하는지에 대한 설명을 하는 부분이다. 연구자가 수행하고자 하는 분야에서 어떤 지적 지평을 이루고 있는지 보여주는 것이다. 연구의 골격을 이루는 주요문헌의 인용으로 일반적으로 이론적 배경에는 5~15편 내외의 최근 논문을 인용한다. 이론에 대한 기초적 정보를 제공하고 보다 전문적 연구 결과를 기술되도록 전략적으로 배열할 필요가 있다. 최근 연구 동향의 소개 및 연구 주제 관련된 논문 기술하여 연구쟁점을 유도하고, 이론적 배경에 인용한 논문들이 자연스럽게 연구자의 연구내용과 연결되도록 구조화 해야 한다.

③ 연구방법

연구방법에는 연구대상, 연구절차, 측정도구, 연구가설 및 분석법을 포함한다.

첫째 연구대상이다. 연구에 참여하는 사람들로 연구의 결정적인 역할을 한다. 연구대상의 신상정보를 기술(성별, 나이, 직업, 학력 등의 개인 정보, 연구대상 속성,

변수 특성)하는데, 연구종류에 따라 연구대상 선정방법은 다르다. 실험연구에서는 접촉 가능한 연구대상을 추출하여 통제집단 실험집단을 무선으로 할당해야 한다. 조사연구에서 모집단에서 연구대상을 추출하는 방법을 상세히 기술해야 한다.

둘째, 연구절차이다. 연구대상 선정 후 연구결과가 얻어지기 전까지 일어나는 모든 연구행위를 단계적으로 기술한다. 연구종류에 따라 연구절차기술이 다른데, 실험연구의 경우, 실험, 통제집단 선정 후 어떤 처치 어떤 방법으로 가했는지 사용된 장비기기를 기록해야 한다. 한편, 조사연구는 설문, 면접, 대상 선정 후 조사방법 및 언제 어디서 어떻게 무엇을 물을 것인지, 설문지를 사용할 경우 언제 발송하고 언제 어떻게 회수하여 어떤 절차로 자료를 분석할지를 기술한다. 관찰연구의 경우 연구대상의 행위를 어떤 방법으로, 어떻게 얼마의 시간 간격을 두고 관찰하여 어떻게 기록할 것인지, 관찰자는 몇 명인지, 관찰자의 자질과 훈련 정도 등을 기술한다. 실제 연구절차는 연구하는 단계대로 기술해야 하므로 사전 연구를 연구절차를 모의 시행, 보강, 교정하는 것이 바람직하다.

셋째, 측정도구이다. 자료를 얻기 위해서 연구대상의 속성을 측정하는 도구가 필요하다. 항상 필요한 것은 아니며, 검사나 측정을 수반하는 양적연구에 필수적이다. 교육연구는 비가시적, 잠재저 특성을 측정하므로 직접 측정이 불가능하다. 검사의 경우 검사 이름, 목적, 특성, 문항 수, 타당도, 신뢰도, 검사연구를 연구자 개발 검사일 경우, 검사의 특성, 측정목적, 문항내용을 설명한다. 설문지의 경우 설문지의 목적, 구성, 측정내용, 설문지 특성을 기술한다. 관찰검사의 경우 일화 가록법으로 기술시 관찰결과 측정방법에 대한 설명은 불필요하나, 관찰표에 의해 기록시, 관찰표 형식, 관찰 내용, 결과의 분류 등을 상세히 기술해야 한다.

넷째, 연구가설 및 분석방법이다. 연구가설이란 연구자의 주장으로서 연구목적을 구체화한 가설 즉 잠정적 기술을 의미한다. 자료분석방법은 간단한 기초통계 및 추리 통계를 사용하는데 연구가설을 검증하기 위한 다변량분석, 상관분석, 경로분석 등이 있다.

 **내용정리**

- ⊙   란 문제를 해결하기 위하여 체계적으로 과학적인 방법을 이용하고 그러한 방법에 의해 도출된 결과를 말한다.

- ⊙ 양적연구란 실증주의 등장으로 인해 출현하였는데, 많은 양의   자료를 분석하는 것이다. 반면 질적연구는 연구내용, 대상, 시기에 따라 적절한 방법이 따로 있는데, 연구자의   의 연구, 능력에 따라 심도있는 원인 규명 파악이 중요하다.

- ⊙ 교육연구의 종류에는   연구, 역사연구, 기술연구, 실행연구, 평가연구,   ,   , 실험연구,   등으로 구분할 수 있다.

- ⊙   란 진행할 연구과정을 서술한 계획서, 서론과 연구목적, 중요한 이론적 배경, 연구대상, 측정도구와 검사방법, 도구와 연구절차, 예상되는 가설 등을 포함하는 전반적 계획을 말한다.

- ⊙ 연구방법에는   ,   ,   ,   등을 포함한다.

—— 정답

연구
객관적 / 개개인
민생지 / 상관연구 / 인과비교연구 / 비실험연구
연구계획서
연구대상 / 측정도구 / 연구가설 / 분석법

 기출문제

1. 실험연구에서 연구가설에 대한 설명으로 가장 적절한 것은? (초 07)

　① 연구문제 해결을 위해 수집한 경험적 증거이다.

　② 연구의 내적 타당도를 높이기 위해 설정된 가정이다.

　③ 연구자가 연구문제에 대해 잠정적으로 내린 결론이다.

　④ 연구문제를 해결하기 위해 탐색해야 할 이론적 배경이다.

2. 민생지라는 연구방법을 적용하여 학교에서의 집단 따돌림 현상을 연구하고자 한다. 유념해야 할 사항으로 가장 적절한 것은? (초 04)

　① 연역적 접근이 이루어지도록 한다.

　② 자료의 수집은 주로 설문조사를 활용한다.

　③ 학생의 입장에서 현실 상황을 이해하도록 노력한다.

　④ 전체적인 상황을 거시적으로 파악하는데 역점을 둔다.

3. 보기 중 질적 연구에서 주로 사용하는 방법은? (초 04)

　　ㄱ 무선표집과 변인통제　　　　ㄴ 면담에 의한 자료수집
　　ㄷ 현장 조사 및 참여관찰　　　ㄹ 통계적 추리에 의한 가설 검증

① ㄱ, ㄴ　　　　　② ㄱ, ㄹ　　　　　③ ㄴ, ㄷ　　　　　④ ㄷ, ㄹ

4. 어느 초등학교 6학년 전체 학생을 대상으로 다섯교과의 시험을 실시한 후, 국어와 다른 네 교과 점수 사이의 상관계수를 계산하여 다음과 같은 결과를 얻었다. 이 자료에 대한 올바른 해석을 보기에서 모두 고른다면? (초 10)

Y변인 \ X변인	수학	영어	사회	과학
국어	0.58	0.87	0.29	0.12

ㄱ 이 학교 6학년에서 국어를 못하는 학생들은 과학도 못한다.

ㄴ 이 학교 6학년에서 국어를 잘하는 학생들은 영어도 잘하는 경향이 있다.

ㄷ 국어점수와 통계적으로 유의미한 상관을 보이는 과목은 영어뿐이다.

ㄹ 국어점수와 수학점수 간의 상관은 국어점수와 사회점수 간 상관의 2배이다.

ㅁ 국어점수와 영어점수 간의 상관은 수학점수와 사회점수를 합한 점수와 국어점수 간의 상관과 같다.

① ㄱ   ② ㄴ   ③ ㄱ, ㄷ   ④ ㄴ, ㄹ   ⑤ ㄹ, ㅁ

찾아보기

정답확인

제1부 교육사회학 이론

제1장 교육사회학 소개

1. ④ / 2. ⑤

제2장 기능론적 교육관

1. ④ / 2. ⑤ / 3. ④ / 4. ② / 5. ①

제3장 갈등론적 교육관

1. ① / 2. ④ / 3. ③ / 4. ③

제4장 해석적 접근

1. ④ / 2. ③ / 3. ④ / 4. ⑤

제2부 교육의 사회적 문제

제5장 교육과 평등

1. ② / 2. ③ / 3. ④ / 4. ③

제6장 학력, 학력상승, 교육열

1. ③ / 2. ② / 3. ②

제7장 유아교사

1. ② / 2. ④ / 3. ⑤ / 4. ②

제8장 청소년문화

1. ② / 2. ② / 3. ④

제9장 부모와 지역사회연계

1. ① / 2. ④ / 3. ③

제10장 교육정책

1. ① / 2. ①

제11장 평생교육

1. ④ / 2. ③ / 3. ③ / 4. ⑤ / 5. ②

제12장 유아교육연구방법론

1. ③ / 2. ③ / 3. ③ / 4. ②

참고문헌

이 QR코드를 스캔하면 『교육사회학; 유아교육현장 사례중심』의
참고문헌을 열람할 수 있습니다.

저자약력

조발그니

프랑스 리옹가톨릭대학교(Institut Catholique de Lyon) 석사(교육학, 신학 전공)
전남대학교 일반대학원 박사(교육학 전공)
프랑스 아미앵대학교(Université de Picardie, Jules Vernes) 인문사회연구소(Institut des Humaines et Sociales) 연수
現 천주교 광주대교구 소속 신부
　목포가톨릭대학교 교수
前 광주교육청, 전남교육청 교육복지 연구위원
　한국 천주교 주교회의 교육위원회 연구위원

· 관심분야: 프랑스 교육과 교육평등, 한국의 교육평등정책, 종교교육사회학, 종교교육학

교육사회학; 유아교육현장 사례중심

초판발행　　2019년 2월 1일
중판발행　　2022년 2월 10일

지은이　　　조발그니
펴낸이　　　노 현

편 집　　　조보나
기획/마케팅　이영조
표지디자인　권효진
제 작　　　고철민·조영환

펴낸곳　　　㈜ 피와이메이트
　　　　　　서울특별시 금천구 가산디지털2로 53, 210호(가산동, 한라시그마밸리)
　　　　　　등록 2014. 2. 12. 제2018-000080호
전 화　　　02)733-6771
f a x　　　02)736-4818
e-mail　　　pys@pybook.co.kr
homepage　www.pybook.co.kr
ISBN　　　979-11-89643-02-7　93370

정 가　　　19,000원

박영스토리는 박영사와 함께하는 브랜드입니다.